马克思主义政治经济学译丛

Marx and Living Labour

活劳动
马克思主义分析

洛朗·巴赫尼昂 （Laurent Baronian） 著

汪堂峰 译

上海财经大学出版社
上海学术·经济学出版中心

图书在版编目(CIP)数据

活劳动:马克思主义分析/(法)洛朗·巴赫尼昂著;汪堂峰译 . -- 上海:上海财经大学出版社,2025. 2. -- (马克思主义政治经济学译丛). -- ISBN 978-7-5642-4507-8

Ⅰ. F0-0

中国国家版本馆 CIP 数据核字第 2024TJ9581 号

□ 策划编辑　陈　佶
□ 责任编辑　石兴风
□ 封面设计　贺加贝

活劳动
马克思主义分析

洛朗·巴赫尼昂　著
(Laurent Baronian)

汪堂峰　译

上海财经大学出版社出版发行
(上海市中山北一路 369 号　邮编 200083)
网　址:http://www.sufep.com
电子邮箱:webmaster@sufep.com
全国新华书店经销
上海华业装璜印刷厂有限公司印刷装订
2025 年 2 月第 1 版　2025 年 2 月第 1 次印刷

710mm×1000mm　1/16　12.75 印张(插页:2)　229 千字
定价:69.00 元

图字：09-2024-0831 号
Marx and Living Labour
Laurent Baronian
ISBN：9781138904125

© 2013 Laurent Baronian

All Rights Reserved. Authorised translation from the English language edition published by Routledge, a member of the Taylor & Francis Group. 本书原版由 Taylor & Francis 出版集团旗下 Routledge 出版公司出版，并经其授权翻译出版。

Shanghai University of Finance & Economics Press is authorized to publish and distribute exclusively the Chinese（Simplified Characters）language edition. This edition is authorized for sale throughout Mainland of China. No part of the publication may be reproduced or distributed by any means, or stored in a database or retrieval system, without the prior written permission of the publisher. 本书中文简体翻译版授权由上海财经大学出版社独家出版并限在中国大陆地区销售。未经出版者书面许可，不得以任何方式复制或发行本书的任何部分。

Copies of this book sold without a Taylor & Francis sticker on the cover are unauthorized and illegal. 本书封面贴有 Taylor & Francis 公司防伪标签，无标签者不得销售。

2025 年中文版专有出版权属上海财经大学出版社
版权所有　翻版必究

目　录

导言：政治经济学批判中的活劳动/001

第一部分　劳动及其形式

1　活劳动及其客观形式（历史上的商品和货币）/017

　1.1　马克思主义研究文献中的抽象劳动问题/018

　1.2　价值形式的历史含义/023

　1.3　原始交换中的战争、交易与价值/024

　1.4　效用价值理论中的劳动问题/030

　1.5　作为活劳动的一种社会形式的抽象劳动/034

　1.6　什么是商品拜物教/037

2　货币的必要性/041

　2.1　货币为何是一种商品/042

　2.2　金本位制废除，中央货币保留了货币的商品基础/046

　2.3　马克思反对货币制度主义/049

　2.4　货币数量理论和古典与新古典价值理论中的货币整合问题/054

3 活劳动作为一种商品的历史形成（向资本主义的过渡）/060

   3.1 货币作为支付手段在向资本主义过渡中的作用/061

   3.2 向资本主义过渡的核心问题：作为一种商品的活劳动的形成/064

   3.3 两条过渡途径与世界市场/071

   3.4 E. M. 伍德和历史上市场范畴的使用问题/072

   3.5 商人资本的革命形式：高利贷/075

   3.6 R. 布伦纳与过渡问题中的地产问题/076

第二部分　资本—劳动关系

4 资本理论中劳动的角色及转形问题/083

   4.1 资本与活劳动交换的两个阶段/084

   4.2 活劳动在不变资本再生产中的作用/087

   4.3 边际生产力理论中的资本度量问题/090

   4.4 剑桥争论的实际：生产价格/094

   4.5 新古典主义的回应或谷物模型的变种/098

   4.6 不变价值尺度是个伪问题/101

   4.7 马克思论价值转化为生产价格及马克思主义者论转形问题/102

5 合作、抽象劳动与一般智力/109

   5.1 布雷弗曼对抽象劳动和分工的看法/111

   5.2 工场手工业时代具体劳动的抽象化过程/112

   5.3 以机器为基础的资本主义生产和泰勒制诸原则/116

   5.4 后福特制下的泰勒制/120

   5.5 认知资本主义中的抽象劳动/122

   5.6 马克思所认为的一般智力的两种形式/123

6 活劳动的占有和资本主义人口规律/129

6.1 积累过程中资本有机构成的提高/130

6.2 古典学派中的过剩人口/134

6.3 现代经济学中失业与增长的"自然化"/136

6.4 马克思反对绝对贫困说/138

6.5 活劳动供给相对于工人供给的独立性/143

6.6 现代增长理论中的劳动供给问题/147

第三部分　资本的流通

7 经济思想史上的资本循环公式/155

7.1 活劳动与作为过程的资本/156

7.2 商品资本的循环与资本主义生产关系的再生产/158

7.3 货币资本的循环与重商主义眼里的国家财富/162

7.4 政治经济学中生产资本的循环/165

7.5 凯恩斯的货币与利息理论及其对生产资本循环的依赖/167

8 危机理论中的不变资本问题(2008年危机中死劳动的分量)/176

8.1 不变资本的再生产和总产品的构成:从斯密到斯拉法/177

8.2 作为收入分配失衡理论的各种通常的危机理论/181

8.3 不变资本在停滞理论中的矛盾地位/182

8.4 马蒂克,或资本商品没有过度生产的情况下资本的过度积累/187

8.5 马克思的危机理论和当前危机的原因/191

参考文献/198

导言:政治经济学批判中的活劳动

马克思在他的博士论文中为伊壁鸠鲁(Epicurus)辩护,批驳德谟克利特(Democritus),并不是因为前者把自由视为原子的形式本质,后者则在无所不能的自然法则的必然性面前彻底绝望;也不是因为在伊壁鸠鲁那里,科学真理从属于对幸福的追求,而德谟克利特对知识充满渴求,只因这位哲学家在世界面前束手无策,只好借此获得慰藉。他之所以捍卫伊壁鸠鲁,是因为伊壁鸠鲁在原子中发现了那种使自由得以在世界上实现的运动的起源,从而发现了使世界本身成为自由世界的那个原理。

德谟克利特认为,原子只有一种原始运动,即直线式的下落运动,原子之间的碰撞不是缘于它们的形式本质,而是出自它们的质料差异,这种质料差异可以还原为重量上的差异。这样,较重的原子和较轻的原子便在轨道上相撞,它们之间的相撞即产生了由这些不可分割的元素形成的聚合。在德谟克利特看来,原子之间发生碰撞,不是原子自身的内在本性使然,而是外在于原子的各种规律所致,原子的自然存在必须服从这些外部规律。但伊壁鸠鲁以唯物主义的名义提出了一条建立在原子的形式本质之上的原子碰撞定律。在伊壁鸠鲁看来,把原子的碰撞归因于它们的质料属性(重力),这种解释过于强调创世的神秘性。此外,这种解释还迫使德谟克利特去无止无休地探索无穷的现象,而无从知道这些现象出现的规律。这样,德谟克利特便在心理上产生了怀疑、不安和不满,而这怀疑、不安和不满也便成了德谟克利特从事哲学研究的驱力。在德谟克利特那里，作为表面现象的原子间的危险碰撞，恰恰遮蔽了外部世界规律的必然性。①

伊壁鸠鲁同意德谟克利特的如下看法，即下落运动属于原子的本质，原子注定在虚空中运动。原子确实在直线式的下落运动中显示了它的相对存在和它的物质本质。但伊壁鸠鲁否认原子之间的相撞是由外在于它们本性的规律引起的。如果真正的现实只是由原子和虚空构成的，那么原子碰撞的本源就一定在于原子本身的形式本质，而不在于其受外部规律支配的质料存在。因此，如果说原子在直线运动中显现了其自在存在(being in itself)的话，那么它在偏斜运动中就显露了其作为自为存在(being for itself)的精神本质。通过后一种运动，原子便同它作为其他事物中间的一个事物的相对存在相对立，从而与它的外部世界相对立。因此，对伊壁鸠鲁来说，原子之间的关系是一种自由行为，因为它在偏斜运动中表现出了自己。马克思对此评论道，偏斜就是"自由意志，是特殊的实体，原子真正的质"，它"不是在空间一定的地点、一定的时间发生的，它不是感性的质，它是原子的灵魂"(Marx, 1975a:474)。

然而，偏斜运动只是让原子之间的相撞有了可能。再则，如果伊壁鸠鲁只是把自己局限于这两种运动，则他与斯多亚派(the Stoics)之间也就没有什么区别——后者在每件事物身上都看到了其能动成分(逻各斯)和其被动成分(质料)。更何况，如果原子没有一种运动来积极实现其自由存在，自由就纯粹是形式的、消极的。偏斜表现的只是同与原子相对立的存在的对立以及对该存在的脱离。② 但是如果原子不发生碰撞，世界就不可能创造出来，于是便产生了如下问题：如何调和原子作为一个对自身之外的一切事物都漠不关心的存在的绝对自由与作为原子结合的结果并让原子得以实现其本质的世界？马克思写道，只有当原子与之发生关系的实际存在的事物只是原子自己时，才有可能实现两者的调和。"因为原子本身就是它们的唯一客体，它们只能自己和自己发生关系；或者如果从空间的角度来表述，它们只能自己和自己相撞，因为当它们和他物

---

① 按马克思的看法，德谟克利特把必然性当作万物的主宰，"把一切都归结为必然性""在德谟克利特看来，必然性就是命运，是法，是天意，是世界的创造者。"马克思认为，"在一般的东西和神性的东西开始的地方，德谟克利特的必然性概念"同"偶然"之间"没有差别"。参见《马克思恩格斯全集》第1卷，人民出版社1995年版，第24—25页，第27页。——译者

② "同原子相对立的相对的存在，即原子应该给予否定的定在，就是直线。这一运动的直接否定是另一种运动，因此，即使从空间的角度来看，也是脱离直线的偏斜。"(《马克思恩格斯全集》第1卷，人民出版社1995年版，第33页）——译者

发生关系时,它们在这种关系中的每一个相对存在都被否定了"(Marx, 1975a: 52)。因此,排斥肯定是原子的第三种基本运动。在德谟克利特那里,原子的碰撞产生了漩涡,从而引发了它们的相互排斥。在伊壁鸠鲁这里,排斥是原子借以实现自由的运动,是它们借以否定自己的存在要由其他事物——要由自己同世界发生关系(世界好比原子自己一样)来决定的运动。马克思总结道,原子在排斥中实现了形式与质料的统一,实现了其精神本质与物质本质的合成。这样,原子的本质不仅以活动为自身特征,还作为一种自由存在,通过自己的活动将自然界改造成为一个符合自身本性的世界。排斥是实现原子的自由并将自由转变为世界的运动。

因此,对伊壁鸠鲁来说,世界不是必然的、独立于原子本性的规律的产物;相反,世界是原子的自由状态的实现,是原子自由活动的必然产物。马克思的整个唯物主义就在于此:既不是客体相对于主体的优先地位(费尔巴哈),也不是通过自我意识的运动来克服客体和主体之间的对立(黑格尔),而是实践主体和客体之间的关系作为主体活动的产物的首要地位——主体活动的实质则是通过自身与他人的关系来改造自然。马克思也主张伊壁鸠鲁所言的原子的自由,但只是认为自由是原子的实践活动的特性;二人都声称,自然规律也会伴有偶然性,但自然界就是原子自由活动的结果。

当我们承认自然是有理性的时候,我们对它的依附关系就不复存在。自然对我们的意识来说不再是恐惧的来源,而正是伊壁鸠鲁使直接的意识形态、自为存在成为一种自然的形态。只有当自然被认为完全摆脱了自觉的理性,本身被看作理性的时候,它才完全成为理性的财产(Marx, 1975a: 508—9)。

马克思对古代原子论的解释无疑直接受到了黑格尔的启发,而且使用了黑格尔的词汇。但马克思这么做只是为了强调伊壁鸠鲁的独创性,即伊壁鸠鲁第一个提出了形式与质料、自由与必然、自我意识与世界意识、主体性与客体性、活动与活动的对象化等的辩证统一,而这恰恰是黑格尔所没有看到的。在伊壁鸠鲁这里,这种统一也许还停留在直接的、非历史的层面,但伊壁鸠鲁不像黑格尔,他提出了一种完全外在于原子自身的客体性,而同时原子本身则又是自为存在的自由与自在存在的危险相统一的产物,是精神与物质统一的产物。因此,马克思反对费尔巴哈说,如果不把自然界看作是人类实践活动的产物,就不可能有真正的唯物主义;而又反对黑格尔说,如果不通过实践改造物质世界,自我意识就不能真正把自己对象化。马克思的唯物主义作为在更高层面上对直观唯物主义和思辨唯心主义的综合,在伊壁鸠鲁身上找到了深刻而奥妙的灵感来源。在费尔巴哈那里,黑格尔的"绝对精神"(absolute spirit)就是"人性"(humanity)的一种理想化形式,人性构成了自我意识的主体。但伊壁鸠鲁走得更远,他认为原子既与自身相关,也与世界相关。真正的一般意义上的生活不能简化为个体意识中人类的相互直观,而是借由个体之间的关系对世界进行改造:

> 人同作为类存在物的自身发生现实的、能动的关系,或者说,人作为现实的类存在物……的实现,只有通过下述途径才有可能:人确实显示出自己的全部类力量——这又只有通过人的全部活动、只有作为历史的结果才有可能(Marx,1975c:333)。

马克思直接把费尔巴哈的人类概念当作社会概念的哲学表达来理解,并在给后者的信中写道:"建立在人们的现实差别基础上的人与人的统一,从抽象的天上降到现实的地上的人类这一概念,如果不是社会这一概念,那是什么呢?"(Marx,1975c:354)两年后,他又在写给安年科夫(Annenkov)的信中说道:"社会——不管其形式如何——是什么呢? 是人们交互活动的产物"(Marx and Engels,1982:95)。

此外,马克思认为,在黑格尔那里,人是自己的劳动的结果(Marx,1975c:333),这不正是伊壁鸠鲁所说的原子的外化是其自由本性的突出表现吗? 不过,彼时伊壁鸠鲁仍然把原子看作形式与质料、主体与客体的直接统一,如今黑格尔则把人看作自我意识的外化的历史产物。但是,在黑格尔那里,唯一真正的劳动是精神劳动。因此,他也像政治经济学一样,把现实的生产劳动看成异化劳动或商品生产劳动。在马克思看来,黑格尔只看到了现实劳动中人的本质的外化(一般意义上的生活)的积极方面,因为对黑格尔来说,这只是一种在观念中实现的对自我意识的重新占有的运动当中克服自身的表面异化:"就这样,思想上的私有财产在道德的思想中进行自我扬弃。"(Marx,1975c:341)

马克思借由从伊壁鸠鲁那里获得的启发,提出人的本质是由社会决定的实践活动,从而超越了费尔巴哈的唯物主义和黑格尔的唯心主义,把两者统一起来。以下便是他自己的唯物主义的第一个命题:

> 从前的一切唯物主义(包括费尔巴哈的唯物主义)的主要缺点是:对对象、现实、感性,只是从客体的或者直观的形式去理解,而不是把它们当作感性的人的活动,当作实践去理解,不是从主体方面去理解。因此,与唯物主义相反,唯

心主义却把能动的方面抽象地发展了,当然,唯心主义是不知道现实的、感性的活动本身的。费尔巴哈想要研究跟思想客体确实不同的感性客体,但是他没有把人的活动本身理解为对象性的活动(Marx,1976:6)。

由于这门新生的"人学"(science of man)把人和自然作为由社会决定的个人实践活动的产物来把握,建立这门科学便需要对政治经济学——这是那时把社会生产视为典型的人类活动的唯一一门科学——进行批判性考察。因为"不论是生产本身中人的活动的交换,还是人的产品的交换,其意义都相当于类活动和类精神——它们的真实的、有意识的、真正的存在是社会的活动和社会的享受"(Marx,1975b:216-17)。但在初步接触经济学家时,马克思看到了这样一个显而易见的事实:一方面,经济学家简直把一切都归于劳动,以致 M. 福柯(M. Foucault)流于表面,把马克思和古典学派纳入同一知识型(episteme),在这同一知识型中,劳动同语言和生命一道,形成了人的三大实证性(Foucault,1966:284-5);另一方面,经济学家却什么都没有归给工人,反倒证明工人被剥夺自己的大部分劳动产品是合理的,工人的生产有多少,他们的贫困就有多深是合理的。

国民经济学家①对我们说,一切东西都可用劳动来购买,而资本无非积累的劳动;但是,他同时又对我们说,工人不但远不能购买一切东西,而且不得不出卖自己和自己的人性(Marx,1975c:239)。

在马克思看来,这种前后矛盾的成因必须到经济学家对劳动本身的看法当中去寻找。"国民经济学"虽然的确是"从劳动是生产的真正灵魂这一点出发"的(Marx,1975c:280),但是它只是把劳动放在私有财产制度当中来进行构想的,在国民经济学那里,私人个体就是在这种制度下从事商品生产和商品交换的。马克思指出,从这个意义上来讲,资本主义生产只是私有财产制度最发达的形式,以往是个体生产者把自己的一般性活动作为"人的产品赖以互相补充……的中介活动"异化在货币里(Marx,1975b:212);如今则是生产者把自己的活动异化在资本里,生产者所面对的资本,就是一个异己的、敌对的力量(Marx,1975c:274)。于是我们看到,"作为对财产的排除的劳动,即私有财产的主体本质,和作为对劳动的排除的资本,即客体化的劳动——这就是作为发展了的矛

---

① 国民经济学是当时德国人对英国人和法国人称作政治经济学的资产阶级政治经济学采用的概念。马克思和恩格斯在相关著作中均使用过这个概念。译者在马克思和恩格斯使用"国民经济学"概念的地方,用"国民经济学"一词来表达,在其他地方均译为"政治经济学"。——译者

盾关系,因而也就是作为促使矛盾得到解决的能动关系的私有财产"(Marx,1975c:294)。此外,劳动是一种一般性的活动,人们通过这种活动同别人发生联系(在这里,别人就好比是自己);雇佣劳动则使这种活动仅仅成为满足需要的手段,并使从社会生产而来的社会享受让位给个人对消费品的享用:"生活本身仅仅表现为生活的手段。"(Marx,1975c:276)

然而,即便政治经济学认为建立在私有财产基础上的劳动是"同人的本性相适应的本质的和最初的形式"(Marx,1975b:217),但它还是承认这种劳动组织方式的特殊性和社会具体性。在这种劳动组织方式中,对自身利益的追求由于交换的存在而有助于所有人的利益。但只是在私有劳动产品的交换中,政治经济学才准确把握了异化劳动的社会性质,"因此,交换或物物交换是社会的、类的行为、社会的联系,社会的交往和人在私有权范围内的联合,是外部的、外化的、类的行为"(Marx,1975b:219)。政治经济学一方面把交换当成组织劳动的社会方式本身,另一方面至少自边沁(Bentham)以降又把劳动本身看作一种牺牲、一种付出或是负效用。① 这种消极的劳动观可能是古典学派和新古典主义在共同的功利主义根基上达成深度一致的前提。因此,如果我们翻开20世纪新古典主义关于资本的主要著作,那么我们会读到如下有关劳动活动的段落:

我们发现,最终只有一项成本,那就是劳动成本,或者说是劳动、焦虑、麻烦、烦恼以及所有其他不愉快的主观体验(如果"劳动"一词本身不足囊括的话),这些都是获得愉快的体验所必须付出的代价(Fisher,1906:175)。

政治经济学认识到,在工厂里的劳动分工中,活劳动的社会性最强(Marx,1975b:220)。马克思同一般经济学家之间最直接的区别,也是他在自己的演说稿和为批判政治经济学所列的提纲中试图澄清的,就是他把社会看作各种实践活动之间的交互关系,通过实践活动,个人经由生产自己的物质生活条件,创造出符合自己本性的世界。且看:

---

① 塞耶斯(S. Sayers)(2005:607—8)认为,马克思之所以对功利主义的享乐主义视野提出批评,是因为它错误地将"我们当前异化了的劳动经历看作劳动本身不可避免的性质,从而把特定的历史状况描绘成所谓的普遍人性的必然结果"(2005:610)。但经济学家之所以错误地认为异化劳动具有普遍性,恰恰是因为他们不承认劳动作为生产商品的活动具有社会性。马克思从更根本的角度批评经济学家不把活劳动视作一般活动,即不把活劳动视作社会劳动。事实上,即使是在具体的实际生产方式中,活劳动也是一般活动,也是社会劳动。

通过实践创造对象世界,改造无机界,人证明自己是有意识的类存在物,就是说这样一种存在物,它把类看做自己的本质,或者说把自身看做类存在物(Marx,1975b:276)。

因此,正是在改造对象世界的过程中,人才真正地证明自己是类存在物。这种生产是人的能动的类生活。通过这种生产,自然界才表现为他的作品和他的现实。因此,劳动的对象是人的类生活的对象化:人不仅像在意识中那样在精神上使自己二重化,而且能动地、现实地使自己二重化,从而在他所创造的世界中直观自身(Marx,1975c:277)。

由于政治经济学将劳动活动本身看成满足个人需要的纯粹消极的、本身不能给人带来任何成就感、满足感和价值感的手段,劳动产品的交换事实上成为这些个人作为社会个体彼此相互联系的唯一方式。马克思将劳动视为社会活动,经济学家则只能将其置于私有财产的客观形式之下来加以考察,通过私有财产的客观形式来构想何为劳动。

自1844年起,马克思为这一批判方法确立了两个任务,这表明他的著作从他的博士论文开始就具有深刻的连续性,尽管在《德意志意识形态》(The German Ideology)中出现了所谓的认识论断裂[Althusser(1965) and Balibar(1974)]。第一个任务,必须扭转经济学家从一开始就假定的劳动的现代异化形式这种观点。因为"从国民经济学的立场对国民经济学的批判承认人类活动的一切本质规定,但只是以一种异化的、外化的形式"(Marx and Engels,1975a:50)。① 而后,新唯物主义必须从作为为社会所规定的生产活动的劳动出发,把社会历史作为组织和交换生产活动的一系列方式来加以分析。第二个任务,必须反过来同时批判政治经济学体系,从异化劳动和私有财产两个基本范畴出发,推出所有经济范畴。由此,人们会发现,"每一个范畴,例如,买卖、竞争、资本、货币不过是这两个基本因素的特定的、展开了的表现而已"(Marx,1975c:281)。但是,建立在私有财产基础上的最简单的同时也是最早的劳动形式,如果不是商品的话,则又能是什么呢?从商品入手的《资本论》(Capital),与《1844年手稿》(Manuscripts of 1844)的整个区别,就在于前者阐明了这种原始形式从一开始就表现出来的双重性质,即它既是一种使用价值,又是一种交换价值。

这一批判方法的两个方面都提出了一种不只是不同于古典学派劳动价值观,更是同古典学派劳动价值观完全对立的看法。第一,如果商品、货币和资本都只是个人生产活动的异化客观形式,就不能把作为交换价值源头的劳动只是看作商品价值的量或者商品价值的尺度,而应当首先看作生产活动,看作活劳

---

① 另见《关于费尔巴哈的提纲》(These on Feuerbach)第十条:"旧唯物主义的立脚点是'市民'社会;新唯物主义的立脚点是人类社会,或社会的人类。"(Marx,1976:8)

动,在分析决定商品交换价值的劳动之前,必须先弄清生产商品的劳动的具体性质。第二,由于这些范畴呈现的是大致成熟的异化劳动形式,这些范畴的简化还原就表现为创造价值的活劳动的各种对象化形式的起源,这就需要在这里再次区分作为活动的抽象劳动和表现在商品价值中的这同一劳动。时至今日,马克思的阐释者在区分马克思和古典学派的看法时,一直都是把马克思赋予价值以质的方面或历史的方面放在突出位置。例如,曼德尔就正确指出,价值"本质上是一个社会的、客观的和具有历史相对性的范畴",而在李嘉图那里,价值"本质上是一个数字,这么做就使得把劳动和资本作为生产成本的基本要素放在一起计算成为可能"(Mandel,2008:390)。斯威齐同样恰当地强调了马克思的价值概念中所表达的特定社会关系,从而不仅让人们得以窥见资本家如何通过剥削他人劳动谋取利润,还让人们得以理解与这些特定社会关系相对应的意识形式(consciousness forms)的性质(Sweezy,1946:40)。一旦做出这些初步考虑后,他们便对这些方面淡出讨论,只是将其当作背景,在其余分析部分顺带插入,而分析所依赖的价值理论实际上与李嘉图的价值理论并无二致。对马克思经济学著作的一般性意见,最后都化为一句话:劳动价值规律在其著作中的运用要比古典学派更具有一贯性。

但是,曼德尔和斯威齐所指出的社会历史特征只能解释为表现了站在价值起点上的劳动概念本身其内部的一个基本特征。如果说在李嘉图看来劳动只是价值的度量单位的话,那是因为他实际上只是把劳动创造价值置于包含在商品中的劳动量这一客观形式之下来加以理解。虽然政治经济学总是从商品的二重性即使用价值和交换价值两个方面来把握商品,但它把活劳动本身只是看作创造使用价值的劳动。在《资本论》第二版加的一个注释中,马克思注意到,斯密"感觉到劳动就它表现为商品的价值而论,只是劳动力的耗费,但他把这种耗费又仅仅理解为牺牲安宁、自由和幸福,而不是把它也看作正常的生命活动",不是把它同时也看作由社会规定的活动(Marx,1996:57)。事实上,古典学派所承认的唯一的社会劳动行为就是在社会分工范围内的商品交换。正基于此,由于资本主义生产方式普及了商品交换,因此在古典学派那里,它只能代表一种自然的、普遍的社会生产形式的演变结果。倘若经济学家把活劳动既界定为具体劳动,又界定为抽象劳动,他们立刻就会看到,产品作为商品进行交换是社会协调和交换生产者的各种活动的一种极为特殊的方式。

现在我们就可以理解青年马克思、成年马克思和《资本论》中的马克思之间的深刻统一了。马克思倒转《1844年手稿》中主张的批判方法的角度,表现在价值理论中,即为明确承认创造价值的劳动或者说抽象劳动的活的性质。在写给恩格斯的一封信中,马克思有过这样一段话,马克思主义发展史似乎并未挖尽这里面的宝藏:"经济学家们毫无例外地都忽略了这样一个简单的事实:既然商品是二重物——使用价值和交换价值,那么,体现在商品中的劳动也必然具有二重性,而像斯密、李嘉图等人那样只是单纯地分析劳动本身,就必然处处都碰到不能解释的现象。实际上,对问题的批判性理解的全部秘密就在于此。"(Marx and Engels,1987:514)本书接下来的各个章节将阐明经济理论中这些至今仍然难以破解的问题的性质,并运用活劳动范畴对马克思的批判方法为这些问题提供的解答作出阐释。

如果说政治经济学只是从劳动的对象化形式来理解劳动的话,那是因为它只是建立在流通领域中出现的现象的基础上。在这些现象中,经济行为体只是作为商品占有者彼此发生关系。在该领域,甚至连工人似乎也成为社会的一部分,因为他也是一位交易者,他把自己的劳动力作为一种商品,用来交换相当于自身再生产所需产品的工资。政治经济学仍然被紧缚在这一领域,认为在这一领域中蓬勃发展的形式是各个社会的经济生活的自然的、绝对的形式。但实际上它们只是社会活动——个人作为私人生产者通过社会活动彼此发生关系——的对象化形式。因此,批判的第二个任务就必须是分析这些客观形式的起源——这些客观形式在资本主义体系中找到了充分发展的条件。对这些客观形式的起源的分析,需要用一种特殊的方法来对历史加以研究。自从恩格斯认为《资本论》第一章对已经存在7 000年之久的小商品生产进行了理论重建之后,一直有人反对说,马克思在1857年《导言》(*Introduction*)中以肯定的语气说过,概念的顺序没有遵照它们所指的事实在历史上出现的顺序,因此,通过思想重建的"具体"根本就不是对用来观察的"具体"的反映(Kosik,1976:17—19)。但是,如果我们承认马克思在论商品的一章中所揭示的"具体"是由作为流通形式的劳动形式构成的话,我们就确实可以在文明的所有阶段都观察到思想按照各阶段商品流通发展程度来加以归类整理的这个"具体",而不管这些不同历史时期占主导地位的生产方式是什么。《资本论》第一章并不涉及任何一种特定的生产方式,而只涉及简单商品流通与货币发展的演替阶段。

同小商品生产这种简单的生产方式相比,资本主义生产在社会关系上具有商品的直接生产者与占有者之间相互对立的特点,其中一方是自己劳动力的出卖者，另一方则是活劳动的购买者。就像斯密说的那样，先进的社会有一种非常特殊的交换关系，即以预付工资形式呈现出来的资本所代表的死劳动和工人在生产过程中所花费的活劳动之间的交换关系。但是，由于政治经济学没有认识到用以换取工资的劳动的活的性质，而是通过劳动价值的棱镜，从工资本身来看待劳动，它就不能揭开这种关系之谜，即用包含在工资中的劳动来交换比其数量更多的活劳动。由于这种交换看上去同等价交换定律相矛盾，斯密得出结论，在资本主义条件下，商品的价值不再由商品所包含的劳动数量来决定，而是由它所能支配的劳动数量来决定。李嘉图指出，即使用一定价值的谷物（工资）交换了更多的劳动，谷物的价值（工资）仍然是由包含在其自身当中的劳动数量决定的。因此，他觉得把一部分劳动产品支付给作为物质生产条件占有者的资本家和地主是正常的。

尽管如此，利润的来源问题还是在李嘉图的另一个分析层面上重新浮出水面。李嘉图注意到收入分配的变化对资本的影响是不同的，尽管无论如何变化它们都是由相同数量的直接劳动构成。但他并没有抓住资本和劳动之间的交换关系的本质或一般利润率的起源，而是认为问题在于找到一种不会因分配和价格的变化而改变的价值尺度。由于古典学派的框架建立在资本产生的利润率相同、工资是劳动（不是劳动力）的报酬这些原理的基础上，古典学派实际上为取代它的新理论奠定了基础，这个新的理论将通过抛弃古典学派的方式而一劳永逸地解决价值问题，这就是新古典要素生产率理论：由于劳动、资本和土地都是生产过程中不可或缺的要素，杰文斯（Jevons）、门格尔（Menger）、瓦尔拉斯（Walras）和克拉克（Clark）在萨伊（Say）生产性服务理论的基础上从不同角度得出结论，认为参与分配总产品的各种形式的收入是根据这些不同要素各自在产品形成过程中的贡献来支付的。在该理论用于政治服务和理论建设的所有方面中，较重要的一点就是把各生产范畴同各流通范畴进行匹配：

因此，一方面，只要土地、资本和劳动被看作地租、利息和工资的源泉，而地租、利息和工资被看作商品价格的构成要素，土地、资本和劳动就表现为创造价值的要素；另一方面，只要它们归于每一种生产价值的工具的所有者，并把它们创造的那部分产品价值归于他，它们就表现为收入的源泉，而地租、利息和工资的形式则表现为分配形式（Marx, 1989b: 498—9）。

但是，困扰斯密的第二个问题仍然没有解决，这个问题也会对产品是诸生产要素各自贡献的总和这一观点构成挑战。第二个问题便是，总产品是否可以不把除工资、利润和地租之外的第四个部分包括在内。这个部分代表的是年生产期间耗费的资本的价值。斯密解决这个问题的办法是,把这第四个部分简化为用于这部分耗费的资本的生产的收入,这样,至少在国家层面,整个产品可以由工资、利润和地租构成。我们后面将会看到,在这一点上,此后的理论所做的唯一改进就是将固定资本的折旧计入毛利。然而,这种解答不但忽视了社会资本再生产过程中资本与资本之间进行交换的特有形式,不变资本自身的再生产这个基本问题也悬而未决。马克思如此坚决强调不变资本在积累和危机中的作用,不只是因为不变资本以活劳动为代价随积累一道增加,从而决定利润率的下降。由于不变资本的价值是通过它同作为具体劳动的活劳动的接触而保存下来并转移到产品上的,因而不变资本就形成流通领域资本再生产的日益增长部分,这样就决定了资本主义危机的具体形式。只要经济理论不把不变资本计入总产品的构成中,也不把它计入资本构成中,经济理论就只能要么从工人需求不足的角度来理解危机——因为工人的工资与劳动生产率相比太低,要么从剩余价值在不同受益者之间分配不当的角度来理解危机。

不过,对不变资本在触发危机中的作用茫然无知,并非只构成了消费不足论的基础,它也引发了早期马克思主义者的失调论。此外,我们在这里又一次看到,从失调论的进路来解释危机,同没有意识到劳动的活的性质这样一种对劳动的观念密不可分。事实上,在卢森堡、希法亭、鲍尔和列宁那里,劳动价值论基本上不涉及以作为商品的劳动产品的交换为基础的社会组织,而主要是作为私人劳动分配的社会规律。作为一种自然规律,它会毫不留情地把自己强加在个人身上。根据这种看法,资本主义生产发展过程中日益增长的特有矛盾,来自生产的私人基础与商品流通的社会性质之间的关系,而不是由劳动作为社会活动与劳动产品在私人个体间的流通这两者之间的关系造成的。

例如,希法亭将价值关系看作社会生产关系的一种特殊历史形式,但又认为"必要的社会劳动"只是让我们得以理解建立在私有财产和社会分工基础上的社会的一众规律的工具:

因此,正因为劳动是联结原子化社会的纽带,而非因为劳动同技术极为相关,劳动才是价值的原则,价值规律才被赋予了现实性。正是因为把社会必要劳动作为自己研究的出发点,马克思才能如此深刻地揭露一个建立在私有财产和社会分工基础上的社会的内部运转机制(Hilferding,1904:134)。

于是,价值规律规定了

个人间交换的条件,个人只有通过交换活动才得以同社会联系起来,才能从必须在他们中间进行分配的社会总产品中取得其中的一份。这种情况使交换行为超脱了偶然的、任意的和主观的范围,使之上升到统一、必然和客观的级别(Hilferding,1910:29)。

由于建立在交换价值基础上的生产要求商品转换成货币,以便其成为社会劳动产品,这种生产形式受到持续的比例失调、不平衡和危机的影响,从而成为一种从根本上说处于无政府状态的生产方式。[①] 在这一点上,当时大家的意见是一致的。但正因为他们对资本主义的基本矛盾有着一致的解释,因而彼此之间的龃龉更甚。让我们以 R. 卢森堡为例,在她看来,"资本主义发展的三大后果"中,第一个就是"资本主义经济不断增长的无政府状态,使它不可避免地走向崩溃"(Luxemburg,1899:132)。列宁本人则提出在垄断时代,"整个资本主义生产所固有的混乱现象""国民经济各部门不相适应"特别是"作为一般资本主义特点的农业和工业发展不相适应的现象,变得更加严重了"(Lenin,1974:208—9)。[第二]国际改革派强调的则是生产部类之间可能存在的各种不平衡或不相适应的状况。例如,鲍尔便认为

即便在某个与世隔绝的资本主义经济体中,资本的积累也有可能,只要它在任何一个特定时期没有超过某个固定的限度,而且……,它就会通过资本主义生产方式本身的机制被自动带回到这个限度(Bauer,1913:108)。

甚至在他们强调资本主义生产对工人阶级造成的灾难性后果时,早期马克思主义者也把加剧社会阶级间紧张关系的无政府状态作为主要原因放在首位(Luxemburg,1899:138)。利润率的下降同样也是引发危机的原因,因为它引起了不同生产部类之间的巨大差异(Tugan-Baranovsky,1913:221)。事实上,早期马克思主义者对生产力和所有制关系之间的矛盾这一基本原理的理解,不但与马克思的理解不同,甚至恰恰相反。在他们看来,这一原理在资本主义生产方式中表现为建立在个人决定基础上的生产同以价值规律为依据的劳动产品的社会流通之间的矛盾。在马克思那里,由于资本主义制度加剧了活劳动作为一种社会活动同私有财产诸形式之间的对立,因而利润率的下降和生产过剩

---

① 但是,这种从产品向商品的转化,造成了生产者对市场的依赖,并把已经存在于简单商品经济之中的、由私人经济的独立性造成的生产的固有的无规律状态发展成为资本主义生产的无政府状态。随着商品生产的普遍化以及地方性的封闭型市场扩展成为无所不包的世界市场,这种无政府状态便形成危机的第二个一般条件(Hilferding,1910:240)。

的危机反过来表明以在日益社会化的状况下发展的生产为一方,和以社会劳动产品在不同范畴的私人收入中间进行分配的价值流通为另一方这两者之间的矛盾。在第一种情况下,这种矛盾表现为流通领域出现不平衡并由此造成比例失调危机。在第二种情况下,它表现为资本主义生产的目的(即让对象化在资本中的死劳动得以保存和增殖)与实现这一目的所用的手段(即活劳动的生产力的发展)之间的矛盾。

如果说第一种矛盾会随着资本主义生产的发展和资本的集中而减弱的话,那么第二种矛盾则在每次新的危机中都会增强(在极大程度上是受大公司支配市场和预测需求两个方面的能力的影响所致)。这一点表现为,中央银行作为最后贷款人发挥的作用越来越大,现在作为最后手段还扮演了日益重要的交易商角色(Mehrling,2010:6—9)。因为资本越积聚、越集中,生产过程中死劳动相对于活劳动就越多,劳动生产率对现存价值的影响就越大,这样就扰乱了积累,并导致对超额产生的资本进行"伪社会确认(pseudo-social validation)"(de Brunhoff,1979)。这一趋势让马克思确信,现代信用制度是迈向更高生产方式的第一步,个中原因不是如蒲鲁东的信徒所认为的那样,是因为它让社会劳动可以在不同生产部类之间进行适当分配,而是因为它通过把"资本主义生产的动力——用剥削他人劳动的办法来发财致富——发展成为最纯粹最巨大的赌博欺诈制度",动摇了价值规律的束缚。与此同时,它又"加速了这种矛盾的猛烈的爆发,即危机,因而促进了旧生产方式解体的各要素"(Marx,1998:439)。

* * *

活劳动作为一个范畴,对马克思的整个方法产生了重大影响,并赋予《资本论》一书中其他范畴以极其重要的价值。首先,它揭示了政治经济学的那些虚假问题以及经济学家为解答这些问题而设计的方案的深层本质。其次,有了活劳动范畴的统帅,接下来就有了其他可以用来对问题进行恰当解答的范畴,并进而把资本主义看成一种由历史决定的生产方式,建立起一套理论体系。最后,由于活劳动范畴的存在,资本主义矛盾(突出地表现为人口过剩和经济危机)被证明是资本主义生产规律本身所固有的矛盾。

活劳动范畴让马克思的劳动价值论迥异于古典学派的劳动价值观(第1章)。仅这一范畴就可以建立起一个理论框架,足以将货币作为一种必要的价值形式,整合进商品生产体系(第2章和第7章第5节)。第3章论述的是从封建主义向资本主义的过渡。由于资本主义生产方式是在劳动力与劳动的客观条件相分离的历史过程中产生的，因而活劳动范畴的历史形成是研究封建主义向资本主义过渡的原因和性质的指针（第3章）。

由于剩余价值产生于资本与作为一种活的活动的劳动之间的交换关系，因此，政治经济学在探讨资本—劳动关系、一般利润率的实存、资本的度量和生产价格的确定等问题时之所以走进死胡同，就是因为混淆了活劳动和对象化在劳动力工资——经济学理论把劳动力工资定义为劳动力的价值或价格——中的劳动（第4章）。由于剩余价值是工人被纳入客观生产资料之中发挥作为增殖工具的职能的结果，所以资本主义生产史就得被看作一部劳动管理史、一部资本借以占有活劳动这一社会生产力的一系列技术手段和组织手段的历史（第5章）。由于资本通过占有超出劳动力再生产所需耗费的劳动之外的活劳动来实现增殖，按照马克思的观点，劳动力的供给和需求就不可能与经济学理论中工人的供给和需求完全相同。这就赋予了资本主义人口规律以历史特征，使其有别于李嘉图—马尔萨斯的人口自然律，也有别于新近各种增长模型中隐含的劳动供给观（第6章）。

马克思明确认为活劳动是资本增殖过程的发动机。以此为基点，他将增殖过程的连续性和从一种价值形式向另一种价值形式（货币 M、生产 P 和商品 C）的过渡视为资本主义生产的特征，并对此进行了条分缕析的阐述。马克思就这样破除了认为只有货币才代表资本的重商主义（Mercantilism），也破除了古典学派（和新古典主义）的如下幻觉：货币只是再生产所需的流通媒介，在生产过程中扮演的是一个从属角色（第7章）。最后一章强调了马克思危机理论中被人们忽视的活劳动和不变资本之间的关系。活劳动无疑会保存不变资本的价值并将其转移到产品中去。由于马克思明确把不变资本当作是总产品的一个独特部分加以考虑，因而生产过剩危机的根本原因不可能是生产和消费之间的矛盾（消费不足论和停滞论），甚至也不是资本构成相对于现有剩余价值的不断上升，而是活劳动的生产力的发展同现有资本所包含的价值的保存和增殖之间的矛盾。把资本的过度积累同金融体系的过度投机和危机连接起来的，就只是这一矛盾（第8章）。

第一部分

劳动及其形式

1

活劳动及其客观形式(历史上的商品和货币)

商品生产劳动的特殊性在于,它只有在劳动产品的交换中才能获得其社会劳动特性。这一点也许可以解释马克思主义理论家为何没有分清楚作为活劳动的一种社会形式的抽象劳动和包含在商品中的抽象劳动,并因而使他们对劳动价值论的阐释更接近于李嘉图而不是马克思(1)。由于《资本论》开篇所揭示的价值形式没有同生产价值的劳动很好地区分开来,因而历来对价值形式的阐述一直未见不涉及所谓的简单生产方式。《资本论》开篇所揭示的价值形式实际上与简单流通形式有关,这些简单流通形式不依附于任何特定的生产方式(2)。不过,经济人类学正好让大家看到,商品交换在原始社会里是如何采取了不可胜数的、复杂的形式并在不同群体之间设立了对象化关系的范围(3)。杜尔哥从功利主义原则出发,以一种完全不同的风格,对劳动时间作为交换的尺度,是怎样随着交换范围的扩大最终把自己强加在交易者头上的,作出了解说。他如果是不愿提出一种真正的劳动价值论的话,原因就只有一点,他是自己的个人主义公设的囚徒(4)。在马克思那里,抽象劳动不是单纯生理上的劳动量,而是社会在商品交换的基础上再生产时个人的活劳动所获得的社会的质。因此,抽象劳动涉及社会劳动从生产者个人的具体活动中抽象出来的过程(5)。鉴于作为社会劳动的质的抽象劳动本身表现为商品的价值,故而其拜物教性质恰恰来自这样一个事实,即社会活动表现为一种物的形式,这种物在高度发展的生息资本外形下看起来确实是活的(6)。

1.1 马克思主义研究文献中的抽象劳动问题

在对马克思价值理论的批判性解读中,莫伊舍·普殊同(Moishe Postone)提出了一种理路来调和商品范畴的逻辑地位同其历史含义之间的关系。他与德国新马克思主义者 H. G. 巴克豪斯(H. G. Backhaus)、H. 雷彻尔特(H. Reichelt)一道,强调《资本论》第一章中关于范畴的阐释本质上是理论性质的,却是通过赋予这些范畴以历史含义的方式来展开的。普殊同称,若商品代表了资本主义生产的细胞形态,"则对它的考察便应该揭示马克思的资本主义分析的本质规定,特别是作为商品形式的基础并为商品形式所规定的劳动的具体特征。"因此,作为价值形式之阐释基础的历史过程,便应该"仅仅是资本主义社会形态本身的属性"(Postone,1996:129)。

但是,由于《资本论》第一章从未提到资本主义生产本身,因此普殊同认为,它应该被看作一种"对资本主义社会特有的思想形式的元批评(meta-commentary)"。这种元批评"内在于他在呈现这些范畴时对这些范畴的展开之中,并因而以含蓄的方式将这些思想形式与作为其社会语境的社会形式联系起来"。如果我们不在语义上提高警惕,加强防备,他继续道,我们则将冒"一种认为马克思是在肯定那些他试图批判的东西(如将劳动的历史限定功能解释为劳动的社会建构功能)"的风险(Postone,1996:142)。普殊同恰当地把劳动的二重性置于这种批评方法的核心。但在他看来,抽象劳动区别于具体劳动的地方,是前者通过生产价值界定了一种社会关系,在这里,劳动本身通过商品交换来促成个体之间的关系。更一般地说,普殊同在《资本论》中看到的,不是对建立在私有财产和剥削他人劳动基础上的某个特定社会劳动组织的批判,而是对劳动通过商品交换来促成社会关系的批判。在这个意义上,尽管抽象劳动、商品和价值等范畴与古典学派中的相应范畴非常相似,但他把这些范畴当作是"这一社会特有的思想形式,而这一社会的深层社会形式正得到批判性的分析"(Postone,1996:142)。在普殊同看来,马克思对各种价值范畴的阐释就其本身而言,与古典学派传统是一致的,但通过揭示"作为本质范畴的抽象劳动'背后'的社会现实的一种特定历史形式"(Postone,1996:146),马克思实现了与古典学派传统之间的决裂。根据他的看法,《资本论》的关键之处不在于原始范畴,也不在于对这些原始范畴的阐释,而在于对古典学派众范畴的一种元叙事,这正是他的大部头著作试图揭开的实情。

虽然普殊同承认马克思的劳动价值论具有批判功能,但他似乎没有注意到生产价值的劳动性质与内容有什么不同。在他看来,马克思的批判指向的是作为社会关系主导形式的劳动。有鉴于此,古典学派的那些价值范畴足以让人们看到作为价值关系之基础的劳动关系的存在。的确,对马克思来说,这些范畴"对于这个历史上一定的社会生产方式即商品生产的关系来说",无疑"是有社会效力的,因而是客观的思维形式"(Marx,1996:87)。但是,马克思对这些范畴的批判性使用,并不是针对作为社会中介的劳动,而是针对资本主义生产组织社会劳动和剥削社会劳动的形式。与古典学派经济学家相比,普殊同的与众不同之处在于他雄心勃勃地力图用劳动来废除作为社会关系之中介的劳动。但是,普殊同对这些范畴的使用,无法让他获得比古典学派更多的空间去提出这样的问题:为什么恰恰是在这个由劳动促成一切社会关系的体系中,"劳动是由其产品的价值来表示的,劳动时间是用这种价值的量来表示的"(Marx,1991:91)。

"传统马克思主义者"的主要代表人物(依据普殊同的标准)卢卡奇(Lukács)、科尔施(Korsch)、希法亭(Hilferding)等认为,对经济学家"思维形式"的批判,需要创造新的范畴。在他们看来,马克思理论正是通过创新各种价值范畴,从而完全脱离了"一切资产阶级经济学",而偏离资产阶级经济学去研究商品的拜物教性质,则"不仅是马克思的政治经济学批判的核心,同时也是《资本论》这一经济理论的精髓"(Korsch,1938:chap. 7 online. 另见 Hilferding,1904:134;Hilferding,1910:86;Lukács,1923:83-7)。因此,《资本论》的革命力量,就在于把重点放在人与人之间的关系表现为物与物之间的关系这个事实上,就在于强调物在交换中的表现好比人一样。但是,社会关系总体上的特征究竟是什么,这些早期的马克思主义者并没有做出清晰的界定。生产者把他们之间的相互关系纳入商品间的价值关系这一点,仍然没有告诉我们,任何一种社会劳动的组织形式之所以构成为这种组织形式,其共同的性质究竟是什么。这种理论上的模糊性一直延续到斯威齐。比如,他在着重强调价值规律的质的维度时便在描述它与古典的劳动价值概念的具体区别上遇上麻烦:"马克思以古典学派的一个基本理念为起点,对其给予准确、明白的表述,进而发展它,并以自己独创的、犀利的风格,用它来分析社会关系。"(Sweezy,1946:31)

鲁宾对抽象劳动的分析尽管十分深刻,但对它的理解仍更接近李嘉图,而不是马克思。一旦把劳动看成具体的、特殊的活动,只有通过交换才能变得一般与抽象,鲁宾就很难解释价值与交换价值之间的区别。按照他的说法,"前者是指产品的社会形式,它还没有具体化为特殊的物,但可以说是代表了商品的抽象性质"。鲁宾认为,两者都界定了产品的社会形式,但他确信,我们必须"把产品的社会形式分成两部分:一部分是还没有获得具体外观的社会形式,另一部分是已经获得了具体、独立的品质的形式"(Rubin,1927:online)。

然而,价值并不是一种社会形式,它需要以体现在特定产品中的交换价值作为表现自己真实存在的方式。从时间或逻辑上来讲,价值并不先于交换价值存在。而且,这一看法同鲁宾认为劳动产品只有通过交换才能表现其价值的经济存在是相矛盾的。倘若他把抽象劳动看作一种活动,他就可以做到如实区分价值和交换价值:前者表示社会劳动时间的数量,后者表示他人劳动产品的数量。

R. 米克也试图抓住马克思价值关系分析的"独创性和穿透力"(Meek,1973)。他还特别强调《资本论》所依据的历史唯物主义原则以及各种商品范畴的历史相对性。但是,由于他是根据社会劳动在各部门间分配这种方式来研究每一个社会的,因此在他看来,价值规律适用于任何一个社会。由于在商品社会里,这一规律就是通过交换价值起作用的,所以《资本论》的关键问题是呈现"价值规律是如何运行的",甚或只有"交换价值"(即价值实际表现自身的方式)才能被视为确切的历史范畴。由于米克的确认为是交换价值而不是价值本身说明了基于商品交换的社会关系的具体性质——除此之外,他还认为社会劳动耗费和作为商品进行交换的劳动产品之间的差异是社会分工的特有现象(Meek,1973:37-8)——故而他与鲁宾、斯威齐以及普殊同一样,把抽象劳动定义为包含在商品中的劳动。这样,决定交换价值的抽象劳动就被简化为单纯是表达"马克思所持的经济过程应该根据商品生产中人与人之间的社会关系来进行分析这一看法"的一种措辞(Meek,1973:164)。同样,他认为商品是历史上特定的一个范畴,因为它是抽象劳动的产物,而抽象劳动就是从它的各种独特性质中抽象出来的一种劳动形式,"这一劳动形式首先显露出,商品是这些生产关系的承载者"(Meek,1973:167)。如果米克考虑到活劳动作为具体劳动和抽象劳动的二重性(而不仅仅是商品的二重性)的话,抽象劳动就会不但表现为商品的属性,而且表现为生产那种商品的活动。马克思价值理论的"独创性和穿透力"恰恰在于将一般的抽象劳动定义为生产价值的活动,而古典学派则是将其视为对象化在商品中的劳动的数量。

另外,D. 哈维(2006)认为,马克思价值理论与李嘉图价值理论的区别在于,前者将抽象劳动界定为一种社会范畴。他把抽象劳动看作社会必要劳动时间,也就是劳动时间的平均价值通过商品的市场价值确立。但是,马克思价值论与一切传统价值论的真正区别在于,抽象劳动只能是个人专门从事商品生产的情形下的社会必要劳动。因此哈维认为,抽象劳动"只有在一种特定的人类劳动——雇佣劳动——成为一般劳动时,才能成为价值尺度"(Harvey,2006:15)。作为社会必要劳动时间,商品的价值表现了一种社会关系,而在李嘉图那里,它只是表现了一定数量的劳动:"价值理论至此反映并体现了处在资本主义生产方式核心的那些基本社会关系。简而言之,价值被当成一种社会关系"(Harvey,2006:15)。然而,如果抽象劳动等同于社会必要劳动,而不是包含在商品中的实际劳动,那么它就应该找到某种外在的东西来代表这种纯粹的社会量,并从而代表社会必要价值。这种外部化的东西显然就是货币。因此,哈维把显示个体之间物化关系的商品拜物教直接等同为货币拜物教:"马克思在考察了价值的货币形式的出现之后,立刻提出了'商品拜物教'这个一般原则,并非偶然。"(Harvey,2006:17)。

哈维正确指出了马克思价值理论特有的社会性质。但第一,他不承认这样一个事实,即社会必要劳动的前提是,个人劳动在通过竞争获得市场价值之前,必须已经可以通约。然而,具体劳动是通过两种商品之间的直接交换转化为抽象劳动的。第二,马克思始终承认,李嘉图把价值定义为包含在商品中的劳动时间,从而无意间不仅把它认为是社会必要价值,还把它认为是雇佣劳动,认为是成熟的资本主义状况下实现的劳动。更何况,他还在李嘉图那里找到了某些论据,来证明他的如下看法:

商品中包含的劳动量所以是衡量它们的价值量,它们的价值量的差别的内在尺度,只是因为劳动是使不同的商品成为相同的东西,是它们的统一体、它们的实体、它们的价值的内在基础(Marx,1989b:325)。

在他对 A. 瓦格纳(A. Wagner)[《政治经济学教科书》]①所做的批注中,马克思有一段颇为有趣的话。其中马克思解释说,他从来没有肯定过"劳动"是"交换价值的共同的社会实体"(Marx and Engels,1989:533)。的确,在他专门

---

① "[ ]"内文字为译者所加。——译者

花了整整一节的篇幅来详细考察"价值形式"即交换价值出现的情况下,"如果我把这一'形式'归结为'共同的社会实体',归结为劳动,那就太奇怪了。"末了他还补充了一句:"瓦格纳先生还忘记了,对我来说,对象既不是'价值',也不是'交换价值',而是商品"(Marx and Engels,1989:534)。因此,对这种简单的价值形式——商品——的分析必须表明,所有商品都有一个共同要素,那就是,它们都是价值。马克思的关键性贡献,不在于发现抽象劳动是价值的社会实体,而在于"劳动产品作为价值,只是生产它们时所耗费的人类劳动的物的表现"(Marx,1996:85)。

哈维在一则附录中触摸到事关大局的真正问题:"这里需要理解一个悖论:活劳动作为一个过程,其自由和易逝的特性是如何被对象化到一种固定性——既包括物的固定性又包括物与物之间交换比例的固定性——当中的?"(Harvey,2006:37)但是,这里的悖论只涉及雇佣劳动,因为它仅借由作为商品的劳动产品的交换来对这种社会劳动的交换作出概括。但在考虑这种高度发展的社会关系之前,我们必须说明简单的商品交换是如何涉及这些对象化的社会关系的形式的。换句话说,我们必须证明,价值不是作为社会劳动的平均价值,甚至也不是作为包含在商品中的劳动的量,而是作为社会活劳动的量,来呈现生产商品的劳动的社会性质的。要说明生产价值的劳动的特定社会性质,唯一的办法就是强调马克思以前的所有经济学家都没有做过的事,即马克思所强调的活劳动的双重性,因为斯密和李嘉图把活劳动看作为了生产生活资料而对享乐的牺牲,而另一方面,他们又把同样的劳动看作生产价值的劳动,而生产价值的劳动则被认为是商品所能支配的或商品所包含的劳动。因此,我们后面将看到,他们混淆了劳动本身和用来交换劳动的价值(即工资)。无论是斯密还是李嘉图,乃至哈维,都没有把抽象劳动看作一项生产价值的活的活动,而是把价值仅仅理解为抽象劳动的(平均)产品。

更一般地说,尽管古典学派经济学家发现了劳动是价值的实体,但他们从来没有问过劳动为什么会以这种形式出现,他们一般就只是把劳动产品的交换看成是交换活劳动的唯一方式。他们把交换关系正确地还原到作为经济行为体的共同主体要素的劳动,但他们只是依照自己社会的特定状况来看待一般劳动,将其看作对象化在商品中的劳动。倘若他们把资本主义社会看作一种特定的社会劳动组织,他们就会立即想到任何社会都有社会劳动,即生产活动的交换。

由于劳动产品都有共同的价值属性，所以马克思把产品作为商品的交换理解为交换活劳动的某种方法，把彼此相互依赖的形态理解为某种社会劳动方式。因此，不是"劳动"，而是活劳动，是社会所耗费的全部劳动力，形成了交换价值的社会共同实体。

1.2 价值形式的历史含义

理解《大纲》(*Grundrisse*)导言部分阐述的批判方法时所面临的困难，主要来自历史在范畴的生成中扮演的摇摆不定的角色。一方面，马克思强调有些范畴是按时间顺序出现的，看上去好像也是按时间顺序发展的：

在资本存在之前、银行存在之前、雇佣劳动等存在之前，货币能够存在，而且在历史上也存在过。因此，从这一方面看来，可以说，比较简单的范畴可以表现一个比较不发展的整体的处于支配地位的关系或者一个比较发展的整体的从属关系，这些关系在整体向着一个比较具体的范畴表现出来的方面发展之前，在历史上已经存在。在这个限度内，从最简单上升到复杂这个抽象思维的进程符合现实的历史过程(Marx,1986:39)。

另一方面，诸如商品、货币等价值范畴代表的是流通范畴，它们并不特别表现任何一种历史上的生产方式，因为在流通中"占有过程本身并不显示出来""它倒是流通的前提"(Marx,1987b:462)。把价值确定为一种特定形式的社会劳动，不仅撇开了商品的生产方式，也不考虑具体资本主义流通的不同形式，即资本的流通和收入的流通，因为流通的出发点始终都是商品，从来都不是货币。因此，即使各种价值范畴涉及独立生产者之间的交换关系，这些关系也不必涉及任何简单的生产方式，尽管恩格斯在《资本论》第三卷前言中试图证明情况不是这样，而是相反。事实上，货币生成的那一级级台阶并未标明通向所谓的简单的商品生产方式的各个阶段，这些台阶标明的是简单的商品流通形式的发展阶段。产品作为商品流通，在文明的最初阶段即已存在，因而处在迥然不同的生产方式的交叉点上。高桥说得很对，"交换价值（商品）和货币（不同于'资本'）""是一种'古老的'存在，可以说存在于各种历史结构当中并在这里走向成熟"(Takahashi,1976:32)。但是，回过头去看，只有在历史的运动创造了一种建立在商品基础上的生产方式（资本主义）时，商品似乎才通过一条规定的道路发展起来。价值形式并不表现简单的生产方式，而是表现进一步的资本商品流通所必需的简单流通形式。

的确,由货币关系主导的经济意味着一种与独立的个体生产迥然不同的社会结构:它意味着"其他的、或多或少与个人的自由和独立相抵触的、更为复杂的生产关系。"(Marx,1986:466)

但是资本主义意味着社会已经达到这样一个阶段,即个体"只作为物而为彼此存在"(Marx,1986:468)。到目前为止,在社会关系的对象化过程问题上,经济人类学的分析要更胜一筹。经济人类学研究的是原始社会间的交换,在这里,广义的交换(generalized exchange)对原始社会的再生产具有重要影响,交换物履行的职能取决于它是在原始人群所属各级区域的界内流通还是界外流通,其间的差异可谓天壤之别。

1.3 原始交换中的战争、交易与价值

在简单交换关系方面,经济人类学为我们提供了与部落或原始群落间商业关系有关的基本知识,突破了第一代民族学家的隐性泛灵论(latent animism)。不过,原始社会的一般特征对我们有关原始社会的经济关系的性质的认识,确实仍然造成了很大的混乱。之所以如此,倒不是因为其经济关系像波兰尼所说的那样,"嵌入"社会关系之中——社会关系的功能凌驾于原始社会的基本需要之上;恰恰相反,是因为这些社会关系本身以主、客体的广义交换为本质特征:"食物、女人、孩子、财产、色相、土地、劳动、服务、宗教职位、阶层地位——一切都可以用作给予和回报的东西。"(Mauss,1925:163-4)我们将在后面看到,人类学家所面临的一切难题,都可以在关于原始货币的性质和功能的争论中找到自己的一席之地。也正是在这一领域内,对原始社会真实情况究竟如何的各种不同研究进路彼此之间互不相让,竞相争艳。人类学家要么倾向于从原始物品的流通中提取为广义的商品生产所特有的货币流通的形式属性(Boas and Herskovitz);要么与此相反,致力于识别将原始交换工具同现代货币交换关系区别开来的特异性(Polanyi and Dalton);又或者是依照马克思主义人类学,试图从交换关系的复杂格架中抽出以物质再生产为目标的买卖(Godelier and Meillassoux)。

显然,只要我们把交换的内部范围和外部范围明确区分开来,这最后一种方法能够让我们对原始社会的商业关系有所了解。一方面,原始贸易取决于一

种家庭生产方式或者说取决于家族。家族共同体生产出来的产品,只有一部分用于交换,这一点将它同现代商品交换的情况从根本上区别开来。但另一方面,原始社会生产的物品具有多方面的用途,这就要求我们澄清这些物品作为商品或是作为它们的等价物的使用情况。正因如此,戈德利埃(他反对实体主义立场)对某些商品有时成为输入或输出的商品、有时又成为某个群体内部用于馈赠和回礼的声望品甚是惊讶。"同一件物品变换了职能,但第二种职能占主导地位,因为它在原始社会组织的占主导地位的结构——血缘和权力——的各种规定中扎下了根,并被赋予了意义"(Godelier,1977:163)。戈德利埃似乎没有考虑到,贸易流通的范围始于原始群体的外围,而物品所履行的不同流通职能,则取决于它们是落在原始群体的边界之内还是边界之外。输入的物品首先作为交换价值进入原始群体,但一旦离开了外部流通范围,进入原始群体内部,就变成了使用价值,即便是把它作为一种流通手段来使用,也是如此。

为了了解提夫人(Tiv)交换的物品的不同类别——如消费品(yiagh)和声望品(shagba)等,博安南建议,依据交换物品的类别所具有的道德价值,为流通范围构建一个层次体系(Bohannan,1955:60—70)。① 于是,他将物品交换与"财产转让"(conveyance)放在同一个类别,并将性质不同的物品之间的交换称为"财产转换"(conversion)。实际上,在这些物品中,只有金属的棒条横贯所有流通范围,凭借其能耐交换所有种类的物品。然而,道尔顿注意到,在用金属的棒条来交换妇女时,这些棒条并没有作为等价物使用,因为在这种交换中,棒条不是用来进行商业交易,而是用来缔结婚姻联盟的。在这里,男子通过用物品来作补偿尤其是用金属工具来作补偿的方式,借以获得对妇女和儿童的所有权(Dalton,1965:44—65. 另见 Firth,1939:341 and Sahlins,2004:222)。

鉴于物品在不同交换范围内流通时性质上的变动,M. 萨林斯(M. Sahlins)提出,根据伙伴之间互惠关系的性质来对一连串形式的交换进行归类整理,这一连串形式的交换的一端是盟友之间纯粹而简单的馈赠,另一端则是异族部落之间消极的、敌对性的互惠。两端之间的中点,是非敌非友的、不受个人感情影响的等值物品交易,在这里,物质交换与社会关系之间的关系颠倒了过来。② 在这类交易中,既没有那么引人注意的温情,也没有那么引人注意的互相挑衅,一

---

① R. 弗思(R. Firth)(1939)就蒂科皮亚人(the Tikopia)也提出了一个类似的解释。
② 就是说,在前两种类别中,社会关系维系着物品的流动;这里则是社会关系取决于物品的流动。——译者

切都让物品自己说话:"由普遍的社会关系来维系的物品流动,显然是开展慷慨互惠的主要形式;但就对等交换(balanced exchange)①的主要开展形式来说,社会关系取决于物品的流动。"(Sahlins,2004:195)从这一刻起,虽然参与交换的各方在利益上彼此对立,但他们还是作为独立的个人或群体(Gregory,1982:42)在平等的基础上进行交易(Humphrey and Hugh-Jones,1992:2)。② 在部落区域,共存一处而又没有共同尺度的物品成了彼此的等价物,因为由于社会距离的关系,物品的道德价值或者说神圣价值消失了,这样就为贸易让了路(Sahlins,2004:280)。因此,在这一连串的交换形式中,我们可以在"第二"类交换和被认为是"第一"类的交换之间做出区分。前者是对等交换,目的是达成诸如停战协议或和平条约(赔命钱、通奸赔偿金、各种伤害赔偿、缔结友好条约的补偿等)或者联姻等;后者则涉及各方确认为和睦、稳定的联系。

然而,萨林斯本人认为,就部落间的商业往来而言,对等交换形式只是例外而非规则。③ 往来链条上的第一环——礼物的不对等——是双方密切联系的前兆,这一环便是马林诺夫斯基(Malinowski)所称的"纯馈赠",因为在这一环,对对方提出要求不合礼仪,是不妥当的。在这种交换中,两边的物品是否价值相当,无法衡量,交换所具有的社会性质使得不对等成为交换的必要条件,因为"从联盟的角度来看,对称的交换或明确的平等交换会带来某种不利:这种交换勾销了人情债,从而为退出联盟敞开了大门"(Sahlins,2004:222)。但在往来链

---

① 本节出现的"balanced exchange"和"balanced reciprocity"有人翻译为"等价交换"和"等价互惠",或者是"平衡交换"和"平衡互惠"。基于"等价交换"在英文中有"equivalent exchange"对应,而"平衡交换"很难做到一目了然,故译者结合经济学和经济人类学两方面的考量,将"balanced exchange"和"balanced reciprocity"暂译为"对等交换"和"对等互惠"。但该译法也难尽其意,因为"balanced"一词在这里还有"补偿""抵消"的意思。从这个角度来看,"balanced exchange"和"balanced reciprocity"可以翻译为"补偿性交换"和"补偿性互惠",毕竟即便是基于纯粹的等价交换原则而进行的商品交换,也可以用补偿性交换来进行宽泛的解释,只是"补偿"一词在体现对等方面又难尽其意,虽然严格意义上的补偿需要体现对等原则。——译者

② C.汉弗莱(C. Humphrey)和S.休—琼斯(S. Hugh-Jones)将物物交换界定为一个"多型范畴"(polythetic category),具有四个先决条件:时断时续的关系、信任纽带、价值体系之间从而物品估价之间虚饰的互动以及交换走向等价的趋势。

③ 萨林斯实际上并不十分清楚对等互惠和消极互惠之间的区别。关于前者,他写道:"许多'礼物的交换'、许多'支付形式',以及民族志中归入'交易'名下的许多东西,还有大量被称为'买卖'和涉及'原始货币'的东西,都属于对等互惠。"关于后者,他声称这是"最没有个人感情色彩的交换。从我们的观点来看,它打着'物物交换'的幌子,'最为经济'"(Sahlins,2004:194—5)。[按:对等互惠是萨林斯说的"最没有个人感情色彩的(impersonal)交换",而消极互惠则是"最具有个人感情色彩的(personal)的交换"。参见(美)马歇尔·萨林斯著:《石器时代经济学》,张经纬、郑少雄、张帆译,生活·读书·新知三联书店2019年版,第232—233页。——译者]

条的另一极,参与方则彼此对抗,力图以牺牲他人利益为代价,换取自己利益的最大化。然而,馈赠(纯粹、简单)和消极互惠两个类别之间,似乎仅止于感情色彩上的对立。无论是在社会内部还是在社会之外,交易者之间的给予、接受与回报适用的都是同样的规则,"他们的制裁方式就是暗中较量或公开冲突"(Mauss,1925:150)。那些以外部为导向的原始社会之间的交换,格外令人困惑,夸富宴(Potlach)和库拉(Kula)类型的交换——其突出特征是声望品让与的重要性①、交易双方的过分慷慨、令人难以置信的浪费以及一般说来交换的敌意性质——初看起来让人觉得,原始部落间的交换范围似乎同现代商业规则相距甚远。

自鲍亚士(Boas)和马林诺夫斯基所作的考察以来,人们总是无休无止地用夸富宴和库拉来对这些奇奇怪怪的敌视与较劲的表现进行各种各样的解释。但正如列维—斯特劳斯(Lévi-Strauss)对莫斯(Mauss)所作的批评那样,人们对仪规和当事方展现出来的意图给予了太多关注,以致错过了主要问题:交换本身。因此,人类学家认为,这些群体在交换时好像处在交战状态。他们没有注意到这样一个事实:这些群体在交换物品之前已经言归于好。为此,他们通过将传统上属于内部性质的法定关系投向外部,以避免敌对行为(wabu-wabu)卷土重来。因此,即使在交换比率传达了和平关系时,为了将已经储备起来的信用永远维持下去,以备将来之需,还是要安排一个恰当的日期给予回报(这中间的时间可以很长),并算上利息,这样才算得上是好的做法。如此一来,双方之间的贸易关系就得到了维持。这样,在公平交换关系存续的过程中,就出现了不对称,这种不对称证实,非敌非友的伙伴之间的社会联系得到了加强,而这一定幅度的不平衡,又确保了下一次会面的必要性。这时,人情债幽灵便如影随形,盘旋在原始人群的头上,就像小仙子在受到祝福的孩子们的童床上方盘旋一样(Sahlins,2004:201 and 222)。因为社会距离永远不能彻底消除互为外人的群体之间无声的敌意,正如交易过程中交易者竞相表现出殷勤和慷慨的姿态所预示的那样,这是互为外人的群体之间的常态。列维—斯特劳斯就观察到,巴西的南比克瓦拉族(Nambikwara)游牧群体尽管彼此互怕,相互回避,但

他们渴望接触,因为这是他们能够交换从而获得他们所缺的产品或物品的唯

---

① 在有些美拉尼西亚和加利福尼亚部落(这里有一种原始形式的盖印货币流通),"主食被排除在货币交易之外,食物也许会分享,但罕见出售。食物具有太大的社会价值——归根结底是因为它具有太大的使用价值——以致没有交换价值"(Sahlins,2004:218)。

一途径。敌视关系和提供互惠服务之间存在着联系,两者之间存在连续性。交换是和平解决了的战争,战争则是交易失败的结果(Lévi-Strauss,1947:67)。①

在美拉尼西亚的特罗布里恩德群岛,部落之间的对等交换不断受到敌意倾向(wabu-wabu)的威胁——这种敌意倾向是部落间关系中局部谋划的一部分。这些对等交换是通过伙伴(partners)间的商业性协议达成的,特别是当交易"对双方都至关重要"时,就会出现这种情况,"大家在这里针对彼此施展各种计策"(Sahlins,2004:201)。②但是,只要维持和平的条件足够坚韧,这种锱铢必较的商业性交换行为就会占主导地位:"这是一种市场交换的心态,这种交换是特罗布里恩德群岛不同村庄居民或特罗布里恩德群岛岛民同其他部族之间不受个人感情影响的(非伙伴关系)物品交换。"(Sahlins,2004:200-1)这里的事实是,交换条件的对等程度同参加贸易的群体双方之间的敌对程度恰成反比。③如果说原始人群内部存在边际主义实践的话,那么这种实践与用于交换的商品的效用程度关系不大,其间涉及的主要是对交换双方政治关系的评估,与这种评估相对应的是,各方都有自己的一套交换比率。

不过,认为在交换链的末端(在这里,只有武器语言或商品语言起作用),适度实际上指的是过度,是不正确的。一方面,P. 德鲁克(P. Drucker)已经注意到,给予或加码回报的声望品在夸富宴过程中通常不会交付出去,而只是由交易各方清点(Drucker,1965:55—66)。④另一方面,在庆典仪式上,低级形式的商业活动表面上被鄙弃,实际上要比高级形式的商业活动更热烈(Malinowski,1967:183)。往更泛处说,萨林斯指出,加码回礼的让渡不会妨碍大家遵守彼此心照不宣地约定的物品之间的等价关系。再则,尽管约定俗成的交换比率是稳

---

① 克劳塞维茨认为:
与其把[资本主义社会的]战争比作一门艺术,不如把它比作商业更确切,因为商业也是人类利害关系和活动的冲突。战争还更接近政治一些,而政治则可以视为更大规模的商业活动(Clausewitz,1832:149)。

② 萨林斯指出,群体之间的交易即使对参与方没有任何功利性的好处,也会进行。"但毫无疑问它们确实为社会提供了社会所需的东西,即使交易对消耗品的储存没有半点好处,它们也维持了社会的结构——社会关系"(Sahlins,2004:187n)。

③ K.哈特(K. Hart)列举了特罗布里恩德群岛沿海村庄和内陆村庄之间的两类交易:酋长之间的仪式性业务(wasi)和家庭之间的物物交换(vava)。第一类反映了长社会距离和弱政治秩序,第二类反映了短社会距离和强政治秩序。因此,当政治关系受到破坏时,他们就从物物交换转为仪式性业务;一旦关系恢复,他们就又从仪式性业务转为物物交换,一切都取决于"和平促贸易"变化到了什么程度(Hart,1986:637—56)。

④ 更何况,民族学家所目睹的夸富宴实际上是一种退化的、充满敌意的贸易形式。这种贸易形式是在殖民者入侵美国西北部地区之后才出现的。

定的,但它最终总是因供求关系的变化发生改变。但当各方在经济上处于平等的情况下,互惠性的"适度"又指的是什么呢?从物质利益主导社会关系的那一刻起,每一方都必须将对象化在产品中的劳动成本同产品的社会使用价值放在一起掂量。在自然资源稀缺的群体之间的交换当中,这种情况会自然而然地发生。对这些群体来说,获取他人的劳动产品是一种不可或缺的需要,他们花在为他人生产上的劳动时间是以牺牲为本群体生产的劳动时间为代价的。在这种情况下,慷慨必须同时考虑使用价值和劳动价值(Sahlins,2004:307)。[①]

在这里,交换是以使用价值为导向的,同时带有如下特点:生产各方彼此隔绝,带有无声的敌意,尤其是交换群体资源稀缺。显然,这个发展阶段,不能完全由商品中各自包含的劳动时间来确定商品间交换的比例关系,在评估这种比例关系时,还需考虑与产品的有用性相关的其他因素。[②] 不过,我们还是得对在这种交换中建立起来的关系进行一番更仔细的考察。无论交易者的需要程度如何,他为换到想要的商品而让渡出去的东西,都只是特定劳动生产出来的产品。毫无疑问,他自己的商品在他眼中的价值,就只值该商品所能交换到的他人产品的价值。不仅如此,他还更看重他人的产品,因为他人的产品满足了他的某种重要需要。正如埃奇沃思所言,双方都会努力采取一切手段尽可能多地榨取对方的产品(Edgeworth,1881:51)。但是,他们需要的尺度只能用商品语言来表达,即各方为交换对方的商品而同意花费的劳动数量。[③] 如果仅仅是"效用"促使个人交换商品,这就不涉及交换的过程本身,而只是显示了它们作为劳动产品的共同维度。

[①] 据《石器时代经济学》一书:"从对利益不倦的追求来看,我们需要反过来想一想'慷慨'可能表达的含义。假设有利对方的互惠有其必要,那么交易的各方就该思考,除收到的物品价值之外,自己所给出的物品对于对方相应的用处,除自己生产所付出的劳动外,对方又付出了多少。'慷慨'让使用价值对应使用价值,劳动对应劳动。"《石器时代经济学》,第368页。——译者

[②] 正如马尔萨斯所说:

由于个体之间必然存在差异,他们的生产能力或购买能力不同,因而起初由此订立的各种契约彼此之间可能极不相同。在有些人中间,大家同意用6磅面包换1磅鹿肉;而在另一些人中间,只要2磅面包便可换1磅鹿肉。但如果准备并愿意用6磅面包换1磅鹿肉的人听说不远处有人将会拿2磅面包换同样数量的鹿肉,则他当然不会继续拿6磅面包去换1磅鹿肉;如果一个同意用1磅鹿肉换2磅面包的人能在别的地方用1磅鹿肉换到6磅面包,他就不会继续去做只能换到2磅面包的交易(Malthus,1836:43)。

[③] 产品首次开始交换时,它们只是作为使用价值彼此面对,它们的交换比率在一定程度上具有任意性和可变性,因为它们在很大程度上取决于参与交换的各方对产品效用的主观估计。然而,由于交换的重复和扩展,产品最终转化为商品,其使用价值也变成它所拥有的一种新的品质的"材料储存库",这种新的品质就是交换价值(Meek,1956:162)。

因此,尽管交换的目的是满足生产者已有充分认识的利益,但它产生了一种超出交易各方愿望的客观结果:他们各自的劳动被同化①在一起,仿佛它们是同等的劳动,仿佛这两种形式的劳动一起都是一般人类劳动这个一般范畴下的种类(Marx,1986:175—6 and 492)。

1.4 效用价值理论中的劳动问题

有鉴于"原始经济"(primitive economics)中效用和劳动之间的复杂关系,如果不把17、18世纪商品生产和商品流通的主流特征牢记在心,我们就无法理解这一时期价值理论的犹豫不定、混合杂糅和含糊不稳的特性。坎蒂隆写道,"某件东西的价格或内在价值是衡量其生产所耗费的土地数量和劳动数量的尺度,同时也顾及土地肥力或土地产品以及劳动质量",但另外,这种价值"取决于人们的心情与喜好,取决于人们的消费"(Cantillon,1755:29)。显然,坎蒂隆在写下这些话的时候,脑海里想到的是供上流社会圈子消费的珍稀食品贸易。这些物品往往来自遥远的国度,交货须承担彼时长途运输等所涉及的一切风险。此外,如果说英国的配第或法国的布阿吉尔贝尔走在时代前列的话,那是因为他们更关注总体上属于市场性质的社会中产生的社会规律,而不太关心价值的本质。他们由此强调,只有劳动和土地才是推动社会财富增长的力量(Petty,1690:260;Boisguilbert,1707:406)。

不过,在价值理论史上,杜尔哥的工作堪称典范,这不仅是因为他阐述了价值和货币的真正起源,还因为他对之所以需要价值尺度的思考,不同于人们由对广泛的商品交换之必要性的纯粹考量而产生的主观估计。

在杜尔哥的《价值与货币》(*Value and Money*,1769)中,鲁滨逊主义(Robinson Crusoeism)这一次始于真正的蛮荒状态。在这里,个人并不满足于将有效管理的原则进行汇集并将其运用于业已沉入海底的文明生活所留下的残迹。②在这里,没有干杂活的"星期五"(Man Friday);在这里,个人面对的只是无生命的物质,从中索取用于满足自己需要的生活条件。同自然之间的交换全

---

① 此处的同化属于认识论范畴,指对获取的信息进行转换,以使其符合现有的认知方式。这种转换可能会使信息受到一定程度的扭曲。——译者

② 这里指的是鲁滨逊用沉船的桅杆做成木筏,把船上的食物、衣服、枪支弹药等运到岸上,并在小山边搭起帐篷开始定居的事。——译者

靠使用个人资源来实现。

对于一个处在与世隔绝的状态中的人来说,任何一件东西,只要其具体品质可以给人带来幸福,都有价值。我们处在与世隔绝的状态中的"野蛮人"会完全像现代理性消费者一样思考,即在边际上:

如果同一个人能够在几种适合他使用的物品中进行选择,他就能够做到厚此薄彼,就能够比如说发现柑橘比板栗更加可口,皮衣比棉衣更能御寒。他会认为一个东西比另一个东西更有价值,他会在心里琢磨比较,他会估量它们的价值。因此,他会决定去做他喜欢做的事,不去做其他的事(Turgot,1769:137)。

杜尔哥也没有忘记,所有这些东西的用途都会随它们之间的相互联系发生变化:"野蛮人饿了的时候,会认为一块猎物的肉比最好的熊皮更有价值。但假设他的肚子是饱的,身体很冷,熊皮对他来说就变成有价值的了。"(Turgot,1769:138)然而,一个必须考虑的新因素打乱了这种效用的层次体系,那就是获得这种有价值的东西的难度,这意味着同样一件物品,如果很难获取,就会比它由大自然大量产生时更珍贵。这就是稀缺如何成为计值的一个要素的原因所在。然而,稀缺是基于一种特殊的效用,因为"由于积累一种难以找到的东西更有用,所以这种东西更受追捧,人们会花更多努力去获取它"(Turgot,1769:139)。

杜尔哥接着引入了两个野蛮人之间的交换话题,假定他们将两人拥有的所有商品做一个估值,并把附着在他们各自所拥有的商品与希望获得的商品上的好处进行比较。这样,每一方都会按照其设法获得的这两样东西的好处的比例,确定己方商品的估值。因此,这两种价值之间的比较仅仅是两组好处之间的比较,它们各自摸索前进,直至交易双方能够做到让它们各自的估值彼此相抵:

在确定交换价值时,现在有两个人在比较,他们比较了四种好处。但他们首先是独自对协议双方各自的好处进行比较,然后再把这两种结果放在一起比较,或者更切当地说,由协议双方进行讨论,以形成一个平均认定价值,这个平均认定价值就成为确切的交换价值。我们认为,我们必须给这个价值定名为能确定价值的价值(valeur appreciative),因为它决定了交换的代价或者说交换的条件(Turgot,1769:143)。

这种估值的互惠比较过程一直被解释为发现效用的主观价值的尝试,而且这种尝试多多少少是成功的(Hutchison,1973:39—44)。做出这种评论的人们忘了,在此期间,效用和需求在估值中的作用相当于证明个人为生产他认为有用的商品而耗费自己的资源的比例是合理的,这一比例本身取决于生产这些有用的东西的困难程度。个人一旦从满足基本需要的紧迫性中脱身,便用自己的劳动来支付各种各样的开销:"正是他为追求每一件物品去这样使用自己的资源,补上了其个人享受的耗费,可以说形成了那享受的物品的成本""自然只为他提供他需要的东西,他已经同自然初次做了一笔交易,在这次交易中,除非他支付自己的劳动,即花费自己的资源和时间,否则自然不向他提供任何东西。"(Turgot,1769:139)就像处在与世隔绝状态当中的个人通过"他可以使用的自己的一部分资源,来获得某件估过值的物品,而不会因此牺牲对其他同等重要或是更重要的物品的追求",来评估自身所需要的、关系到其福祉的物品那样(Turgot,1769:140),在与他物交换时,能确定价值的价值只是"那两个人所拥有的资源中准备用来追求每一件交换品的那部分资源的总和同他们所拥有的资源的总和之间的关系"(Turgot,1769:144)。

  然而,有一个方面阻止了杜尔哥迈向用劳动而不是通过对需要或效用的估计来度量价值的步伐,那就是他对劳动本身的概念界定。杜尔哥把劳动描绘成个人的一种基本损失,而不是一个自身并不反映个人的某种量,或者确切地说,不反映个人所拥有的资源的那个量。①"人是万物的尺度",更是需要的尺度:人们享受自己的劳动成果,以此来补偿自己的劳动,劳动怎能逃得出普罗泰戈拉这句名言的掌心呢?杜尔哥设想,正如特定的需要在个人的总需要中占据一定的比例那样,劳动也应该能占据个人时间和个人才能的一部分。②他认为,去寻找一个精确的效用尺度徒劳无益,因为所有个人都能单独直接找到这一尺度,从而自发地确立起自己的偏好尺度。但另一方面他又在想,如何理解个人的所有能力?与生产某种商品所花费的时间相比,个人时间究竟意味着什么?我们是应该以"一辈子,还是一年,是一个月,还是一天"为单位?如果我们认为某一物品的价值占个人所拥有的资源的2%,"我们此时谈的资源又究竟是些什么资源?"(Turgot,1769:145)事实是,杜尔哥并没有把劳动设想为社会劳动的耗费,也没有把时间设想为一种社会价值,而是把两者看作由每一个具体的个人所界定的不可通约的价值。如果他把劳动和时间均看成社会性资源,效用价值就会

---

  ① 此处的"不反映个人的某种量""不反映个人所拥有的资源的那个量",是指作为社会劳动的那个劳动量。作者认为,杜尔哥的问题在于,没有把劳动设想为社会劳动的耗费,没有把劳动和时间看成社会性资源。——译者

  ② 估值就是:

该所占比例部分同人的全部资源之间的关系。这一关系用分数表示,其中分子是该所占比例部分的单位,分母是人的全部资源所包含的值或所有同等比例部分的数量(Turgot,1769:140)。

随着交换的延伸转换成劳动价值。

然而,仔细研究一下他在撰写此篇文稿三年前写就的《关于财富的形成和分配的思考》(*Reflections on the Formation and Distribution of Wealth*),我们就会发现,杜尔哥看出了随着交换的扩大而出现的那种关系的性质。一旦开始谈论几方交易之间的交换关系,他就暗中引入个人资源作为交易各方间的评价标准,尽管这并不对双边交换构成影响。在孤立的交换行为中,"每一种被交换的物品的价值,除了协议双方互相平衡的需要或欲望以外,便没有其他衡量尺度,而物品的价值只能由当事人双方意见的一致来规定而不由任何其他东西来规定"(Turgot,1766:136)。① 然而,一旦对方交易者彼此之间出现相互竞争,"任何人在没有比较他所需要的商品的各种不同报价之前,都不会决定卖掉他的商品,他要选择出价最高的人"(Turgot,1766:136)。② 在这些情况下,

> 谷物和葡萄酒的价值从此不再在两个孤立的个人之间根据他们的相对需要和能力而争来争去;这种价值将取决于全体出卖谷物的人的需要和能力与全体出卖葡萄酒的人的需要和能力之间的平衡(Turgot,1766:136)。③

但杜尔哥没有深挖这种直觉,而是依旧认为任何商品都有衡量价值的功能。像杜尔哥或坎蒂隆(Richard Cantillon)这样的人,很难期望他们发现那些专门创造价值的劳动,毕竟这一时期,自由、独立的个人才刚刚开始从他在封建社会里深陷其中的无数枷锁中挣脱出来,而与原始积累有关的各项进程在法国才刚刚起步。这就是为什么杜尔哥在其业已抵达与"价值本身"相关的发现的边缘时戛然而止,并再度将任何劳动产品都视为潜在的价值单位的根源所在。

另外,对于交易者来说,交换很可能只是满足个人需要的一种手段。然而,这一手段恰恰是一种为满足另一个人的需要而生产某种东西的方式,也就是为满足社会需要而生产某种东西的方式。对于我们的交易者来说,知道谁生产了上衣或麻布完全无关紧要(此即劳动的一般性)。生产只有在它代表一定数量的劳动(此即劳动的抽象化)时才有价值。通过商品的交换,一旦部落、城市或者王国各自的劳动放在一起相互比较,并作为共同的量来衡量,这些部落、城市和王国就把他方也看作人"类"。

---

① 中译文源自(法)杜阁著,南开大学经济系经济学史教研组译:《关于财富的形成和分配的思考》,商务印书馆2009年版,第34页。——译者
② 中译文源自《关于财富的形成和分配的思考》,商务印书馆2009年版,第35页。——译者
③ 中译文源自《关于财富的形成和分配的思考》,商务印书馆2009年版,第35页。——译者

1.5 作为活劳动的一种社会形式的抽象劳动

马克思把生产价值的劳动称作抽象劳动。然而,为了能够做到在以商品形式进行交换的劳动力之间展开比较,这里的抽象不可与对个人的劳动的具体特征进行抽象的过程混为一谈。这里的抽象不是单纯用来寻找所有个人劳动的"相同的质,即人类劳动的质"(Marx,1996:31)的理论工具。更准确地说,这里的抽象是一种运动,通过这种运动,全部个人劳动由此化为全球性的同种劳动,同种劳动的数量在社会成员所完成的不同种类的劳动中间分摊。正如上文所述,杜尔哥在效用关系的基础上也得出了同样的结论。但他的错误恰在于把个人的一般能力和时间与个人本身联系起来,其实它们是作为社会力量在个人之间分配的,是随着交换的发展而发展的。一旦社会通过作为商品的劳动产品的交换而不是像原始社会那样通过个人之间各种生产活动的直接联系从事自身的再生产,抽象劳动就成为劳动的社会品质(或社会劳动的质)。正是交换过程规定了生产商品的社会必要劳动时间,从而使个人的劳动具有了社会劳动的质。

其效果仿佛是不同的个人把他们的劳动时间结合在一起,并把其共同支配的劳动时间的不同量表现在不同的使用价值上。这样,个人的劳动时间实际上就是社会为生产一定使用价值、满足一定需要所必需的劳动时间(Marx,1987b:274)。

这就使抽象劳动成为社会劳动的一种极为特殊的形式,只适用于以商品生产为基础的社会,在这种社会里,劳动的社会性在价值上获得了自主的存在。一方面,每一个个人的劳动,只要表现为交换价值,就必然看上去是抽象劳动。另一方面,劳动也只有表现为交换价值,看上去才是抽象劳动(Marx,1987b:273)。只有当活劳动作为社会实体,通过劳动产品作为商品彼此发生交换这种方式来间接进行彼此间的交换时,劳动的社会性才同作为具体的、特定的活动的劳动区别开来。相反,在其他社会生产系统中,劳动的社会性并不表现为这样的产品交换形式——在这种交换形式中,所有产品都以千篇一律的一般劳动时间的同面目出现。

我们就中世纪的徭役和实物租来看,在这里,成为社会纽带的,是个人一定的、自然形式的劳动,是劳动的特殊性,而不是劳动的一般性。最后,我们看一下一切文明民族的历史初期自然发生的共同劳动。这里,劳动的社会性显然不是通过个人劳动采取一般性这种抽象形式,或者个人产品采取一般等价物的形式(Marx,1987b:275)。

《资本论》第一节不但以更清晰的方式对《政治经济学批判(第一分册)》作了概括,而且作了一个决定性的变动,从而让马克思的价值理论自身同古典学派更加清晰地区分开来。在《政治经济学批判(第一分册)》中,马克思没有区分价值和交换价值,而只是区分了生产使用价值的劳动和生产交换价值的劳动,将交换价值本身定义为"不同个人的劳动作为相同的一般劳动相互发生的关系",因而也定义为"劳动的一种特有社会形式的对象化表现"(Marx,1987b:276)。但是,正如他在《资本论》中所作的自我反驳那样,"说商品是使用价值和交换价值""严格说来是不对的"(Marx,1996:71),因为劳动活动的双重性质在商品的起点处并没有明显表现出来。这样,《政治经济学批判(第一分册)》中使用的术语就有将抽象劳动简化为单纯的价值计量单位的风险。因此,区分价值和交换价值,不仅是为了指出价值中所具有的交换价值的共同的社会的质,或者是为了更好地区分价值形式本身和体现在交换价值中的价值量,尽管马克思批评经济学家没有注意到这一区别(Marx,1996:91—2n)。其主要目的是区分通过交换过程而变成社会性质的劳动活动和对象化在商品中的劳动。

商品以交换价值的形式来表现它与其他商品的数量关系;作为价值,它表现的则是一定量的抽象劳动,即社会劳动的一部分。作为交换价值,它表示包含在商品中的劳动时间相对于其他商品中所包含的劳动时间的量;作为价值,它表示包含在商品中的劳动时间相对于整个社会劳动的量。如果劳动产品不作为商品交换,价值当然就不存在;但反过来,将劳动产品表现为交换价值也有一个前提——商品是"人类劳动力的耗费"的结果(Marx,1996:56),因此,社会劳动是以价值的形式表现出来的。①

生产价值的劳动必然是抽象劳动,但抽象劳动只有在社会再生产建立在劳

---

① 正如商品既具有使用价值又具有交换价值一样,生产商品的劳动既生产使用价值又生产交换价值。因此,抽象劳动界定了生产价值的劳动,同样也生产了社会使用价值——一种同历史所决定的人类需要相一致的东西。如果商品不能实现 180 度的转变,以此表明其作为交换价值的存在,它就不能同时证明它作为使用价值的存在。要把劳动价值论从新古典主义对它的攻击中解救出来,我们没有必要以只有交换才能把具体劳动转化成抽象劳动为由,去假定劳动在成熟的资本主义生产条件下是全然抽象的(Bellofiore, 2009:184)。同样,劳动的抽象性质并没有隐含某种粗略的唯物主义观念——人们常常认为,正是马克思提出劳动的抽象性隐含了粗略的唯物主义观念,而且据此工人被还原为必须服从热力学定律的纯粹的物理与化学存在物。捍卫这种解释的人从来不问:为什么人的任何一种能量耗费并不必定体现在价值当中,因而并不代表有别于具体劳动的抽象劳动。这一解释的最新变种之一参见 A. Wendling,2009。

动产品作为商品彼此进行交换的基础上时才表现为价值。而且由于商品的交换只不过是交换社会活动的一种方式,因而交换价值也不过是通过交换个人劳动产品来交换个人劳动活动的表现形式而已。

因此,社会劳动在商品交换过程中同具体劳动相分离,意味着这些商品所体现的社会劳动的量只能通过它们交换自身的比率来间接衡量。这的确是这种生产方式的独特之处。在这种生产方式中,社会生产活动从来不彼此直接交换,而只通过社会劳动产品的私人间交换这个中介来进行。在这种情况下,价格围绕社会必要价值(socially necessary value)不断波动,价值规律就这样将自己强加在人们头上。"市场价值平均化为实际价值,是由于它不断波动,决不是由于和实际价值这个第三物相等,而是由于和它自身经常不相等"(Marx,1986:75)。因此,试图在一个给定的、可测量的量中抓住该价值的实体,就像试图在引力质量的吸引力和排斥力两者间的关系中抓住引力实体一样,是徒劳的。然而,自从恩格斯出版《资本论》第三卷以来,无数马克思经济学研究者从未停止过这种尝试。这种研究有时导致我们前面已经看到的那样,按照李嘉图的方式来确定价值,即把价值定为包含在商品中的简单的、同质的劳动时间;有时导致完全用生产中消耗的实物来代替劳动(Steedman,1981:1—19);有时导致用换取商品的货币数量来确定社会劳动时间(MEWH)(Aglietta,1997:56—60)。在最后一种情况下,商品价值的确定在货币价值的确定中被挪开了,而货币价值的确定本身也被简化为仅是一种社会约定。第二种情况则完全把价值从经济分析中移除出去。另外,在第一种情况下,包含在商品中的抽象劳动被看作一定量的能源消耗的物化,在实践中应当可以测量。这里的错误在于,把由生产者的互动而产生的劳动的社会规定同实际进行的劳动的物理规定混为一谈。

萨德－费洛曾针对马克思价值理论的各种不同解释,写过一篇论文。在这篇论文中,他对 MEWH 理论提出了疑问,指出它混淆了抽象劳动中价值的货币形式和价值的实体(Saad-Filho,1997)。他强调得很对,价值与货币价格之间的区别不但涉及质,而且涉及量,因为货币价格总是大致表现了实际生产出来的价值。因此,在他看来,生产出来的价值和在价格中表现出来的价值是有区别的,因为后者会受到许多导致偏差的原因的影响。可是,该如何测定商品进入市场前的价值呢?的确,市场没有创造任何东西,而是认可了生产领域内一种先于交换产生的过程(Saad-Filho,1997:465)。但萨德－费洛既然试图确定生产出来的价值同在市场价格中实现并表现出来的价值之间存在数量上的差异,他就需要对抽象劳动作出界定,这样才可以测定商品在交换之前所具有的价值。然而,他认为只有一种形式的劳动,其进行也涉及各种社会规定:那就是在资本的支配下实施的劳动,因为在这种形式的劳动当中,一方面,劳动力本身就是一种商品,即社会性的物;另一方面,劳动者是在高度发达的社会生产方式下从事工作。在萨德－费洛看来,劳动的双重性质只能存在于资本主义劳动中,因为:

在资本的支配下进行的雇佣劳动既是私人的(因为它是由不同公司的个体工人来从事的),也是社会的(因为这是资本主义下劳动的社会形式,因为它的动机、实施和结果都是由社会规定的)。换句话说,在资本主义下,工人同时从事具体劳动和抽象劳动(Saad-Filho,1997:468)。

但首先,萨德－费洛混淆了资本主义生产的一般社会性质与企业内部劳动过程的集体性质和专制性质。其次,生产资料确实是社会活动的结果,竞争确实会制约劳动的组织,一切客观的和主观的生产资料本身确实都是商品,但这并不必定会将劳动活动转化为社会劳动。事实上,劳动的社会性不是源于生产资料的性质,而是源于劳动活动的目的,即使这些资料的获取方式实际上牵连的是一种完全由商品支配的生产方式。真正促使萨德－费洛认为只有雇佣劳动才能称作抽象劳动的是,在他看来,这种劳动既是社会劳动,同时又是可以测量的。然而,在以交换价值为基础的生产方式中,显示出商品按比例表现为一般抽象劳动的,只有商品之间的交换比率,而"劳动时间作为价值尺度,只是观念存在着",因此"不能充当对价格进行比较的材料"(Marx,1986:77)。诚然,商品作为价值只表现确定的抽象劳动量,但这是"在生产者背后由社会过程决定的"(Marx,1996:54)。

1.6 什么是商品拜物教

在《资本论》第一章中,上衣只是在与麻布的关系中承担了其作为等价物的职能。此外,裁缝物化在上衣中的具体劳动,在交换的那一刻也凝结了织工的劳动。麻布在上衣的形式中找到了一个外在物体来表现自己的价值。如果上衣像麻布一样,不是一种能够满足麻布生产者需要的使用价值,那么它永远不会成为麻布的等价物(Marx,1987b:290)。然而,在交换当中,上衣呈现出一种额外的属性——这种属性不是上衣作为使用价值的属性当中的一部分。"麻布表现出它自身的价值存在,实际上是通过上衣能与它直接交换。因此,一个商品的等价形式就是它能与另一个商品直接交换的形式。"(Marx,1996:65)因此,麻布通过在上衣中反映出它自身的价值存在,就立即呈现出它作为有用的物体或使用价值的特点;在上衣那里,麻布找到了表现自己的价值的材料、反映自己的价值的镜子,它表现为"人类劳动的化身"(Marx,1996:63)。

在双边交换中,商品在另一个商品中找到了自己价值的表现,这意味着商品的价值生产活动的社会性质表现在另一个商品、另一个劳动产品的使用价值上。结果,生产等价商品的劳动立即成为社会劳动。因此不难看出,交换的扩大和加强足以将商品和等价形式之间的关系完全颠倒过来。一旦选择货币商品来表达所有商品的价值,货币商品似乎便不复存在,因为所有商品都选择它作为价值的一般形式;相反,所有商品都要以这个等价形式为参照,因为它是货币。只有在这个意义上,"活动和产品的普遍交换已成为每一个人的生存条件;这种普遍交换、他们的相互联系,表现为对他们本身来说是异己的、独立的东西,表现为一种物"(Marx,1986:94)。

但是,直接交换产生的等价形式还不具备货币的所有属性。第一,它只是在供交易者消费的产品之间直接进行交换的过程中出现的一种偶然的价值形式,一旦交易完成,这种价值形式就消失了。第二,由于这是两种使用价值之间的交换,只从裁缝的角度来看,麻布实现了上衣的交换价值;一旦我们从织工角度来看这种交换,这一点就可以颠倒过来,在这里,正是上衣体现了麻布的交换价值。

不过,即便人类学上合乎经济利益标准的概念(Sahlins,2004:303)证明的是物物交换关系让参与者之间的社会关系保持透明,他们的劳动产品的交换其实已经成为这些关系的对象和目标。正如货币形式的种子包含在这种初级的价值关系里一样,其商品拜物教特性也来源于这种原始的交换形式。[①] 但是,对两种商品之间的关系的分析并没有充分表明物与物之间的关系代替了某种社会关系,或者是这种社会关系直接表现为劳动产品的价值形式。它反倒是突出了如上这些特征,以便突出下述事实,即个人劳动的社会性是以他人的劳动产品形式表现出来的。原始交换疏导了交易群体之间的敌意,但这种疏导是通过一种保持他们彼此互为外人的关系来实现的:商品的交换和妇女的交换不是一

---

① 最简单的交换关系表明,在一个以私有制为基础的社会里,生产者只能通过他们的商品彼此联系,"他们自己的劳动的社会特征"一定表现为"劳动产品本身的客观特征"(Rosdolsky,1977:125)。

回事。因此,对象化在商品中的人的劳动支出,只有在另一个商品中才能显示出其社会性。个人正是通过把这种对象化的活劳动转化为他人拥有的商品,对他们的劳动进行分工,以满足社会需要。织工的个人劳动只有在同上衣相联系时才成为社会劳动,在上衣中即刻表现它的价值,即生产麻布所花费的抽象劳动。这两种产品都具有社会使用价值,对织工来说,表现其劳动的社会存在的,却是上衣;而对裁缝来说,表现其劳动的社会存在的,则是麻布。对于这两位劳动者来说,表现其劳动社会性质的,是与自己的劳动耗费完全不同的东西。在这种简单的关系中,包含着商品生产所固有的死劳动和活劳动之间的整个异化关系。

一种商品例如麻布的相对价值形式,把自己的价值存在表现为一种与自己的物体和物体属性完全不同的东西,例如,表现为与上衣相同的东西,因此,这个表现本身就说明其中隐藏着一种社会关系(Marx,1996:67)。

因此,拜物教同商品绑定在一起,不管商品是以何种方式生产出来的,情况都是这样。商品拜物教的出现,不是来自这样一个事实,即价值关系通过介入生产者中掩盖了"真正的剥削关系",甚或像法恩和萨德—费洛说的那样,"通过自由交换的信条",证明了这种关系的正当性。他们认为,商品作为一种价值,遮蔽了资本主义生产的压迫性和有辱人格的现实,对商品进行分析,就是要揭开这个现实(Fine and Saad-Filho,2010:22—23)。但是,不管商品以何种性质、何种关系进入生产,这种与商品之间"拜物教化"的关系都只涉及商品所有者本身。生产方式虽是商品的源头,但商品的拜物教特性与生产方式的性质没有关系。在商品社会,一旦个人的劳动——无论其形式如何——通过交换作为商品的劳动产品来交换自身,从而使社会劳动表现为不同于个人活动的物的形式,商品就会显现拜物教特性(Marx,1986:94)。

个人之间的关系,不是别的,就是他们彼此之间的互动关系,这种关系在价值领域表现为事物的质。因此,如果说货币拜物教只是商品拜物教的一种高级形式的话,那么随着资本主义生产的发展,拜物教则又将自身转化为资本拜物教,资本作为一种劳动产品看上去是一种支配工人的自主力量。然而,拜物教真正得到全面体现,是在生息资本拜物教那里。在生息资本这种形式下,货币不仅作为一种物表现了个人劳动的社会性质,本身作为一种存在也具有生命力,并被赋予生产剩余价值的能力(Marx,1989b:458)。

让我们回到普殊同的这个看法,即认为马克思对资本主义的批判涉及劳动本身。我们已经看到,这种看法全靠把作为社会生产活动的劳动和对象化在商品中的劳动混为一谈,这样,商品生产就被看作社会生活本质上是以个人劳动为基础的这种错误观念的根源。普殊同抨击了这种错误观念,自以为一个真正希望超越资本主义生产方式的社会,其生存条件既要以劳动为基础,又同样要以艺术、宗教等诸如此类的活动为基础:

> 因为资本主义的深层关系是以劳动为中介的,并因而是对象化的,所以这些深层关系并不以特定的社会历史面貌呈现,而是呈现为具有超历史的效力、具有本体论的根基的形式。资本主义劳动的中介性质以生理劳动的外貌示人,这就是资本主义拜物教的根本内核(Postone,1996:170)。

如果他对活劳动和活劳动所生产的产品中的物化劳动加以区分,他就会意识到:相反,这种拜物教特征会引起一种错觉,即作为商品的劳动产品的交换,似乎是满足社会需要的唯一社会条件。尤其他就会明白货币的本质

> 首先不在于财产通过它转让,而在于人的产品赖以互相补充的中介活动或中介运动,人的、社会的行动异化了并成为在人之外的物质东西的属性,成为货币的属性(Marx,1975b:212)。

但普殊同把生产劳动价值的劳动等同为物化在商品中的劳动,这样便把迄今为止存在的所有社会的历史同某一种社会形态(资本主义市场社会)的百衲史混为一谈。

2

货币的必要性

　　蒲鲁东的门徒提出的货币改革——用劳动时间券取代黄金——是推动马克思去思考货币的第一个主要动因。这件事促使他先在《大纲》中说明货币为什么是商品,也必须是商品,而后他才在《资本论》中演示某种商品是如何成为货币的。马克思对蒲鲁东学派的基本批评是,蒲鲁东学派的改革忽视了商品生产中活劳动和死劳动的具体对立,因此,货币必须同商品区分开来,同时也必须是某一特定劳动的产物(1)。即使货币制度不再能够把黄金作为自己的锚地,价值约束依然会影响货币政策的发展,因此布雷顿森林体系(Bretton Woods System)的终结本身直接源于某种同黄金挂钩的货币过度发行所带来的种种矛盾(2)。另外,对新近的制度主义著作的考察表明,一经撇开商品交换关系,试图用另外的方法来解释货币的创设,就不得不在事实上把商品生产所特有的一切社会特征作为先决条件(3)。往大处讲,如果说经济分析迄今为止都没有成功将货币整合进现代经济学体系——后文将要讨论的凯恩斯是个例外——的话,其之所以如此,原因乃在于其所依赖的价值概念没有确立起价值的客观形式的必要性。也许这就解释了货币数量论为什么能够同效用价值论以及李嘉图的劳动价值论相结合的原因(4)。

2.1 货币为何是一种商品

对《资本论》的当代读者来说,一般等价物的起源在经济思想史上似乎是一件纯然稀奇古怪的事。产生这种感觉不只是因为其黑格尔式的阐述和词汇,还在于从交换关系的发展中产生的货币最终在一种商品——黄金——那里,找到了自己的肉身。货币的整个运动要靠价值形式的发展来支撑,劳动价值论本身似乎受到了挑战,因为随着金本位制的废除,其所依凭的货币概念将不复存在。

《资本论》在讨论一般等价物的起源时理所当然地认为货币是一种商品。马克思正确地指出,最困难的不是证明货币是一种商品,而是理解某种商品变成货币的过程(Marx,1996:58)。另外,对马克思在《大纲》中直接驳斥的蒲鲁东货币信徒来说,货币的商品属性一点也不明显,而且让贵金属生产者同普通交易者相比,享有一种令人无法容忍的特权。因此,达里蒙在1856年的《论银行改革》(*La Reforme des Banques*)中要求废除金属货币,代之以发行纸币,纸币虽然选用法郎表示,但应该直接表示劳动时间。这样做,商品交换就不会因生产成本的变化或贵金属稀缺出现混乱,从而可以继续开展(Darimon,1856:36—8)。生产者可以用他们的劳动产品交换等价的劳动货币,这样就可以得到他人用同等的劳动时间生产出来的商品。由此,劳动时间就成为交换价值的具体的、真正的尺度。此外,交易者利用持有的金属货币从交换中换回的,也只能是包含在那贵金属中的价值。所以,《大纲》中货币那一章的目的可以说与《资本论》中货币那一章的目的正好相反。在《资本论》中,马克思分析的是商品的交换价值如何表现在商品货币中;而在《大纲》中,他分析的则是货币本身为何物化在商品中。

由蒲鲁东主义者货币改革的目标带来的总的问题是:

> 是否能够通过改变流通工具——改变流通组织——而使现存的生产关系和与这些关系相适应的分配关系发生革命?进一步要问的是:如果不触动现存的生产关系和建立在这些关系上的社会关系,是否能够对流通进行这样的改造?(Marx,1986:60)

对马克思来说,第一,这种改革的乌托邦性质恰恰在于这样一种幻想,即只要改变货币形式,就可以废除资本主义生产所特有的剥削关系,并保证直接生产者的收入与实际包含在商品中的劳动时间一致。第二,如下文所述,实行这种改革实际上要求发行劳动货币的银行完全转变角色和职能,因为它意味着投资决策实际上已经集中化,这样就废除了生产资料私有制。

马克思首先对时间券或者说劳动货币提出了异议,指出商品的交换价值决不等于实际包含在商品中的劳动时间。第一,生产力的持续发展使生产商品所需的劳动时间不断缩短。随着生产率的提高,一张价值一小时劳动的纸券会不断升值,其所购买的商品数量也会不断增加。这固然是蒲鲁东主义者提议改革的最终目的,也是暗地里的目的。但蒲鲁东主义者忘了,货币不只是用来确保商品获得社会认可的,也是信用关系的基础。在这种关系中,债务人将不得不承受不断升值的货币带来的不断增加的负担(Marx,1986:74)。这一后果将完全破坏整个现有经济体系,因为后者是建立在成熟的信用体系基础之上的。第二,即使不考虑信用,去中心化的、无政府状态的商品生产形式也永远做不到让价值与价格,即实际劳动量与商品自身所交换的劳动量相一致。在市场上表现为价格的商品价值量并不代表实际包含在商品中的劳动量,而是代表社会必要劳动量。"代表平均劳动时间的小时券决不会和实际劳动时间一致,也决不能和它兑换"(Marx,1986:76—7)。然而,社会必要价值表达的是一个纯粹的理想量,因为它是通过交换过程本身来确立的。一方面,商品的价值只能通过市场价格的平均值来确定;另一方面,这些可变价格围绕商品的平均价值不断波动:

> 对象化在一个商品中的劳动时间,所能支配的绝不是和它本身等量的劳动货币,反过来说也一样,而是较多或较少的劳动货币,正如现在市场价值的任何波动都表现为其金价格和银价格的提高或降低(Marx,1986:77)。

价值地位的模棱两可,不是因为马克思方面在理论上有困难,而是由建立在商品生产基础上的社会劳动的组织本身引起的。在这里,社会决定用于生产某种物品的活劳动的时间,是通过私人进行的劳动产品交换这一中介间接决定的。因此,价值和价格之所以不同,只是因为社会生产状况借由价格对个别价值施加影响,而不是像奥尔良所称的那样(奥尔良把这一点作为马克思货币理论狭隘性的证据),是因为"劳动价值就其本质而言完全是以生产条件为基础的"(Orléan,2011:33)。据此,劳动价值是指包含在商品当中并预先确定自身交换关系的一种实体。在这种情况下,"市场的具体运转"是次要的,"供需两端的变量"将"因这一价值概念得到彻底阐明"(Orléan,2011:35)。借由批评马克思过分强调劳动对交换关系的决定性作用,奥尔良似乎得出结论认为,商品不一定是社会劳动的产物。但在马克思那里,只有当交换本身是社会劳动的一种生产和分配形式时,"生产条件"才会支配交换关系。价值当然是一种实体,但它是这样一种社会实体,没有交换关系,它就不存在。表现在价值中的社会必要劳动,本身就是由市场价格的平均数产生的一种理想的或抽象的量,或者说(这么说是同一回事)是从商品同其货币等价物之间的交换关系的不断变化的平均值中得出的一种理想的或抽象的量。

然而,发行劳动货币需要有这样的生产条件和交换条件,即对这些生产条件和交换条件而言,货币恰恰是多余的:

> 如果假定商品的价格=商品的交换价值这个前提已经实现,如果供求平衡,生产和消费平衡,归根到底是按比例的生产(所谓的分配关系本身就是生产关系),那么,货币问题就成为完全次要的,特别是这样的问题:是发行票券(不管是蓝色的还是绿色的,是金属的还是纸的),还是以另外一种什么形式进行社会簿记。在这样的情况下,还必须坚持对实际的货币关系进行研究这样的借口,就是极端荒谬的了(Marx,1986:90)。

因此,在一般均衡系统中,货币方程的纯粹形式本质,就是希克斯(Hicks)和帕廷金(Patinkin)在瓦尔拉斯模型中留意到的那样(Hicks,1933:33—5;Patinkin,1956:390—4)。瓦尔拉斯式的拍卖者,就像普鲁东主义的中央银行家一样,不但要协调社会的交易,而且要组织社会生产本身。"或者,银行事实上是生产的专制统治机构和分配的管理者;或者,银行事实上无非是一个为共同劳动的社会进行记账和计算的部门"(Marx,1986:93)。由于价值和价格之间的差异为商品生产所固有,货币永远不能直接代表包含在商品中的劳动时间。

在马克思看来,商品和货币之间本质上的差别,既非来自金属货币的各种特质,也非来自它拥有对其他商品的专断待遇。它首先来自个别价值和社会必要价值之间更深层次的差别。这就

> 需要以另外一种尺度而不是以价值本身的尺度去衡量作为价格的价值。和价值不同,价格必然是货币价格。由此可见,价格和价值之间名义上的差别,是由它们实际上的差别决定的(Marx,1986:78)。

然而,价格和价值之间的差别本身并不能证明货币必须把自己固着在某种商品中。当然,由于其观念性,社会必要劳动时间不可能构成为具体的单位尺度,但这种不可能性并不意味着一个商品的价值体现在另一个商品的物质当中。在这个论证阶段,无须要求社会必要劳动表现为一定劳动的产品。

此外，货币本身也可以仅仅表现为价值的符号或象征，因为关键点在于有第三物来表达两个商品的交换价值。正如马克思所强调的那样，在交换关系中，这两个商品等于某个第三物，这个第三物"最初存在于头脑中、存在于想象中，正如一般说来，要确定不同于彼此发生关系的主体的那些关系，就只能想象这些关系"(Marx, 1986:81)。为了成为交换价值，一个产品"同时还必须在质上转化，变为另一种要素，以便两种商品变成具有同一单位的名数，也就是说，变成可以通约的"(Marx, 1986:81)。只要价格标准的确定可以做到一劳永逸，第三物的性质就不重要了。实际上，具体的单位尺度必须具备商品作为使用价值所缺乏的所有价值属性：作为价值，产品不可以等分，商品则是可以等分的；作为价值，商品是一般的，这同它作为使用价值的特殊性形成了鲜明的对比；作为价值，商品总是可交换的，尽管特定商品的交换要取决于买方的需要；作为价值，商品本身决定了它的可交换性的尺度："当作货币的特殊属性列举的一切属性，都是商品作为交换价值的属性，是产品作为价值——不同于价值作为产品——的属性。"(Marx, 1986:79)

为了比较商品，人们可以在头脑中把它们转化为数量，但在实际交换中，这些数量必须体现在某一价值符号中。只要这个符号表示所有商品的价值，它就必须是以商品身份呈现出来的商品的象征，而不是特定的商品。因此，在这个分析层面上，交换价值以一种不同于商品的物来表现自己的必要性，并不意味着该物必须是一种特定的商品。马克思拿出来作为反对蒲鲁东主义者的理由，只有一点：只要价值仍然是劳动产品的社会形式，就永远废除不了货币。

当我们说价值在交换的关系中表现自身时，我们实际上是说，生产者的活劳动是通过用自己的劳动产品交换另一种产品来获得其社会性质的。因此，作为商品的劳动产品必须与正好代表劳动的社会性质的劳动产品进行交换。在原始交换阶段，货币可以采用各种奇异的形式，体现在非人类劳动产品的物体上。但是，在一个完全以交换为中心的生产体系中，私人的个人劳动在作为商品的劳动产品的交换中，作为社会劳动得以实现自身，价值的普遍代表也必然将自己物化在一定劳动的产品中。只有当社会生产日益建立在商品交换的基础上时，金属货币才能赶走其他形式的货币。在界定了商品生产的一般关系的基本性质后，马克思就可以认为自己已经同蒲鲁东主义者分道扬镳。但从结果来看，就个人在交换之前不组织社会劳动的分配而言，通过交换私人劳动的产品（因为他们交换的不是劳动时间本身，而是对象化在产品中的劳动时间），货币反过来又表现为一定劳动的产品。

劳动时间本身不能直接成为货币（换句话说，这等于要求每个商品应当直接成为它自己的货币），正是因为劳动时间（作为对象）实际上始终只是存在于特殊产品中：作为一般对象，劳动时间只能象征性地存在，它恰好又存在于成为货币的那种特殊商品中（Marx, 1986: 104—5）。

要使劳动呈现为一般货币，就必须先有一般劳动，然后才有交换。在这种情况下，生产的社会性决定了劳动者参与社会产品的消费。"在这里，不存在交换价值的交换中必然产生的分工，而是某种以单个人参与共同消费为结果的劳动组织"（Marx, 1986: 108）。交换不是发生在生产之后，而是发生在生产之前，就像对社会集体需要进行事先分配一样。所以交换会即时包括个人参与社会消费，个人的劳动会即时表现为社会劳动。马克思对蒲鲁东主义者的批评，要点在于，他们忽视了在商品生产中个人的活劳动只有通过他们的劳动产品的交换才能成为社会劳动。发行劳动货币意味着要求取消活劳动和对象化在商品中的劳动之间的差别。这种做法可归结为在保留商品生产方式所特有的一切经济形式的同时废除商品生产方式。

2.2 金本位制废除，中央货币保留了货币的商品基础

因此，货币作为劳动产品交换（劳动产品在这里变成了商品）的结果，本身是一种特殊的商品；与此同时，由于货币象征着所有商品的交换价值，故而它并不成为一件商品，因为贵金属具有象征交换价值所需要的一切品质。但贵金属成为一般商品，因为它们是唯一拥有这些品质的商品。

商品作为交换价值所具有的、商品的自然的质所不适应的那些属性，反映着对那些主要是充当货币材料的商品所提出的要求。在我们目前所能谈到的阶段，这些要求最完满地实现在贵金属身上（Marx, 1986: 110. 另见 Marx, 1996: 99）。

然而，随着交换关系的发展，货币的一般属性开始支配其物质特性，直至货币最终脱离它的商品要素，成为纯粹的交换价值符号。像以往交换阶段存在的非商品货币一样，货币制度朝着废除金属货币的方向演化，与商品货币并不抵触。但即使脱离其商品要素，货币也永远不能直接代表劳动时间而不意味着以商品为基础的社会关系发生根本变化。货币当然代表一般劳动时间，但只有在

所有商品同某一特定商品发生关联,将后者作为其等价物的情况下,才是这样。因此,并不存在哈维从马克思的论证中推断出的两种价值尺度:"它所包含的社会劳动时间,以及平均而言,它可以用来交换的社会必要劳动时间。"(Harvey,2006:242)当然,作为一般商品,货币代表了所有特定商品的社会劳动时间,但作为特定商品,货币所代表的劳动时间与它所交换的商品的平均劳动时间没有区别。

毫无疑问,可以按照常规创建一种更能适应政治或经济关系之演变的国家银行形式或货币形式(Marx,1986:61)。但无论是国家银行还是货币,都不是按照常规诞生的。即使颁布法令用一种象征代替金属货币,"这种交换价值的物质符号"也"是交换本身的产物,而不是一种先验地形成观念的实现"(Marx,1986:82)。被这样一个符号取代,并不意味着这个基础不再对货币政策的状况产生决定性影响。相对于金本位制,法定货币制度代表了一种进步,因为社会生产不再受某一自然产品的稀缺性限制,而是随深思熟虑的政策而定,所以只受纯粹的社会矛盾限制。

布雷顿森林体系及其固定汇率制度的崩溃,就是"辉煌三十年"(Glorious Thirties)期间货币资本循环的扩大和加强的直接结果。由于各种因素(美国贷款的欧洲重建、越南战争的资金筹措等),这一时期见证了欧元市场和离岸港的发展(为了保障伦敦市场的自由流动,并维护伦敦在全球金融体系中的优势地位,伦敦市场让离岸港成倍增加)。但是,即使各中央银行受益于欧元市场,乃至鼓励欧元市场的发展,后者还是削弱并最终完全摧毁了针对混合经济(Mixed Economy)的货币政策的效率条件(Ferras,1970)。不过,宣告布雷顿森林体系死亡的,乃是1958年欧洲国家的货币恢复自由兑换,因为这件事为西欧所有货币和金融市场的一体化开辟了道路。因此,欧元市场的成长和自1961年黄金总库的建立开始布雷顿森林体系的逐步解体,构成了世界货币资本市场重建的两面,也因此成为金融全球化的起点(Chesnais,2003)。

另外,金本位制的终结给货币当局带来的自由,导致信贷的强劲发展,公共债务取代黄金成为货币的关键。但是,即使货币发行已经实现了集中化、有意识的管理,货币体系的商品基础也会被货币当局以汇率紧张、国家间利率差异等形式时时忆起。

货币的不同形式可能更好地适应不同阶段的社会生产;一种货币形式可能消除另一种货币形式无法克服的缺点;但是,只要它们仍然是货币形式,只要货币仍然是一种重要的生产关系,那么,任何货币形式都不可能消除货币关系固有的矛盾,而只能在这种或那种形式上代表这些矛盾(Marx,1986:61)。

战后国际货币体系的崩溃体现在诸多方面,其中废除黄金与美元的自由兑换对于我们理解价值规律在国际货币体系中的作用颇有启发。自由兑换确实走到了尽头,但不是因为美国的货币政策破坏了35年前确定的美元与黄金之间的平价,相反,是因为它寻求保持对这一平价的忠诚。《布雷顿森林条约》赋予了黄金以价值终极标准和价值贮藏的角色(Denizet,1977:118)。但正是美国将美元同这种贵金属挂钩,以使美元成为国际支付手段。在给国际货币基金组织总干事的一封信中,美国财政部长斯奈德(Snyder)宣布,美国将以每盎司35美元的价格向每一个提出要求的国家中央银行出售和购买黄金。事实上,美国利用了与布雷顿森林体系成员国义务相关的例外条款来干预外汇市场,以保持与其他货币之间的平价。"这使得布雷顿森林体系成为一个部分建立在黄金基础上的体系,是造成其困难重重和最终失败的一大原因"(Denizet,1977:33)。

实际上,美国的货币政策之所以违反价值规律,并不是由于它忽视了美元的商品基础,而是因为它对黄金财产的依靠超过了黄金财产的价值。尽管黄金的交换价值相对于美元不断增加,但它还是尽一切努力将平价维持在每盎司35美元。

一切似乎都证明,美国废除黄金与美元的自由兑换,事实上不是因为其不断增长的赤字使得这种自由兑换难以承受,而是赤字的部分原因在于,尽管困难重重,也要把平价维持在每盎司35美元,从而导致美元估值过高。自1934年以降,至1965年为止,美国的零售价格增长了143%。在这种情况下,货币当局本应该让货币贬值,但许多人认为这一平价是个神圣不可侵犯的数字,无论如何也不能动。这就导致1961年建立黄金总库(Gold Pool),迫使资本主义世界八个主要国家的中央银行协调合作,干预伦敦市场,以保障平价。根据价值规律,与生产1盎司黄金所需的劳动时间相比,1美元所换取的必要劳动时间在不断减少。如果遵循价值规律,美元就会贬值,以提高贵金属相对于流通美元的准备率。此外,在35美元/盎司的价格下,黄金生产的利润较低,这就阻碍了追加生产或投资。由于抑制了贵金属的增长,平价减少了准备金;赤字则由同步新发行的美元来提供资金。正如法国金融专家德尼泽(Denizet)所言,"布雷顿森林体系死于一个不包括在布雷顿森林体系之内的要素:杜鲁门出于鲜为人知的原因暗地里推行黄金与美元的自由兑换"(Denizet,1977:120)。①

2.3 马克思反对货币制度主义

前面已经谈到过新制度主义者 A. 奥尔良对劳动价值论的批判。实际上，奥尔良的批判是同时针对效用价值论和劳动价值论的，因为两者都把价值看作包含在商品中的一种实体。在奥尔良看来，这一观念导致经济关系自然化，因为这些理论把物放在首位，以牺牲"关系经济"为代价，构建了一种"数量经济"(Orléan,2011:22)。

尽管如此，在评价鲁宾对马克思主义价值论的贡献时，奥尔良还是承认，马克思强调了劳动的价值形式的社会历史维度。但在奥尔良看来，马克思的价值二重性显露了他在价值论上的摇摆不定。奥尔良指出，在马克思那里，价值要么是由交换创造的——凭的是价值的历史性；要么是通过交换显露出来的——凭的是关于劳动的实体主义和超历史假设。但奥尔良对这种摇摆不定进行了澄清，称马克思只是告诫人们要注意价值的历史维度，并没有触动核心的实体模型(Orléan,2011:50—1)。奥尔良对超历史的劳动观提出了批判，却把劳动看作个体的生理行为。当然，在马克思那里，劳动是一种超历史的实际存在，但这并不是由于它始终融入人的活动的产品里，而是因为历史上的每一个社会都是根据这种活动的具体组织方式来界定的，因而也是根据参与社会消费的形式来界定的。但是，抽象劳动之所以成为具体的社会现实，正是因为在社会的商品组织中，个人的劳动只有通过作为商品进行交换才能成为社会劳动(抽象劳动)。作为总称的劳动不是抽象劳动，社会劳动才是抽象劳动，因为它决定了每一类社会的结构和再生产。劳动当然是一种实体，但不是一种作为技术或生理的实际存在物化在产品或商品中；劳动是个人再生产其生存的社会条件的活动这样一种实体。因此，价值实体的社会性解释了，价值既是由交换创造的，又通过交换显露出来。它是由交换创造的，因为只有交换才能把个人的劳动实现为社会劳动；它又通过交换显露出来，因为私人劳动产品的交换就是交换社会的

---

① 也许当时面对诸如德国、日本和法国等资本主义大国的迅速发展，美国正在寻求维护其帝国权力的外部形象。美元相对于其他货币的持续贬值本将揭示出国际收支中不断上升的赤字在多大程度上暴露了美国在经济增长方面与盟国之间日益扩大的差距。因此，尽管萨缪尔森建议美元贬值，肯尼迪在当选后还是维持了平价，因为不断上涨的赤字和对他当选的预期已经引发人们开始抛售美元，导致黄金价格上升到 39 美元/盎司。这是真正的第一次美元危机。

活劳动的一种方式。

同样,价值规律在某种意义上只适用于资本主义生产方式,因为资本主义生产方式是完全由商品交换所支配的生产方式。另外,作为一般的社会劳动分配规律,它又是一个普遍规律:

> 每一个人都知道,任何一个民族,如果停止劳动,不用说一年,就是几个星期,也要灭亡。每一个人也都同样知道,要想得到和各种不同的需要量相适应的产品量,就要付出各种不同的和一定数量的社会总劳动量。不言而喻,这种按一定比例分配社会劳动的必要性,绝不可能被社会生产的一定形式所取消,而可能改变的只是它的表现形式。自然规律是根本不能取消的,在不同的历史条件下能够发生变化的,只是这些规律借以实现的形式。而在社会劳动的联系体现为个人劳动产品的私人交换的社会状况下,这种劳动按比例分配所借以实现的形式,正是这些产品的交换价值(Marx and Engels, 1988:67)。

让我们回到奥尔良。根据他的观点,实体主义价值论最重要的局限在于判定货币只起次要作用。奥尔良推论说,由于价值是商品的本质属性,因而货币既不表现为价值的必要形式,又不表现为某种特定的社会关系。因此,他认为需要提出一种新的货币起源论。在这个理论中,价值不在货币之先,因为在他看来,价值不可能先于货币存在。为此,奥尔良建议将传统的因果关系颠倒过来:不是交换关系可以解释货币的存在,而是货币本身即可产生商品关系。在这种情况下,货币的起源便既不是来自占有他人物品的欲望,又不是来自交换价值的对象化过程,而是来自货币本身想要凌驾于人和物之上的欲望。

> 什么是货币经济?是不是就是一种人们在其中搜求货币的经济?人们为什么搜求货币?因为货币本身是商品力的工具,它提供了获得所有商品的途径。……对货币的迷恋是所有市场经济的基础(Orléan, 2011:149)。

所以,货币经济发展的真正源泉必须到对流动性最强的物品的狂热追求中寻找。这就涉及一种模仿竞争逻辑。奥尔良称该逻辑是他受哲学家勒内·吉拉德(René Girard)的启发提出来的,但它实际上更植根于门格尔的货币理论(1892),因为该逻辑属于货币的自动验证机制:

> 流动性引发的互动结构是一种典型的模仿结构,因为每一方对流动性物品的渴望都同另一方对相同物品的渴望有关。就魅力而言,我们可以这样说:对一个人来说是流动的东西,在其他人眼里就是流动的,而且他们会对这样的东西追求不舍(Orléan, 2011:155)。

但个人如何赋予某件物品或其他物品以流动性呢？为了分析个体之间建立在货币基础上的模仿竞争过程,奥尔良将分析的起点设定为一个成熟的市场经济,这个成熟的市场经济万事俱备,只缺货币(Orléan,2011:156-7)。因此,奥尔良只是用实体主义市场经济假说替代了实体主义价值假说。在此前与M.阿格利埃塔(M. Aglietta)共同撰写的一部著作中,奥尔良按照马克思的同样方法,详尽阐述了一般等价物的形成过程。这一过程包括三个阶段:"本质性的暴力"阶段——在此阶段,每个人都力图反对他人染指自己主张的物品;竞取货币(或流动性物品)阶段;最后是挑选通用的流动性物品并排除其他流动性物品的阶段。因此,让一件物品变成货币的是

它被所有人接受为一种为人们所普遍接受的财富形式,而绝不是它的自然属性使然。在这里,给定对象的特定性质只起次要作用。可以说,货币具有自动指涉性(auto-referential nature):货币是每个人都将其看作货币的东西(Aglietta and Orléan,2002:85)。

在思考一般货币的选择其主体内部的挑选方式之前,M.奥尔良其实应该先对一个成熟的市场社会是如何形成的作出解释。不错,他是指出他不是在就货币的历史提出新的解释。但是,在一个什么都需要货币的社会里,货币怎么可能不一定会出现呢？奥尔良把货币建立在欲望人类学的基础上,认为这种欲望完全受制于社会市场组织所特有的社会关系,反过来却又期望用同样的欲望来证明出现这样一个社会的合理性。这就是制度主义没完没了的恶性循环,它总是从即刻显现的现实出发,以便随后将其建立在一种预设了现存社会结构的心理—人类学的性质上,这种预设的现存社会结构,就是福柯所说的人—制度双重体。这样就将理论锁定在一个循环中,人和制度在这个循环中永无穷尽地映现它们的影像,就像人们穿过镜面走廊那样。

这样,整个丰富多彩的商品世界就在简单交换关系的背景下铺展开来。此外,阿格利埃塔和奥尔良还把大商人的贪财本能赋予我们的交换者。由是,他们写了这么一则喜剧版的米达斯(Midas)寓言[①]:假设现在有一个卖面包的和一个卖香烟的,双方都希望得到对方的物品。根据阿格利埃塔和奥尔良的奇怪逻

[①] 米达斯是希腊神话中的弗里吉亚国王,此人贪恋财富,曾借一次帮助酒神狄俄尼索斯的机会,请求狄俄尼索斯让他接触到的一切东西都变成黄金。为报答米达斯,狄俄尼索斯满足了他的愿望。结果可想而知,米达斯空有遍地黄金,根本无法生活,甚至连爱女也因被他手指触及而变成金子。无奈之下,米达斯只好哀告狄俄尼索斯收回赐予他的法力,一切才恢复原状。——译者

辑,如果他们知道有第三种商品可以让他们今后购买东西更加容易,那么两人都会放弃交换。

在这种情况下,个体 A 的决定不能仅用物品的直接效用来解释。对人们来说,一件对自己没有价值的物品,只要自己预料到该物品是群体中大多数人希望得到的,并且可能有助于自己将来追求自己想要的东西,人们就想得到它。另外,个体 A 用香烟从个体 B 那里换取面包时,他还必须确定香烟在未来不会成为人们普遍接受的流动性的形式。的确,如果真是这样的话,香烟的相对价格便会上升,个体 A 接受以表现商品"社会效用"的交换比率来进行交换,就犯下了错误。B 接受用自己的面包换取香烟,多半会被 A 解读为香烟具有潜在的流动性,这可能会导致他想留着香烟!最终的结果是,不可能发生交换(Aglietta and Orléan, 2002: 72－3)。

于是,为了与估计是流动性物品的持有人进行交换,A 宁愿推迟与 B 的交换,而 B 则更想立即把 A 所需要的商品卖给他。

更一般地说,在他们那里,货币的生成是建立在对某种社会关系的构想上的,在这种构想中,摆在大家眼前的是一个由私人生产者、相互对立的个人利益、一切人反对一切人的斗争构成的原子化社会。怪不得货币会不可避免地从持久的流动性之争中产生,原来所有条件都已预先备齐了!

这还不是全部。虽然奥尔良声称要提出一个能够真正整合货币的模型,但他保留了新古典主义理论的内核,因为他认为,在没有货币的情况下,商品将依据它们的社会效用来进行交换(Orléan, 2011: 57－63)。但是,一旦货币被插入物品之间,价格又要怎样才能确定呢?根据奥尔良的观点,这个问题涉及的是竞争理论,不能与货币制度历程放在同一个层面上。因此,一般价格水平只取决于行为者之间就货币价值达成的一致(Orléan, 2011: 172)。只要就货币和记账单位达成一致,价格就会按照基本原则确定下来(Orléan, 2011: 173)。但这些基本原则究竟是什么?与这些基本原则相对应的价格是怎样确定的?奥尔良没有给出答案,而且只要货币产自人们对流动性物品的纯粹、简单的模仿欲望,他就无法给出答案。

奥尔良只好将货币的职能和货币的起源分开分析,因为货币的职能关注的是物与物之间的数量关系,而货币制度则是个人之间主观上竞争的结果。但作为奥尔良分析起点的货币社会已经是一个个体之间完全通过劳动产品交换而相互联系的世界。这已经是一个量化的世界,只是缺少一个东西来代表商品通用的记账单位而已。在这种情况下,货币似是直接产生于寻找社会财富象征的人们之间的对立关系。

正如上文所见,奥尔良在马克思对价值的阐述中发现了矛盾心理,因此,价值似乎既代表了包含在商品中的量,又代表了一种纯粹的社会的质。但我们也看到,马克思价值论上的矛盾心理是从基于价值的社会关系的现实中得出来的,在这现实中,个人之间的往来存在就是他们的商品的存在:

> 如果……我们记得,商品只有作为同一的社会单位即人类劳动的表现才具有价值对象性,因而它们的价值对象性纯粹是社会的,那么不言而喻,价值对象性只能在商品同商品的社会关系中表现出来(Marx,1996:57)。

由于作为其论证基础的市场社会已经完全被数量关系所左右,这就导致奥尔良把货币制度严格限定在心理—社会层面。而在马克思那里,货币由以产生的运动不能同建立在商品基础上的社会关系的对象化和量化过程相分离。

如物物交换模式所示,双边交换使对方货物即刻具有作为己方用以交换的货物的尺度的职能。但更一般地说,马克思注意到,在较不发达的阶段,"货币的最初形式是与交换和物物交换的低级阶段相适应的,那时货币更多的还是出现在它作为尺度而不是作为实际的交换工具的规定上"(Marx,1986:103)。因此,它"无须实现在它的进一步规定上,就可以表现在尺度和交换价值一般要素的规定上;也就是说,还在它取得金属货币形式以前就可以这样"(Marx,1986:127)。反过来说,正是凭借其一般价值尺度的职能,"黄金这个特殊的等价商品才成为货币"(Marx,1996:104)。只要货币的形成是生产者通过其用来交换劳动的那些商品的数量关系发展的结果,它就立即表现为一般价值尺度,从而也表现为价格标准:

> 但是这种过程中的关系——金作为尺度的性质正是从这种关系中产生的——的全面性的前提是:每一单个商品都按照金和自身所包含的劳动时间的比例用金来计量,因此,商品和金之间的真正尺度是劳动本身,或者说,商品和金是通过直接的物物交换彼此作为交换价值而相等的。……商品通过它们把自己的价值表现为金价格这个过程,同时把金表现为价值尺度,从而表现为货币(Marx,1987b:305)。①

在物物交换模式中,其他人的劳动产品是商品的单位价值尺度;在用货币

---

① 在中文版中,省略号后面的这句话位于包括此处文字在内的整段文字的段首,具体见《马克思恩格斯全集(第31卷)》,人民出版社1998年版,第460—461页。——译者

进行交换的模式中,货币是一般的价值尺度。在货币出现之前,所有商品都是作为物化的社会劳动时间的简单量彼此发生关系;随着货币的出现,所有商品便"只代表不同量的同种物品"(Marx,1987b:288)。因此,不是货币使商品具有可通约性;相反,是商品作为物化的劳动时间的可通约性使黄金转化为货币。

然而,奥尔良声称没有货币就没有市场经济,没有对流动性的追求就没有交换,这样他就陷入了一种错觉,即只有规定的货币才能让商品实现通约:

> 交换中的均衡是货币制度的产物。商品可以通约和交换得以进行的背后,不过是商业行为人对货币的一致渴望而已。一件物品的价值是由该物品可以换得的货币数量即它的价格来衡量的。价格和价值是一回事(Orléan,2011:168—9)。

然而,如果通过交换可以获得流动性,则交换肯定发生在货币出现之前,而且在货币出现之前可通约性即已存在,并对流动性需求本身具有重要影响。此外,对流动性的追求本身就已假定商人可以通过交换自己的物品来获得流动的好东西。而如果不是为了满足与对流动性的渴望截然不同的某种需求的话,那么他人又凭什么要出售一个流动的好东西?要在货币的源头处寻找流动性,必须以作为商品的产品交换的存在进而必须以对消费品的需求的存在为条件。奥尔良拒绝将物物交换模式作为理解货币的来源、性质和属性的一种路径。然而,市场经济是在没有货币的情况下发展起来的这种假设虽然纯粹是理论性的,但这种假设不仅同他自己的基本假定——市场经济直接就是货币经济——相冲突,而且使他无法确定那种今后将推动人们疯狂寻找货币,然后将他们的社会纽带对象化在货币当中的个人间关系的起源和性质。

2.4 货币数量理论和古典与新古典价值理论中的货币整合问题

当一个商品与另一个商品作为等价物彼此发生关系时,价值尺度的职能就显现了。流通手段的职能则要等到一个比这更加成熟的交换阶段才会显现。在这个阶段,商人阶级(Marx,1987b:288)或游牧民族会去寻找定居者,介入生产者之间。

游牧民族最先发展了货币形式,因为他们的一切财产都是可以移动的,因而可以直接让渡的形式,又因为他们的生活方式使他们经常和别的共同体接触,因而引起产品交换(Marx,1996:99)。

因此,这一职能要求有这么一种独特的货币,其流通相对商品而言具有自主性。在物物交换中,等价形式是商品的一种属性,一旦交换完成,这种属性就随之消失。如今等价形式则是一种特定商品的属性,每个商品都必须转换为这种商品,方能实现其交换价值。交换过程被认为只有在货币与对方的商品进行交换之后才告完成。因此,货币的流通手段职能本身就推翻了萨伊定律,因为买与卖的分离造成了供求不平衡的可能。因此,并不是因为买卖异步,才有对货币的需求;而是因为有了货币,买和卖才不同步。①

既然商品的第一形态变化是卖又是买,这个局部过程同时就是一个独立的过程。买者有商品,卖者有货币,也就是有一种不管早一些或晚一些再进入市场都保持着能够流通的形式的商品。没有人买,也就没有人能卖。但谁也不会因为自己已经卖了,就得马上买。流通之所以能够打破产品交换的时间、空间和个人的限制,正是因为它把这里存在的换出自己的劳动产品和换进别人的劳动产品这二者之间的直接的同一性分裂成卖和买这二者之间的对立。说互相对立的独立过程形成内部的统一,也就是说,它们的内部统一是运动于外部的对立中(Marx,1996:123)。

尽管如此,只要贮藏职能还没有被引入,上述可能纯粹就是理论上的。但是,这后一种职能意味着它本身是一种转向交换价值的生产形式。只要生产者关注消费,货币交换就"消融为 C-C' 交换了"(Marx,1987b:332)。这样,流通中的货币数量就完全取决于价格总额与交易速度。② 在马克思那里,交易方程式 $MV=PT$ 两侧之间存在着反向因果关系(Marx,1996:132—4)。流通中的货币数量是由价格和交易次数决定的,而在货币数量论者(Quantitativists)看来,价格是由流通中的货币决定的。历史的演变这一次同分析的要求不期而遇。货币作为价值尺度,不仅对应于交换的低级发展阶段,还在逻辑上先于流通货币并且是流通货币的条件。若货币没有被确立为价值尺度和价格标准,则流通规律似乎就会颠倒过来。但相应地,只有当货币从逻辑上和历史上产生自交换价值的发展时,货币才是一种独立于流通的价值尺度;否则,价值尺度职能将与价

---

① 货币数量论方面的理论学者称,他们得以把货币领域和实体领域真正整合在一起,要归功于均衡效应。因此,真正的均衡效应,实际上是成熟的市场经济的属性。

② 原文为"velicity",应是"velocity"的笔误。——译者

值作为交换手段的职能相一致①,货币的价值将取决于货币的数量。马克思说,根据这种错觉,价格取决于流通手段的量,而流通手段的量又取决于一个国家现有的货币材料量。这种错觉来自

这个荒谬的假设,即在进入流通过程时,商品没有价格,货币也没有价值,然后在这个过程中商品堆的一个可除部分同贵金属堆的一个可除部分相交换(Marx,1996:134)。

我们将在第七章看到,货币数量论及其推论萨伊定律依靠的是对资本主义生产方式的其中一个看法,即生产是资本循环 $P \cdots P'$ 的起点和终点。实际上,交易方程式隐匿了资本主义经济特有的货币性质。

区分货币作为价值尺度的职能和作为流通手段的职能很难,因为前者意味着货币的物质性,尽管其实际存在并非必要。这一悖论使得早期货币数量论者如博丹(Bodin)和孟德斯鸠确信,虚构的货币也可以履行价值尺度职能;相反,流通手段则要求货币具体存在,尽管如今其有形的物质性一面已经无关紧要。"对于计量单位来说,具有决定意义的是,它究竟是1磅金、1磅银,还是1磅铜;而使铸币成为每个这种计量单位的适当体现者的,只是铸币的数量而不管它自己的物质究竟是什么"(Marx,1987b:355)。此外,货币制度的金属基础的废除(在这里,流通货币的价值就是其发行量的直接职能),使这两种职能之间的边界变得愈益模糊。"当没有内在价值的流通媒介要依赖政府的决定来确定发行的数量时,马克思所说的基于货币商品职能的'流通的内在规律'似乎就被完全破坏了"(de Brunhoff,1976:33)。然而,马克思并不像图克(Took)和富拉顿(Fullarton)那样认为,银行不能发行超出流通需要的货币。尽管如此,随着货币量的增减而发生的价格的升降

[因此]不过是由流通过程强制实现一个受到外力机械地破坏的规律的结果。这个规律是:流通的金量取决于商品价格,流通的价值符号量取决于它在流通中所代表的金铸币量(Marx,1987b:355)。

但与从数量进路进行分析不同,要确立相对价格的结构,离不开货币。流通所需的货币量由用于交换的商品价格总额决定。因此,在金属货币的基础上,无论流通中的纸币数量是多少,它总是代表着在流通过程中被它取代的同等数量的金或银。

---

① 金块的价值和黄金的生产成本借由货币数量影响价格(Fisher,1911:104—5n)。

因此，将货币确定为一种价值尺度，是摆脱货币分析的数量进路的唯一途径。但是，正如我们前文所见，这种原始的职能遵循的是这样一个过程：商品的交换价值通过这个过程，经由某一特定商品达到自主。因此，当货币被确定为交换价值发展的对象化形式时，它就真正融入了市场经济的交换结构。只要我们不从商品内部使用价值和交换价值之间的对立出发，货币就只能通过实用或技术动机（需求的双重巧合）或心理动机（对流动性的偏好）来证明其合理性。在这两种情况下，这些动机都建立在经济结构的基础之上，因此，据以界定这些动机的原理既不是技术性的也不是心理性的，而必须来自其他方面。

用货币呈现的价值的客观形式，表现了社会关系的特殊性，在这种社会关系中，生产者之间只有通过他们的私人劳动产品的交换才能联系在一起。价值关系无疑是一种社会关系，但采取的是物与物之间的关系形式。然而，在新古典主义的交换理论中，效用虽然是通过物与物之间的数量关系表达的，但只有当它与作为需求者的交易者直接相关时，才能呈现出价值。在劳动价值论中，物与物之间的关系是个人劳动之间关系的中介；在效用价值论中，则是人与物之间的关系构成了物物关系的中介。在劳动价值论中，决定商品价值的是社会的质；在效用价值论中，决定商品价值的则是物理的质。因此，货币，或者说价值的绝对客观形式（这么说也一样），并不涉及效用关系，因为交换对象之间的关系直接与作为需求者的个人有关。因此，效用价值理论只能通过货币作为流通手段的职能来证明货币的正当性。这种情况下，货币满足了增强和扩大商品流通的需要，但满足不了交换价值将自身同商品相分离，并使自己对象化在一个必须与之交换并将自己转化为社会劳动产品的不同对象之中的要求。

以效用价值为基础，货币的价值被简单地确定为现有产品的购买力，并直接取决于货币的数量。一切就好像有一个未知的原因"让一定数量的（货币）散布全国；而且——与这样的观点相一致——把它的价值完全归结到它的数量上"（Senior, 1840: 10）。由于新古典主义用货币量和产量之间的比率来确定货币的价值，故而他们唯一关心的是确定货币购买力稳定的原因和条件（Wicksell, 1978b: 127—41）。

然而，货币数量论并不是生来便具有新古典主义特质的。事实上，在最典型的劳动价值论者即 D. 李嘉图那里，可以找到最纯粹的货币数量论的阐述方式。不过，对李嘉图来说，货币的价值最初是由它的生产成本，即生产它所必需的劳动量决定的。在这一点上，货币和所有其他商品一样（Ricardo, 1821: 352）。

在一个黄金可以自由流通的体系中，货币的数量会由此根据价格和交易水平进行调整。但李嘉图在自由兑换的周期性中断和国际收支逆差的历史基础上发展了他的货币理论。在这类情况下，作为流通手段的货币其短缺或过剩会导致价格的上升或下降，从而导致货币价值相对于最近开采的金矿的生产成本的上升或者下降。但一旦自由兑换恢复，假定银行大权受到限制（Ricardo，1821：359—60），黄金的入场点和出场点将使货币价值回归到生产成本水平。

任何一种生金银的输出或输入都应该是完全自由的。如果英格兰银行能够按照我屡次提出的标准，即本位生金银的价格调节其贷款和纸币的发行额，而不管流通中的纸币绝对数量，这种生金银交易的次数就会极为有限（Ricardo，1821：357—8）。①

尽管如此，在李嘉图那里，货币数量论方法依旧占主导地位，因为在他那里，货币的商品性质似乎仅仅是由于贵金属扮演了货币的角色这一偶然发生的事实。我们不妨回想一下，李嘉图的一个主要理论关注点是确立一个不受商品生产变化影响的不变价值尺度（Ricardo，1821：43—7）。在纯粹的银行货币体系中，劳动量无疑仍然会决定相对价格，但流通所需的货币量并不取决于价格，因为货币本身并不来自交换价值的内生发展。李嘉图的货币数量论实际上局限于金本位制的短期视野。但一旦金属流通被废除，数量观作为一般货币理论必定盛行。

然而，推动李嘉图去捍卫这种进路的最深层的原因，必须到这种进路的价值论本身中去寻找。在李嘉图那里，货币并没有表现为一种必要的价值形式，因为社会劳动自然而然地采用了作为一件商品的劳动产品的形式。由于社会劳动不是两种商品之间的客观关系的结果，包含在商品中的劳动并不一定要表现为一个单独的物体，才能成为抽象劳动或者社会劳动。因此，货币无须代表价值的必要客观形式。它只需是价值尺度和商品交换的手段。现在我们也许可以理解为什么数量论能够适合并融进那些迥然各异的价值理论，因为这些理论没有一个能够从理论上证明商品的交换价值在一个单独的物体中让自己实现自主的必要性。而商品的交换价值则

是商品内在的货币属性；商品的这个货币属性作为货币同商品相脱离，取得了一个同一切特殊商品及其自然存在形式相分离的一般社会存在；产品对作

---

① 中译文源自（英）彼罗·斯拉法主编：《李嘉图著作和通信集》（第1卷），郭大力、王亚南译，商务印书馆2009年版，第304页。——译者

为交换价值的自身的关系,成为产品对同它并存的货币的关系,或者说,成为一切产品对在它们全体之外存在的货币的关系。正像产品的实际交换产生自己的交换价值一样,产品的交换价值产生货币(Marx,1986:84)。

凯恩斯之所以会批评早期货币理论,正是因为这些货币理论无法真正把货币纳入它们的模型当中,也就是说,无法在理论层面就货币作为贮藏手段的职能(这一职能处在资本主义生产的核心位置)作出合理解释。因此,对他来说,关键是在古典学派理论中植入真正的货币型生产经济的根据——在这种经济中,货币形式决定着生产和交换的结构与运动,但是,一方面由于受到"货币国定论"(Chartalism)[①]的影响,凯恩斯在分析货币的性质和职能时从一开始就假定存在一个成熟的市场经济;另一方面,当我们去考察资本的循环时,我们就会看到,在凯恩斯看来,货币作为贮藏手段的职能建立在一种纯粹的心理动机即对流动性偏好的基础之上,如果不假定货币本身事先存在,则他就无法对这一点加以证明。

---

① 又称"名目说"或"货币名目论"。——译者

3

活劳动作为一种商品的历史形成
（向资本主义的过渡）

如果说上一章还未涉及货币作为支付手段的职能的话，那是因为这一职能彻底改变了货币在经济关系中的作用。即使它只是意味着商品的交付和实际付款在时间上的分离，这种分离也构建了一种债务关系，从而逐渐使货币变成所有契约上的一般商品。因此，它在从简单流通到资本主义所特有的货币与商品流通的全面转变中起到了决定性的作用(1)。此外，由于这一职能其实是经由高利贷发展而来的，因而它一方面创造了货币财富，另一方面又使广大小生产者陷入了贫困。它加速了实物地租向货币支付的转化，加速了农民内部分化为两个对立阶级的社会过程，从而加速了向资本主义的过渡。因此，"过渡问题"涉及的是这样一种生产方式的形成，在这种生产方式中，剥削者纯粹凭借经济关系来剥削他人劳动(2)。英国之所以领先其他大国，既不是由于其土壤富含化石燃料，也不是由于其控制了海外市场，甚至也不是来自其对美洲大陆的开发。英国之所以成为世界第一大经济强国，是因为活劳动和社会生产资料占有者之间的分离所必需的各种因素在这里形成了历史性交汇。英国从14世纪起通过结合农业、商业、社会结构和法律制度，迅速将传统农业转变为土地集约利用和羊毛产业(3)。这种特殊的过渡方式证明了生产者转变为资本主义商人的革命性，又反过来证明了大商人本身成为生产者在历史上所起的保守作用(4)。

就英语国家资本主义的诞生而言，这一整个过程同农民内部的社会分化运动是一致的,因此,市场的渗透对由这一过程产生的不同阶层产生了极为不同的影响(5),并让富裕农民能够在无须拥有他们所利用的大片土地的自由而全面的所有权的情况下成为资本家(6)。

3.1 货币作为支付手段在向资本主义过渡中的作用

前面我们已经看到,新古典主义价值论对货币的整合非常肤浅,而且纯属多此一举。事实上,也许只有债务人—债权人关系才能真正说明将交换关系当中的货币完全锁定在物物交换的图式中的合理性。这就解释了他们当中最严谨的理论家为何要到历史上最遥远的时期去费力寻找债务—货币痕迹的根由。货币国定论者G.F.克纳普(G. F. Knapp,1924)在这个基础上首先详加阐述的问题,就是通过与其他信用工具的比较来确定货币的特点。根据克纳普的说法,货币只是为国家所接受的用于偿清税款的支付手段,而且只有国家设计的支付手段才有资格成为十足的货币(Knapp,1924:93—113)。和新制度主义一样,货币国定论在分析货币的起源、性质和职能时预设了最为成熟的商品关系。因此,现代货币理论(Modern Monetary Theory)——这是货币国定论的最新版本——认为,货币的起源及其真正的存在理由就来自支付商品交换过程中所负的债务。由于市场经济是从克劳尔原理(根据克劳尔原理,物品可以买到货币,恰如货币可以买到物品,但物品永远不能买到物品)出发的(Clower,1965),所以市场经济马上就表现为货币经济。但是,新货币国定论者(neo-Chartalists)比新制度主义者(neo-Institutionalists)走得更远,他们从货币经济的特征出发来界定货币的本质——在货币经济中,生产的主题和目的是增加交换价值本身,即赚钱。由于整个系统是以银行和信用货币的发行为基础的,因而货币仅仅是为经济行为体开立的债权债务账户中的一套账目。此外,由于银行的业务范围涵盖了社会上所有货币金融交易(Wray,2010:7),日常消费的增长也以信贷为基础,因而甚至连现金货币也从零售和日常交易中消失了。

然而,如果说现代货币理论的实践基础支持对货币概念进行这种修正的话,快速回顾一下J.希克斯的货币理论就可以看出,现代货币理论的理论基础仍然存在问题。希克斯也认为,货币的本质是债务。他认为,每一种经济交易

原则上都可以分为三个部分:第一部分是当事人之间的契约,包括答应交货和答应付款等;第二部分和第三部分是实际交付,一方交钱一方交货。在现

货交易的情况下,三者是同时进行的,但三者也可以不需要同时进行。如果在时间上有什么先后的话,则承诺先于交货,这是贯穿整个过程的唯一规则(Hicks,1991:42)。

交易的结果是卖方欠下一笔真实债务,买方欠下一笔货币债务。因此,正如希克斯所指出的那样,在这里,货币介入了两次:第一次是在达成交易时,第二次是在支付款项时。希克斯由此认为,货币发挥的主要职能是用作计量单位,或者用他的话说,是发挥"为不相同的支付提供一个标准"的职能(Hicks,1991:42)。但希克斯并没有抓住该职能是如何出现的这个问题。他只是观察到,像牛这样的商品也许履行了这样的职能,而没有被用作流通手段(Hicks,1991:44)。另外,他在分析最基本、最普遍的信用形式即汇票时,又不得不承认,信用工具的质量取决于它换成现金的速度和安全性。但现金货币为何获得债权人如此青睐,又是怎样获得如此青睐的呢?这是希克斯所未加解释的。

事实上,无论是希克斯还是新货币国定论者,都没有解决这么一个问题,即货币作为价值尺度的起源问题。这个问题必须摆在所有其他问题之前。正如凯恩斯所言,作为记账单位的货币和作为法定货币的货币是两个必须从逻辑上和历史上加以区分的概念:

因此,一旦人们采用了记账货币,货币时代就继物物交换时代出现了。当国家要求有权宣布什么东西应该作为符合现行记账货币的货币时,国定货币或者说国家货币的时代就到来了(Keynes,1930:4—5)。

但是,凯恩斯在历数国家改变货币本位的历史时刻(Keynes,1930:11—15),略过了债务和价格是如何以特定的记账单位来表示的这个问题。这个问题涵盖了法定货币(国家货币)的引入史。在各种流通货币中,被国家接受的货币无疑地位最高。然而,整个赋税史表明,现代国家到处都把实物收入变成用现金支付的赋税,从而把自己完全绞曳在社会这条大船上(Chaunu and Labrousse,1993:129)。

在一个完全以商品交换为基础的社会中,商品以价格的形式立即进入市场,并借助以记账货币表示的借据实现流通。换句话说,支付手段这一职能意味着货币在价值尺度和流通手段这两项职能上已经获得了高度发展。正如马克思所言,货币作为支付手段,"以前两种规定为前提,并且是它们的统一"(Marx,1986:151)。但是,当货币作为支付手段进入流通领域时,它已经不再是单纯的流通手段或购买手段,而是够作商品之用的唯一等价物,即"绝对商品"。但是,与贮藏不同——货币在那里只有退出流通才能成为绝对商品;相反,在这里,货币是通过重新进入流通而取得其一般商品的性质的。就货币贮藏而言,把简单流通过程(C-M)的第一步即转变为该过程的终结,凭的是贮藏者的兴致。如今紧跟着债务人和债权人之间的交换关系而来的,是商品向货币的转化,而这种转化则正来自流通过程形态本身(Marx,1987b:354)。因此,货币涉及作为支付手段的职能的性质方面的变化,反过来又表现为交换内容和交换目的的变化。对债务人来说,出卖商品不再只是购买他人商品以满足需要的一种手段。出卖本身就成为目的,成为一种必需。作为某种商品的买者,他被迫成为另一种商品的卖者,以取得作为支付手段、作为交换价值的绝对形式的货币,而不是作为购买手段的货币(Marx,1987b:374)。马克思说,随着经济行为体之间信用关系的发展,货币变成所有契约上的一般商品(Marx,1987b:376;Marx,1996:151),随着货币关系遍及整个社会,对货币的需求也扩展到人口的各个阶层。因此,正是由放债和高利贷发展起来的支付手段的职能,导致所有实物支付或劳动支付逐步转化为货币支付,这是早期生产方式在社会关系方面的特征。

因此,货币作为支付手段的发展,意味着生产和流通越来越趋向于交换价值,货币本身成为它们的主体和目的。换句话说,货币流通必须成为交换价值或货币实现其自主性的手段(而不再是供相关生产者消费的商品的流通和交换手段)。但是,"以适当的交换价值的身份从流通中产生,又进入流通,在流通中保存自己并且自行增殖……"的货币,"就是资本"(Marx,1987b:496)。最早把货币提升到一般商品或社会财富绝对形式之列的流通形式是贸易和高利贷。贸易虽然刺激了以交换价值为目的的生产,但它本身并没有触及社会生产关系。它增加了商人的财富,但减少了生产者的财富。商人的信条是贱买贵卖。高利贷反而对以前的生产方式具有溶解作用,这使它无疑成为向资本主义过渡过程中最具决定性的商业资本形式。与贸易一样,高利贷也会促成货币财产的积聚,而货币财产则很快就会形成不依赖于土地所有权的货币资本(Marx,1998:592)。然而,在向资本主义生产过渡的过程中,高利贷者通过借钱给小生产者,还履行了一项附加职能。通过剥夺生产者从事再生产活动的条件,即土地和劳动工具,高利贷者促使掉入自己口袋的生产者走向无产阶级化。贸易有利于封建生产方式向建立在交换基础上的生产方式的转变,而高利贷则为地主和大租户提供了使整个社会生产受交换支配的基本条件:雇佣劳动者。

因此,劳动变成雇佣劳动时,"作为目的的货币……成了普遍勤劳的手段。

生产一般财富,就是为了占有一般财富的代表。这样,真正的财富源泉就打开了"(Marx,1986:156)。但是在更深的层次上,只有在货币和劳动力的交换关系中,货币的流通才与交换价值本身的创造相一致,因此,消费商品不是主动表达需要,而是"实现交换价值"(Marx,1987b:504)。不管是在简单流通($C-M-C$)还是在作为资本的货币流通($M-C-M'$)中,人们都只能看到以等价物的身份来参与交换的作为社会劳动对象化之物的商品。无论货币是不是流通过程的起点与终点,都不存在通过交换增加价值的可能。资本和劳动之间的交换不是单纯地表现为对象化劳动同活劳动之间的交换,而是"作为价值,作为自身保持的价值的对象化劳动同作为这种对象化劳动的使用价值(不是供某种特定的享用或消费的使用价值,而是用来创造价值的使用价值)的活劳动之间的"交换(Marx,1986:397)。只有当劳动作为创造价值的活的活动进入货币的流通过程时,这一过程才会有日益增多的货币。因此,为了使资本与活劳动相联系,这一过程必须转向

自由的工人。这里所说的自由,具有双重意义:一方面,工人是自由人,能够把自己的劳动力当作自己的商品来支配;另一方面,他没有别的商品可以出卖,自由得一无所有,没有任何实现自己的劳动力所必需的东西(Marx,1996:179)。

从封建主义向资本主义过渡的问题,只能在阐明下列过程出现的情况下得到解决:

劳动者和他的劳动条件的所有权分离的过程,一方面使社会的生活资料和生产资料转化为资本,另一方面使直接生产者转化为雇佣工人(Marx,1996:705)。

在意识到资本主义生产方式的国家里,贸易的扩大或资金的流入不足使资本主义成为一种普遍的社会生产方式(Marx,1996:180);相反,资本主义时代的特点是,"对工人本身来说,劳动力是归他所有的一种商品的形式,他的劳动因而具有雇佣劳动的形式"(Marx,1996:180n)。

3.2 向资本主义过渡的核心问题:作为一种商品的活劳动的形成

至此,活劳动一直被完全看成同交换(交换是私人生产者之间社会关系的中介)的价值形式相对立。这些价值形式都是劳动的对象化形式,它们的流通

让个体生产活动得以彼此交换。在这种情况下,活劳动对死劳动的关系就表现为个人对商品的关系,以及个人对货币——作为其社会实体的流通手段——的关系。只要流通过程仅以实现社会消费过程为目的,形式就必然是 $C-M-C$,即用商品去交换货币,然后再用货币去交换商品。在这种形式的流通中,货币只履行作为计量单位(或价值尺度)和交换手段的职能,商品则只供独立生产者个人消费或供其作为生产性消费使用。在这里,生产者被假想为生产资料的所有者,彼此间通过交换自己的劳动产品发生联系。

从简单流通转向资本流通($M-C-M'$),需要流通过程和价值增殖过程之间保持同一,在这里,不是将货币用于商品的流通,而是将商品用于赚取货币。但货币增加($M-C-M'$)的秘密在于有可能买到这样一种商品,其使用价值具有如下特质:生产交换价值。马克思说道,这种商品就是劳动力(Marx,1987b:504)。

从总体上来说,如果我们按照社会不同的生产方式来划分社会经济史,

> 首先要考虑的始终是劳动力的社会存在形式,它是各种生产方式中基本的、决定性的因素。……从封建主义过渡到资本主义,不只是经济与社会制度形式的转变,根本问题必然是劳动力的社会存在形式的改变(Takahashi,1976:70)。

然而,从封建主义到资本主义的过渡,与其他一切社会变革有个不同之处,那就是这一过渡伴随着一个劳动者阶级的形成,这个劳动者阶级在法律上是自由的,同时却又被剥夺了自主再生产自身的条件。当然,以前的生产方式也是建立在一个不需要为生存工作的阶级对生产者阶级的剥削之上。因此,从封建主义向资本主义的过渡,意味着从直接生产者(农奴或自由佃农)通过支付实物、劳役或货币来履行对领主或宗主的超经济义务这样一种生产方式,过渡到直接生产者(即雇佣劳动者)经由一种纯粹的经济关系被迫为资本家无偿工作这样一种生产方式。在前一种生产方式中,生产者拥有自己的维生条件;而在后一种生产方式中,经济上的强制恰恰建立在下述事实的基础上,即生产者被剥夺了这些维生条件,他/她通过与占有这些维生条件的人签订契约,被纳入这种生产方式之中。

因此,资本家和雇佣工人的阶级关系,当他们在 $G-A$(从工人方面看是 $A-G$)[①]行为中互相对立时,就已经存在,就已经作为前提肯定了。这是买和卖,

---

[①] "$G-A$"和"$A-G$"在作者引用的英文版文献中分别为"$M-L$"和"$L-M$"。——译者

是货币关系,但这种买和卖的前提是:买者是资本家,卖者是雇佣工人。而这种关系之所以会发生,是因为劳动力实现的条件——生活资料和生产资料——已经作为他人的财产而和劳动力的占有者相分离(Marx,1997:37)。

经济思想史上的活劳动范畴,就其所涉及的与死劳动相区别、相对立的现实而言,只能出现在对象化在生产资料中的死劳动同作为他者财产的活劳动相分离的经济阶段,原因即在于此:

只有把劳动视为自己的原则(亚当·斯密)……只有这种国民经济学才应该被看成私有财产的现实能量和现实运动的产物……,现代工业的产物;而另一方面,正是这种国民经济学促进并赞美了这种工业的能量和发展,使之变成意识的力量(Marx,1975c:290)。

因此,过渡包括两个同时进行的过程:一个是获得法律上自由的生产者阶级的形成,这意味着农奴制的废除;一个是生产者和他们的物质生存资料的分离,这意味着剥夺生产者此前保有的土地或免费使用的公地。但是,如果社会生产条件没有完全转向交换价值,沿着这一双重过程向前发展的话,对这样创造出来的自由劳动者阶级的剥削就不可能具备这种剥削特有的资本主义性质。英国的特殊性就在于这三方面的独特结合。

资本主义起源和诞生问题上存在的两种对立观点,引发了关于从封建主义向资本主义过渡的辩论。斯威齐特别强调大商人在消解为生产使用价值而采取的各种生产形式方面扮演的角色,特别强调封建社会里交换价值的渗透在这方面发挥的作用(Sweezy,1950:7—12)。多布则为自己以前在《资本主义发展研究》(Studies on the Development of Capitalism)中所论证的观点进行辩护——这个观点就是,过渡是在发生两大内部进程的情况下展开的。这两大内部进程是封建生产关系的解体以及与此同时无产阶级的形成。两种对立的研究方法中只有多布的方法侧重于探讨从一种生产方式向另一种生产方式过渡的问题。多布所说的生产方式指的不"仅仅是技术状态……还包括生产资料的占有方式以及随人们同生产过程相联系而来的人与人之间的社会关系"。所以说,资本主义并不只是一个为市场生产的系统,它还是一个劳动力本身已经成为商品的系统。在这个系统中,劳动力像其他任何交换物一样在市场上进行买卖(Dobb,1946:7)。不过,斯威齐的进路由于强调交换价值日益渗透到封建生产体系当中,因而也触及某种本质性的东西:即便在英国,在市场经济本身的压力下,农奴制的强化至少也偶有发生。马克思本人也认识到世界市场和贵金属矿的发现在转型中的决定性作用(Marx,1996:157 and 739)。事实上,多布的进路优于斯威齐的地方,并不在于多布是从内部来进行解释的这种进路本身。内部视角之所以更富有成效,应该说只是因为它把过渡进程分成两个不同的阶段,而外部视角则没有认识到这两个阶段:第一阶段是作为封建社会后期社会基础的自由农民阶级的出现和小商品生产的形成;第二阶段出现在14—16世纪农民阶级的解体和社会分化过程——这是资本主义农场主和农业无产阶级之间对立的源头。

第一个阶段涉及领主征收盈余的方式转变、城乡贸易的发展和世界市场的形成。第二个阶段又使一部分农民贫困化,因为商品关系取代了原来建立在习俗和个人纽带基础上的关系,农业小生产者的财产为高利贷所侵占,习惯保有被摒弃,公地被圈占。后来参与讨论的人全都是要么强调这一联动发展过程的这个方面,要么强调这一联动发展过程的那个方面。多布的贡献其过人之处在于,他的探讨包括所有这些方面。

一方面,诞生自年鉴学派(Annales School)的世界体系论史家(如布罗代尔、沃勒斯坦)以及大分流(Great Divergence)的倡导者(如彭慕兰)对马克思和马克思主义者的欧洲中心主义提出了批评,并换了一个重要的角度来描述世界资本主义诞生过程中英国的工业优势。他们强调,世界其他地区和英国一样发达,至少在技术上和商业上是这样。在他们看来,英国之所以领先于其他国家,就只是多亏了对殖民地的剥削、对美洲和亚洲海域的控制,或者就只是因为其领土富含矿物燃料(Pomeranz,2000:13)。例如,彭慕兰就认为

无论是产生于现代早期欧洲的所有权的新形式(例如,公司和各种各样的使源源不断的未来收入证券化的主张),还是欧洲彼此竞争并拼命增加财政收入的那些政府的国内政策,都没有使1800年以前的欧洲自身成为明显更有利于生产活动的环境,政府间在海外的对抗事业才真正重要。同样,股份公司和特许专营在从事远距离武装贸易和建立以出口为导向的殖民地等活动方面——这些活动当时所需的愿意等待相对较长时间才可获得回报的资本数额异常庞大——具有独特的优势(Pomeranz,2000:19—20)。①

马克思本人实际上强调了以控制贸易线路和殖民地为代表的原始积累的强大杠杆作用(Marx,1996:739—40)。但是,这些优势如果不同英国内部条件

---

① 中译文源自(美)彭慕兰著:《大分流:欧洲、中国及现代世界经济的发展》,史建云译,江苏人民出版社2010年版,第21—22页,根据原引文略有改动。——译者

相结合,并对之起促进作用,就永不可能为资本主义发展创造条件。

例如,威尼斯拥有殖民地并奉行真正的帝国主义政策。然而,这并没有给整个威尼斯带来资本主义生产的发展,只有某些特定部门除外。

由于独特的地理环境,威尼斯一直依赖进口来养活城市,市民不得不充分依靠私人船只来确保获得供应。来自内陆的产品不够满足潟湖地区人口的需求,来来往往的船只保持了潟湖、意大利、达尔马提亚、奥尔巴尼同地中海以外地区——更确切地说是大西洋沿岸地区——之间的频繁交通,以便运回谷物、葡萄酒、盐以及糖和油等其他食品(Judde de Larivière,2008:242)。

事实上,威尼斯这座城市除商业外,其他方面从来没能够获得发展,因为内部条件有限,不允许它将现有的生产方式转变为真正的资本主义方式(主要的自然财富只有潟湖的盐沼、劳动力不充足、农业种植规模不是很大等)。

另外,殖民史学家将欧洲工业腾飞的起源向上追溯到地理大发现(Blaut, 1993)。在《宣言》(*Manifesto*)中,马克思和恩格斯对此做出了这样的解释——他们写道:

美洲的发现、绕过非洲的航行,给新兴的资产阶级开辟了新天地。东印度和中国的市场、美洲的殖民化、对殖民地的贸易、交换手段和一般商品的增加,使商业、航海业和工业空前高涨,因而使正在崩溃的封建社会内部的革命因素迅速发展(Marx and Engels,1976:485)。

事实上,美洲大陆的发现对英国资本主义的扩张影响很小,因为英国用自己的羊毛和棉花换取荷兰和意大利城镇从亚洲进口的奢侈品(Marx,1987b: 481)。至少直到16世纪中叶,

在人口增长、城市化、欧洲大陆内部区域贸易以及农业和工业内部零零星星的组织建设和技术进步等"内生"力量的作用下,欧洲经济一直在不停地增长(自15世纪下半叶以来一直如此)(O'Brien,1990:156—7)。

托尼绘声绘色地写道:

经济力量从南方和东方向北方与西方发生大幅倾斜,甚至也不是从"地理大发现"开始的。德国人和英国人的贸易记录显示,在"地理大发现"之前的一个世纪里,北欧强国的财富一直在增长,文明一直在发展。其后的一个世纪,英国的经济发展仍然与大陆的发展紧密相连,仿佛迪亚士从未绕过好望角,哥伦布也从未赞美上帝指引他到达过刺桐(Zayton)和行在(Guinsay)(Tawney, 1926:69)。

针对 18 世纪以前欧洲工业确实得益于美洲大陆的开发这一看法，P. K. 奥布莱恩(P. K. O'Brien)也提出了疑问，指出这里只有一个例外，那就是英国的棉花产业："如果说欧洲有哪些主要产业是在海洋贸易背景下被引入欧洲并加以培育，最终成功走向成熟的话，棉花产业算是第一个，也许是唯一的一个。……棉花成为第一个完全机械化的工厂大工业的典范"(O'Brien, 1990:167)。只有在世界市场给英国的一大最基本的农产品——羊毛——带来了销路后，世界市场才形成过渡的必要条件。正是羊毛产业加速了耕地向牧场的转变，并开创了羔羊集约化养殖的先河。在欧洲所有国家或地区中，英格兰是唯一一个能够把发达的世界贸易同本国气候、土壤、大牧场、港口以及建立在自由保有基础上的土地持有制度相结合的国家，英国由此得以发展起产业规模的集约化农业。这一系列偶然因素使英国在世界资本主义诞生过程中形成了自己的特殊地位——可以说是理想型地位。

事实上，美洲只是因为金矿的发现和开采才促进了欧洲资本主义的发展。从那时起，贵金属充斥欧洲，导致商品价格上涨，从而刺激了农业、工业和商业活动。大量的金银"进入流通，彻底改变了各阶级彼此间的地位，给封建土地所有制和工人阶级造成了沉重的打击"(Marx and Engels, 1975b:69)。正如休谟所言，自从美洲发现了金矿，

> 欧洲所有国家或地区的产业都增长了，只有占有那些矿场的国家除外，[于是]我们发现，每一个王国，货币的流入都开始比以往更多更足，一切都焕然一新。劳工和产业焕发出勃勃生机，商人更加进取，制造者更加勤奋、熟练，甚至农民犁起田来也更加轻快、专注(Hume, 1752:46—7)。

但在欧洲各地，货币的流入并没有产生相同的刺激效应。例如，拥有、控制这些矿场的西班牙，货币的流入便抑制了生产：

> 由于源源不断的货币和信贷在这里交汇，而又陷入没有尽头的债务和对外国的赤字泥潭，[它]的生产性活动逐渐走到尽头，在该世纪最后十年物价再次暴涨的同时，西班牙变成了一个食利国家(Vilar, 1974:189)。

相反，在英国，货币加速了贵金属流入之前即已建立起来的生产关系的发展。事实上，在此之前，货币地租已经取代自然地租，英国城镇和乡村之间的贸易往来十分密切。在此之前，城镇还在靠高价、垄断和关税剥削农村，但谷物价格的上涨扭转了这一趋势，并使一部分自由农民富裕起来。与此同时，谷物高价却使许多小生产者不堪重负，他们无法通过交易自己的产品从中获利，反而

被迫购买一部分口粮。因此,美洲的黄金不但加速了地主阶级的衰落,也加快了农民阶级分化为租地农场主和贫农的进程。在西班牙社会,货币像投入沟渠的毒药四散流动;而在蓬勃发展的英国资本主义社会,货币则作为活力的源泉大受欢迎。作为食利者的西班牙越来越穷,让生产国大获其利;在英国,地主越来越穷,又让大农场主大获其利,因为他们要支付的租金在不断下降,而物价则在不断上涨。

同样,关于城镇在封建制度瓦解过程中的作用的争论,倘若不将其同国家本身内部的各种分裂联系在一起加以讨论,则也只能以徒劳的论战告终。暂且不论其对商品生产发展的推动作用,城镇也是地主获得高额收入的一大来源。因此,它们在巩固地主对农民的权力方面起到了决定性作用,特别是当地主的地租收入不断下降时,就更是这样(Merrington,1975)。与此同时,城镇也是农民设法摆脱奴役状态的安全去处。但它们扮演的角色究竟是保守还是革命,并不取决于他们单独的自主发展。情况也许是:正如我们上面提到的那样,城镇从未停止过经由确立地区性的不平等交换体系对乡村进行经济剥削,以致领主为了满足他们并不奢侈的消费,对货币的需求不断增长,从而加速了实物地租的货币化。正如希尔顿所言:"国内和海外市场的发展……是推动封建领主产生提高地租的需求的另一个重要因素。"(Hilton,1976:114)货币地租的确立,反过来又有利于商品农业生产,由是,城乡之间的交换总是愈加紧密。结果便是,英国在14世纪初贸易和货币流通高度发展:

> 公元1300年前后几十年,贸易量和通货量均异常突出。城市人口比中世纪其他任何一个时期都多,正规市场和集市的数量也达到了顶峰。这些观察都可以用来证明1300年的经济比1500年要更商业化。不过,后一时期的贸易量和人均通货量可能比两个世纪前更大,而且总产出中为售卖而进行的生产比例更大(Britnell,1993:228)。

与市场的这种联系无疑是农民出现社会分化的主要推动力(Takahashi,1976:117—18)。这里有两大因素让有利于农民的力量对比同封建社会内部商品生产关系的渗透两者吻合在一起:第一个因素是大瘟疫(Great Plague)叠加此前始于11世纪的冰川时代造成的饥荒与歉收(Chaunu,1995:76);第二个因素是系列劳工法令和与之结伴而至的人口下降。

值得注意的是,奢侈品消费的增加和城镇同农民之间交换的发展并未使所有城镇同样受益。像伦敦这样的大城市,纯粹是重商主义的产物,它基本上是奢侈品贸易和贵族需求的产物,后者依赖于领主从农民那里汲取财富以维持自己收入水平的能力。故而农奴制的解体和封建派款的减少,必定会对原有的城市结构造成严重冲击(Dimmock,2007:273)。

另外,手工业和小店主安身立命的小镇则加速了自身向资本主义的过渡:

由于小镇上的农场主和布贩子同诸如商人、地主这样的群体之间差不多结成了一定的联盟,因而以资本的积累和土地的圈占为一方,以政治权力的巩固为另一方,两者构成了相互依存、共生共栖的过程(Dimmock,2007:284)。

这样,

在英国,从15世纪中叶起,直至整个16世纪,各小镇彼此之间结成的紧密网络,为农场主和布贩子的跃迁提供了至关重要的外部环境,使他们能够积累资本、组织生产,并由此开启向资本主义的过渡(Dimmock,2007:284)。

3.3 两条过渡途径与世界市场

我们现在可以来评估马克思对这两条过渡途径之间的区别的强调的全部意义:"生产者变成商人和资本家,而与农业的自然经济和中世纪城市工业的受行会束缚的手工业相对立。这是真正革命化的道路。要么就是商人直接支配生产。"(Marx,1998:332)然而,商人成为生产者(包销制)和生产者出售自己的产品之间的区别,首先是一个斗争问题,然后才是一个过渡问题。当地主的力量遭到削弱,农村地区商品生产和交换由此发展起来的时候,革命的道路确实战胜了保守的道路。由于商人变成了生产者,"在各种以商业为基础的行业,特别是奢侈品工业中情形就是这样;这种工业连同原料和工人一起都是由商人从外国输入的,例如在15世纪,从君士坦丁堡向意大利输入"(Marx,1998:334)。另外,生产者一旦参与到贸易当中,就会利用雇佣劳动直接生产大量农产品或大量基本的手工产品。然而,雇佣劳动只是随着一部分农民的贫困化才变得多起来。农民的社会分化使第二条道路具有了革命性质。

事实上,在1348年以后农业方面的情况有利于租地农场主和发达的商品生产兴起时,自由劳动者阶级至少已经存在了一个世纪。实际上,就在货币地租日趋普遍和税收激增的同时,英国还经历着人口的高速增长和由于耕作不甚肥沃的土地而导致的劳动生产率的下降。对于大多数小生产者来说,同耕种更多、更好土地的农民竞争已不可能。因此,就在市场向他们关闭的同时,他们还得四处寻找货币收入来源,以偿还债务、支付款项,这些大部分是以货币形式支付的。

由于没有好的土地可供过剩人口逃往,由于城市扩张似乎已经到了极限,在13世纪之交,农民社会的"自然"分层被扭曲了。因此,在饥荒、瘟疫和战争等天灾人祸面前,农民脆弱不堪,广大赤贫小农尤其如此(Hilton,1985:147)。

然而,直到大瘟疫之后,农民阶级内部的社会分化才真正完成。彼时,人口的下降、租金的减少和肥沃土地的稀缺,让富裕的农民得以扩大他们租种的土地,并采取雇佣劳动的方式来开发利用这些土地。约曼(yeomanry)就这样诞生了。

3.4　E. M. 伍德和历史上市场范畴的使用问题

希尔顿在分析当时的劳动力短缺状况时指出,

由于农民租种的土地在社会生活中的重要性日益增加,这就要求在家庭提供的劳动力之外,再雇用劳动力。劳动力的短缺就是伴随着这种状况出现的。这些租种的耕地通常在50英亩以上,在14世纪末之前,它们就已经变得日益重要。此外,在土地普遍租赁出现之前,有些庄园可能已经转向更多地使用雇佣劳动,而不是传统劳动,这又增加了对雇佣劳动力的需求(Hilton,1969:32—3)。

长期以来,人们对希尔顿的批评一直不绝于耳,说他使用的解释模型被人口变量卡得过死,按照这一模型,封建主义的衰落似乎直接来自人口土地比的下降(Epstein,1991:254)。但他促使人们注意人口统计,因为人口对领主和农民之间的力量对比具有重要影响。因此,劳动力的短缺和高价工资刺激了业内的资本投资:

佃农对地主的压力,无论是有意识的还是由于土地和劳动之间比例的变化造成的,都逼使地主不得不从自己的收入中分出更大的比例用于投资建造房屋,包括为佃农建造房屋。投资的实际额可能一直都没有超过13世纪的实际额,但用在每个人身上或每英亩土地上的额度很可能一直都比13世纪的实际额更大(Hilton,1975:213—14)。

这种对立不仅表现在争夺盈余的斗争中,还表现在争取把公簿保有权(copyholds)或无固定期保有权(tenures at will)转化为自由保有权(freeholds)的斗争中。就这样,到15世纪末,随着佃农斗争的胜利、土地劳动比的变化和维兰身份(villein status)的逐渐凋亡,佃农与地主之间在维兰身份问题上的对立已经缓和。但双方在地租问题上的冲突依然存在,而且日益同双方之间在租期问题上的斗争结合在一起(Martin,1983:121)。

在《资本主义的起源》(*The Origins of Capitalism*,2002)一书中,埃伦·M.伍德(Ellen M. Wood)就希尔顿和多布对转型的分析提出了批评,指出他们把自己的分析建立在如下观念上:资本主义竟然一直在等待封建壁垒的破除,壁垒的破除解放了人们天生喜好生产和交换商品的本能(Wood,2002:65)。伍德由此出发,对布伦纳(Brenner)大加赞扬,因为在布伦纳看来,资本主义的诞生与下面这样一个时刻完全重合:彼时,市场不仅为农民"专门从事针对市场的竞争性生产——目的就只是确保有机会获得生活资料和土地本身"提供了机会,并且迫使农民去从事这样的生产(Wood,2002:53)。伍德认为,这种研究进路突出了资本主义的特定历史性质,因为服从市场约束的过程即代表了从封建主义向资本主义过渡的基本过程。伍德之所以考察过渡问题,只是因为它"产生了资本主义的'运动定律'"——逼使经济行为者一直不断地改进他们的生产方式、将他们的利润最大化、把他们的盈余再次投资到生产当中,如此等等(Wood,2002:57)。布伦纳和伍德的研究进路尤其把我们引向了历史研究中的一大难题,即同一范畴在不同时期和不同历史背景下如何使用的问题。如今市场不仅是个人获得其生活资料的唯一途径,而且完全受制于以资本——特别是垄断资本——为基础的生产。在性质完全不同的封建社会的边缘发展起来的市场,情形完全不同。整个过渡进程表明,对农民而言,市场先是一支解放力量,后才成为一种束缚,因为它是打开那一副副将农民绑缚在领主那里的、越来越沉重的锁链的唯一钥匙。在过渡过程中,市场推动了生产,推动了技术进步,但它能够做到这些,并不是因为它对生产者施加了无休无止的压力,而是因为它把生产者从其主人那些变化无常而且不堪负担的要求中解放了出来。伍德把市场完全看作一个约束与义务系统。她忽略了这样一个事实,即在社会经济发展史上,市场可算作促进生产者自由和独立的一种社会关系形式。

另外,当历史没有证实她的看法,无法把资本主义的诞生同市场迫切需要的上升联系起来时,伍德就会设法重新去发明历史,特别声言英国资本主义兴起过程中领主总是收到更高的地租。但市场迫切需要的上升恰恰是由物价上涨和人口减少导致的地租下跌造成的。因此,她力图强调英国的情况与法国不同(在法国,地租制度长期遵循以往惯例),声称在英国,地租是"不定的、波动的,要服从市场的迫切需要"(Wood,2002:5)。相反,对事实的详细研究表明,

在英国,地租纵然不是固定不变,变动也很小、很慢:

> 如果收取的地租是农民家庭生活需要之上的全部盈余,那就必然是每年都各不相同,每块保有地也各不相同。实际情况绝不是这样。地租通常在很长一段时间内是固定不变的。虽然地租水平固定也许乃至很有可能常常意味着较穷的农民在年景不好的时候甚至无法维持生计,但这也意味着更富有、更幸运的人可以把盈余的财产或货币积累起来,一旦机会来临,便可以用这些盈余来交换土地,扩大他们的农业经营规模(Hilton,1985:126. 另见 Martin,1983:131)。

但是,即便市场看起来也许确实是大多数生产者的迫切需要,伍德将机会和约束之间的差异置于资本主义各历史概念的差异的核心位置,就一种生产方式的诞生这个问题来说,实际上完全是主观的,而我们则恰恰必须确定这种生产方式的客观成因。伍德声称自己对资本主义史的研究已经摆脱了自然主义,但她在将市场具体化时又反复使用诸如"竞争的必要性""提高劳动生产率和发展生产力的需要"等表述。但是,市场作为一种约束形式肯定先是由个人的活动产生的,然后才能作为一种异己的瓦解力量来支配个人。既然市场只是以雇佣劳动为基础才渗透到整个社会生活当中,则工人阶级的形成及其如何跌入资本主义剥削的处境,便构成为过渡的基本问题。市场不是一种现成的力量,它对历史上的个人究竟是充满敌意还是充满吸引力,取决于历史学家怎么看。它本身必须被解释为转变的产物,其对个人的约束程度依每个人的客观情况而有所不同。

从"只有市场的迫切需要才能标示出向资本主义有效过渡的可能性"这一假设中得出的唯一一个真正的历史结论是,农业资本主义先于工业革命,并对工业革命产生了重要影响。但布伦纳和伍德在分析中得出的所谓原创性结论(Wood,2002:143—4),实际上是此前多布和斯威齐就英国农业过渡问题展开争论时双方共同的出发点。[①]

[①] 此外,我们不禁要问,伍德把这样一种资本主义发展观算在多布头上的依据是什么。多布是这样写的:

资本主义有时被看作在不断向经济自由的目标奋斗,因为只有在没有管制、没有约束的情况下,资本主义才能找到扩张的有利条件。按照这种观点,资本主义在历史上是法律规制和垄断的敌人……但这与真实的图景几无相似之处。我们在后文会一再强调,在资本主义发展的各个阶段,垄断扮演着不同的角色,有的时候它有助于资产阶级的出现,有助于资本积累的增长;有的时候则又会遏制技术的发展(Dobb,1946:25)。

3.5 商人资本的革命形式:高利贷

前面已经说过,研究过渡问题必须了解生产者阶级——他们在法律上是自由的,但被剥夺了生产资料(其中土地居于首位)——出现的情况。高利贷加速了这个阶级的形成。在众多老式的资本形式中,高利贷是无产阶级及相应生产关系的伟大创造者。其一,它是大量货币财富的源泉之一,并推动货币渗透到生产关系当中;其二,最重要的是,它通过对直接生产者施加压力,直接左右其再生产条件,这与商业资本只能间接影响传统生产方式形成了鲜明对比。但中世纪的高利贷可以采取花样繁多的形式,并以无害的方式渗透到经济交易活动当中。最近就发现了这样一种情况:看上去是单纯的售地合同,实则是借贷行为:

> 如果一个人因为歉收被弄得措手不及,不得不去找钱买种子,或未曾料到要购置农具或是耕牛,他就会卖一小块地给附近拥有土地的农民。契据上会写明已付售价(钱款随即支付),但同时还载有一项附加条款,规定若有需要,碰上霉运的卖方则可以在任何时候以同样的价格回购其土地。根据契据中的另一项条款,他可以在达成交易的同一天立即成为该片土地的承租人,并向买方支付租金。这租金其实就是贷款利息。利息肯定会到 10%或 12%,但不会过分。这种做法被称为租售,在当时极其平常而且在地方法务官成捆的会议记录里有大量这方面的记录,令人难以理解的是,经济史学家在如此长的时间里竟对它们一无所知(Heers,2012:174—5)。

13 世纪,货币使用现象日趋普遍的背后,是各阶层人口当中——上至大地主,下至普通农民——债务关系的发展。鉴于"所有习惯佃农(customary tenants)或者说维兰农以前都没有自由"(Hilton,1969:18),这个世纪自由佃农的比例高得出奇。领主之所以负债,是因为他们对奢侈品和武器的需求不断上升;农民之所以负债,是因为其一切义务都逐渐转换成货币支付形式。正是在彼时,土地市场开始活跃,实物地租或劳役地租开始换成以货币方式支付,以至杜比(Duby)观察到,从 14 世纪开始,"在全欧绝大多数庄园,货币地租已经取代许多以实物形式缴纳的固定费用"(Duby,1962:238)。然而,14 世纪的那场危机虽然导致地租数额大幅下降,但并没有减轻小生产者的税费负担,正是这些税费负担侵蚀了小生产者从事再生产的条件。事实上,为了弥补收入的不足,14 世纪出现了各种各样的税费,如法庭罚款、入地罚金(entry fines)、佃户税、磨谷费,所有这些几乎全都以货币支付(Hilton,1985:154—5)。但正如前文所述,封建经济关系的急剧货币化让富农大受其益,而穷人则背上了沉重的负担:

> 如今人们都必须去找现款交给领主派下来的税吏,免得自家的牲畜被掳走,屋内被洗劫一空。因此,所有那些除握有土地和牲畜之外,其他方面几乎一无所有的人,都被迫借贷,农村信贷规模的大幅增长是这一时期经济扩张无可辩驳的证据(Duby,1962:253)。

人们的债务日益增加的一个迹象是,放债给小生产者的,并不限于犹太人。富裕的基督徒农民自己也向这种对上帝不恭的商业妥协,做起这种买卖,从而加速了生产者阶级内部的社会分化(Le Goff,2010:112)。另外,有些领主会大量回购自己手下佃农耕种的土地的地租,以便使地租向贷款利率看齐。这种情况下,地租的提高往往极为明显(Duby,1962:257)。

3.6　R. 布伦纳与过渡问题中的地产问题

前面我已经间接提到随多布与斯威齐辩论而来的在过渡问题上形成的各种不同研究进路的片面性。大多数研究趋向实际上是受这样一个实际目的所激发,那就是为不发达国家和新近独立的国家创立经济过渡形式,这样,这些国家也许便可以由此摆脱资本主义和"实存社会主义"。因此,主张世界体系论的历史学家受布罗代尔的启发,提出了这样一种历史观点,即中心(城市或国家)通过不等价交换边缘地区落后的生产方式(农奴制、奴隶制、手工业)所产生的财富,剥削边缘地区,占有边缘地区的财富,建立起自己对边缘地区的霸权。这一模型构成了聚焦20世纪60、70年代拉丁美洲与非洲国家的"不发达的发展"(Gunder Frank)的依附理论的框架。根据这一模型,16世纪英国资本主义的兴起,本质上是建立在对市场的控制和对美洲与亚洲殖民地的剥削基础之上的。另外,不发达国家基本的农业属性和人民的日益贫困又让马尔萨斯有关经济发展的观点得以重新流行,并导致一些研究中世纪史的史学家把14世纪的封建主义危机解释为纯粹的人口危机(Postan,Le Roy Ladurie)。按照这种观点,随着1348年大瘟疫的暴发,封建社会就该开始衰落,因为此时全欧人地比例在急剧下降。布伦纳抓住有关过渡问题的讨论,正是为了反对这些同他对立的历史观点。最初,布伦纳只回顾了多布、高桥(Takahashi)和希尔顿针对斯威齐的攻击所作的辩护,即资本主义的出现和上升是因为封建生产方式从内部瓦解了。

因为当一种生产方式牢固确立起来后,"在经济力量的影响面前,阶级结构往往具有高度弹性。阶级结构通常不是由人口趋势或商业趋势的发展变化塑造的,也不是根据人口趋势或商业趋势的发展变化而可改变的"(Brenner,1985:12)。因此,资本主义的财产关系,部分是地主对农民的超经济权力不断削弱的结果(这种权力是占有剩余财产的基础),部分是农民发生社会分化的结果(一边是自由佃农,另一边是无地农民)。

建立在这种生产方式构想基础上的从封建主义向资本主义过渡的模型,是从冲突性的再生产开始的,冲突的一方是个人占有(通过直接的、非市场的方式取得)自己的生活资料的农民生产者阶级,另一方是通过超经济强制再生产自身的贵族统治者和剥削者阶级。

布伦纳于是据此构建了一个过渡模型,该模型可以囊括

构成为封建生产方式的各种根本性的社会财产关系由此通过封建社会本身的行动被打破、被改变的社会进程——尤其是封建主由此丧失通过超经济强制收取地租的能力,而农民则失去对生活资料的所有权的社会进程(Brenner,1989:272—3)。

布伦纳更是经常把自多布的《资本主义发展研究》(*Studies in the Development of Capitalism*,1946)出版以来斯威齐、多布、高桥,尤其是希尔顿等人树立的观点当作多布的原始观点提出。他甚至乐于把别人批评的观点当作别人的观点加以批评。因此,他批评多布忽视了过渡时期的阶级冲突,而这正是多布对斯威齐的批评。说得更宽一点,他痛惜马克思主义者过分强调生产力的作用,而吉伊·布瓦(Guy Bois)则认为他们低估了生产力的作用,如此等等。另一方面,在一本关于16和17世纪伦敦海外贸易商的综合性著作里(Brenner,1993),他声称自己发现大多数大商人在过渡过程中起到了反动作用,但马克思已经在脚注中指出了这一点(Marx,1998:325n)。他对过渡大争论所做的唯一新贡献是关于地主在资本主义发展中的作用。按照他的说法,资本主义的发展,不是来自从封建束缚中解放出来的农民的商品生产,而是由于地主和富农联合起来对大庄园进行资本主义的开发与利用。此外,如果农场主未能完全取得他们所开发的土地上的财产,资本主义就永远不会出现。

所以,近代早期英国的资本主义很大程度上是在地主结构内部发展起来的——这种结构是随着农奴制的崩溃和农民对土地的占有逐步削弱而形成的。因此,跟随多布的思路,认为英国革命前仍处于封建土地结构,资本主义是伴随

着这种结构成长起来的,或是外在于这种结构成长起来的,或是其成长与这种结构产生了冲突,似乎均既无必要,也不正确(Brenner,1978:138—9)。

尽管如此,布伦纳还是接受了希尔顿提出的下述观点,即尽管市场激励非常强劲,但至少在15世纪之前地主扮演的仍然是保守角色(Brenner,1985:31—2)。地主为增加收入采取的措施,只有加大农民的劳动强度,增加税收等(Brenner,1985:32)。他们的收入足以用来投资新的生产方法,或用来征用习惯佃农的土地,简言之,足以改变他们据以占有农民劳动产品的封建社会结构。然而,科斯明斯基(Kosminsky)注意到,从12世纪开始,劳动分工不断深化,非农业人口显著增加,因而城镇的发展本来就为农产品生产提供了很大的市场。但实际情况又是什么样子呢? 看到贸易利润增加,地主就利用这种情形不断增加自己庄园的产量,但他们采用的方法耗尽了庄园的土地和人力(Kosminsky,1955:31—2)。但倘若不是因为地主的社会存在基础在16世纪已经完全改变,同他们作为封建主的利益形成直接对立,地主的思想状况和行为举动又为何发生变化? 在布伦纳看来,16世纪资本主义兴起时大地主权力的恢复,证明资本主义之所以发展,原因正在于农民无法获得土地的全部所有权。但认为土地完全所有是农民解放和独立生产的必要条件的,无疑只有布伦纳一人。在地主和农民两者的关系上,推动过渡的真正力量,并不是土地的自由保有转化为完全所有,而是依附关系的废除。这一方面刺激了实物地租和劳役地租转化为货币地租,另一方面又刺激了习惯保有转化为短期租用的自由保有(Neale,1975:92—3 and 97;Marx,1998:784—5)。但这些保有同完整无缺的土地所有权完全没有关系,只涉及订立向领主支付地租的契约。"从前原保有地上的农民自己规定了他们补偿封建地租的比率"(Takahashi,1976:82)。[①] 即便是自由保有,土地也依旧是领主的突出财产,正是这一点让高桥断言,"现代资产阶级社会有关私有财产的诸法律概念"对封建生产关系是"不适用的"(Takahashi,1976:85)。

然而,一方面,货币地租对为世界市场生产初级商品的农民来说非常合宜,比如羊毛的市场价格就永远高于生产价格(Marx,1998:787)。另一方面,它们对农民内部的社会分化又起了关键作用:货币地租使那些靠出售产品所得收入

---

① 在习惯保有转化为短期租用的自由保有过程中,原先的地租低于后来的地租时,地主需支付赎金,将地租赎回,以换取定租的自由;原先的地租高于后来的地租时,农民需支付一定的赎金来换取定租的自由。作者这里引用高桥的话,说明的是后一种情况。——译者

不足的小农陷入贫困;而在农民阶级的另一端,靠商品生产致富的大农场主则通过向地主出租新的土地来壮大资产。也许这些地主中有些人具有真正的企业家精神,在资本主义农业发展中发挥了积极作用,由此脱颖而出,但第一,如果地主采用新的土地保有形式和地租形式,并投资面向市场的生产,那首先是迫于物价上涨的压力才这么做。正如马丁所指出的那样,"小土地所有者如土绅和约曼农,采用这些手段要比大土地所有者更早,规模也更大,因此,这一群体中兴旺发达的人比贵族中更多"(Martin,1983:131)。第二,绝不能高估贵族的创业精神。简·蕙特尔(Jane Whittle)最近指出,在16世纪,大多数情况是,大农场主千方百计扩大农场,地主消极被动,最后"小农场主、小农、转租租户和雇佣工人"的利益受损(Whittle,2010:40)。当地主表现出更强的能动意愿时,他们就不是与大农场主共生,而是与他们直接竞争。这就解释了为什么1549年凯特起义时一部分大农场主加入了广大穷人和无地者的行列(MacCulloch,1979:48)。"领主们并没有通过提高地租和各种税费来展示他们的采邑权力,也没有通过驱逐习惯佃农来建立租地农场。相反,像他们的许多佃农一样,他们利用自己的土地和共有权(common rights)来从事商业性耕作"(MacCulloch,1979:48)。事实上,土地和基本产品价格的上涨一方面降低了工人的实际工资——他们总是更依赖市场维持生计(Martin,1983:153),另一方面加剧了地主和农场主之间争夺牧场的竞争——牧场越来越稀缺,并给拥有者赚取了高额利润。

第二部分

资本—劳动关系

4

资本理论中劳动的角色及转形问题

　　流通领域客观形式的劳动和生产价值的活劳动之间的对立，要求我们把资本和劳动之间的交换划分为两个完全不同的阶段：作为有提供活劳动的潜能的劳动力的买与卖和生产过程中劳动力的消耗(1)。但是，这两个阶段之间的差别涵盖了处在活动中的劳动和物化在工资中的劳动两者之间的差别，因而不单单是能够让人们洞察剩余价值和资本利润的奥秘。认识到劳动在生产领域内的特殊的活的性质，也就可以说明现存资本的价值是如何保存在劳动产品的价值中的。反之，如果把活劳动等同于为获得劳动所花费的价值，即等同于工资，把客观的生产资料和劳动力视为只是以预付资本形式存在的价值要素，则不但利润的来源依旧是神秘的，似乎是从劳动之外的某个要素中产生的，而且以资本身份发挥作用的生产资料似乎也具备了自我再生产的性能。正是这两个"如果"启发了生产要素理论，后者就是这两个"如果"的科学表达方式(2)。然而，剑桥争论的双方都把资本看作一种自主的要素，认为资本会给自身带来适当的回报，因而资本也就有自己特定的收入(3)。我们将在后文看到，这场争论的关键问题不是所谓的资本价值的度量问题，而是确定生产价格的方法问题(4)。为回答这个问题，新古典主义者精心建构了各种新版李嘉图谷物模型(5)，后凯恩斯主义者，特别是新李嘉图主义者，则重新踏上了李嘉图当年寻找不变价值尺度的道路。然而,这种探索恰恰来自从根本上混淆了活劳动和以工人工资形式体现出来的劳动(6)。而且,对每种资本都适用的一般利润率假设而不管其劳动构成如何,都是这种混淆的结果和对这种混淆的进一步强化。因此,需要解释的恰恰是看来同价值规律相矛盾,竟让李嘉图踏上寻找不变价值尺度之路的一般利润率。马克思制作那两份价值转化为生产价格的表格,根本不是为了证明价值规律的现实性。自萨缪尔森的文章发表以来,所有解答都自称是为了解决这个问题,但全都劳而无功。这两份表格在马克思那里,只是为了引出从一般利润率到活劳动的剩余价值生产的中间环节(7)。

4.1 资本与活劳动交换的两个阶段

在封建社会的废墟上产生的资本主义生产方式,建立在劳动力作为可交换物即商品的基础之上。但是劳动力的这种存在形式恰恰意味着劳动者同他的物质生产条件相分离。另外,只有主客观要素在劳动过程中相结合,资本才能实现增殖,即通过占有活劳动(剩余劳动)来生产剩余价值。因此,资本和劳动之间的交换分为两个完全不同的场合,这两个场合的统一塑造了剩余价值的秘密,也构造了分配剩余价值的不同名目(利润、地租、利息)。剩余价值就正来自劳动力商品的交换价值(即劳动力再生产所必需的劳动时间)与劳动者在生产过程中所消耗的活劳动时间之间的差别。第一阶段发生在市场上,在这个阶段,资本和劳动进行等价交换:等价双方一方是包含在生活资料中的劳动量,另一方是工人自身的再生产所必需的劳动量。这一阶段"资本和劳动之间的交换,一旦其本身作为简单流通关系而存在,就不是货币和劳动之间的交换,而是货币和活的劳动能力之间的交换"(Marx,1987b:506)。第二阶段发生在生产过程中,在这个阶段,对象化劳动和活劳动之间的交换在于"除了已经对象化在工资中的劳动以外,多余的无酬劳动即剩余价值对象化在商品中,也就是生产剩余价值";资本和劳动之间相交换的这第二个场合以"较少对象化劳动同较多活劳动相交换"为特点(Marx,1994:416)。这就是使作为工资预付的那部分资本,与体现为客观生产资料的不变资本相比,具有可变资本性质的原因。"在预付资本中出现的劳动力价值,在实际执行职能的生产资本中,为形成价值的活的劳动力自身所代替"(Marx,1998:32)。在第一阶段,劳动者将其劳动力的交换价值出售给资本家。在第二阶段,资本家消费工人的劳动力。只要对象化在劳动力(或工资)中的劳动和由这一推动力所实现的活劳动之间的差别没有明确得到证实,利润的来源就仍然是模糊的,而且看上去与等价交换法则(the law of equivalence)相矛盾。例如,一个人怎么证明某一数量的谷物交换到的某一数量的劳动高于物化在谷物当中的那个数量的劳动？我们将看到经济学家们是如何通过把活劳动等同为劳动力的价值(即工资),想方设法来解决这个问题的。不过,对资本和劳动之间交换的两个场合的分析,并不只是穿透了剩余价值的秘密,它同时消解了贯穿整个政治经济学历史并制约其深度一致的资本观念。

首先,在流通领域体现为生活资料、用来交换劳动力的资本,与生产过程没有关系,这一点不像体现为生产资料的资本。不变资本是固定在生产领域的,可变资本却从来没有离开过流通领域。进入生产领域的是劳动力本身,其使用价值在于生产活动,即在于活劳动。

> 这部分资本在进入生产过程以前作为商品——作为生活资料——所具有的使用价值形态,完全不同于它在生产过程中所采取的形态,不同于表现为活动的劳动力的形态,从而[也不同于]活的劳动本身的形态(Marx,1994:393)。

这些生活资料并不属于资本主义生产过程的物质要素,"尽管生活资料构成可变资本的物质存在形式,而可变资本在市场上,在流通领域内表现为劳动能力的购买者"(Marx,1994:412)。在马克思看来,如果说政治经济学从来就没有能够确定这两个场合之间的区别的话,那么基本上是因为它总是把作为活的生产要素的劳动同体现在"劳动价值"即工资中的劳动混为一谈。然而

> 生产资料的价值、不变资本的价值,它们本身进入价值增殖过程,而可变资本的价值则完全不进入价值增殖过程,它被创造价值的活动所代替,表现为作为价值增殖过程而存在的活的因素的活动(Marx,1994:396)。

斯密将工资界定为劳动的价值,指出无论谷物本身的价值如何,谷物总是用来交换等量的劳动。这一事实也使它成为建立在可支配劳动论(theory of labor-command)基础上的不变价值尺度。但是,由于谷物可以支配的劳动量大于它所包含的劳动量,于是斯密便可以同时声称,谷物的价格是由工资、利润和地租的总和构成的(Smith,1776:68)。如果谷物可以支配更多的劳动量,那么只是因为资本积累和劳动分工都提高了劳动生产率,使得工人生产的谷物在数量上超过了其再生产的需要。对经济学家来说,一切都是这样:"好像劳动工具本身有权索取工人的酬谢,好像它不是恰恰靠工人才成为劳动工具,才成为生产性的东西。"(Marx,1986:235—6)劳动产品的一部分流入地主和资本家手中,

因为他们占有土地和劳动工具；没有土地和劳动工具，工人就无法生产超出其生存所需的产品(Smith,1776:276-7)。李嘉图批评斯密说，即使谷物可以支配的劳动多过它所包含的劳动，谷物的价值仍取决于它所包含的劳动量，而这个量却又可以像任何商品一样发生变动。谷物和其他任何商品一样，就是一种不变价值尺度。但李嘉图通过纠正斯密关于价值尺度的错误，同时也泼掉了斯密的问题，即如何使资本/劳动交换与等价交换法则相协调。

关于后一个问题，李嘉图要说的只有一句话：工人和资本家分享他/她的劳动日产品！在他看来，利润之所以有其合理性，仅仅是因为资本家占有劳动所必需的客观条件，而这些客观条件本身又是过去劳动的产物(Ricardo,1821:24)。边际生产力理论(theory of marginal productivity)正是从越过这一理论上的矛盾而不去解决它的需要中产生的。萨伊说，如果按照生产要素的占有情况把产品划分为不同的收入，这些收入就必须被看作资本、土地和劳动三大要素各自的产品："每一个产品，在完成时，都是以它的价值去酬报完成这个产品所耗的全部生产力的。""这样，每一个阶级都从所生产的总价值中得到自己的一份，而这份就是这个阶级的收入"(Say,1803:315 and 317)。[①][②] 但是，这种在新古典边际生产力理论中被系统化了的呈现社会经济结构的表层组成部分的方式，把劳动作为创造价值的活动同劳动的价值两者混为一谈的程度更深。一旦两者混杂在一起，生产过程自身就表现为：一方面是工人再生产了其生活资料的价值，另一方面是生产资料创造了超过劳动所生产的价值。因此：

在任何一个社会，每件商品的价格最终都会分解为[工资、利润和地租]这三个部分的其中之一，或者全部。在每一个进步社会里，这三者均会或多或少地成为绝大部分商品价格的组成部分(Smith,1776:68)。

此外，由于不变资本和可变资本都是客观存在的价值，它们在生产过程中所起作用的区别就消失了：由于工资是预付资本的一部分，因而它便"在流动资本这个项目下，显然和不变资本(即由生产材料构成的资本部分)等同起来，这样，资本的增殖过程的神秘化也就完成了"(Marx,1998:38)。于是，不变资本就表现为全部资本，表现为具有自主生产力的东西：

---

① 麦克库洛赫(John Ramsay McCulloch)试图通过将生产的客观要素界定为累积劳动，并将这些客观要素所实现的活动界定为一种劳动(Marx,1989:363-9)，用李嘉图的劳动价值论来加以综合。
② 中译文源自(法)萨伊著：《政治经济学概论：财富的生产、分配和消费》，陈福生、陈振骅译，商务印书馆 2009 年版，第 388 页、第 390-391 页。——译者

在使用资本进行生产的人手里,资本的效用表现为,在资本的帮助下创造的产品总和通常比在生产过程中耗费的物品的成本总和价值更大。超额的那部分价值构成了某种收益,[即]原始利息(Böhm-Bawerk,1889:6)。

生产资料占有者支配他人劳动并占有剩余劳动的这种资本主义生产关系变成为物的属性。因此,生产资料

本身就表现为资本,从而资本——它表现生产条件的占有者在生产中同活的劳动能力发生的特定的生产关系,特定的社会关系——就表现为物,正像价值表现为物的属性,物作为商品的经济规定表现为物的物质性质完全一样(Marx,1994:399)。

而对这两个要素的阐述方式似乎越发同这样一个现实相一致,即在这个过程的最后,资本呈现出与劳动力相对立的产品形式(生产资料或生活资料)。

4.2 活劳动在不变资本再生产中的作用

但是,把活劳动与对象化在工资中的劳动等同起来,掩盖了增殖过程的另一个方面(真正使资本增殖过程神秘化的,就是这个方面):包含在生产资料当中的价值的保存,即耗费的不变资本价值的再生产。活劳动的双重性质在这里显示了它的全部关键力量。在生产过程中,活劳动并不只是通过追加新的劳动量来使资本增殖。事实上,活劳动如果不保存自身价值,就无法使资本增殖。然而,它并不是以创造价值的劳动的身份,而是以生产使用价值的劳动的身份来保存自身价值的。活劳动只有在把生产资料作为生产特定商品(计算机、汽车等)的客观手段时,才能保存体现为生产资料的资本的价值。因此,生产商品的劳动只是作为具体劳动来保存在生产过程中使用的生产资料的价值。

活劳动追加一个新的劳动量;但是它保存已经对象化的劳动量并不是由于这种量的追加,而是由于它作为活劳动的质,或者说,是由于它作为劳动同那些包含过去劳动的使用价值发生关系(Marx,1986:288)。

劳动者通过追加新的劳动使资本增殖,而追加的新的劳动则通过活劳动本身的质将耗费的不变资本的原有价值转移到产品上。

马克思经常称,不变资本的保存既不费资本家什么,也不费工人什么。它不需要有别于新增劳动的劳动,而只是活劳动与活劳动的劳动条件之间的关系的一个自然结果。

可见，由于加进价值而保存价值，这是发挥作用的劳动力即活劳动的自然恩惠。这种自然恩惠不费工人什么，但对资本家却大有好处，使他能够保存原有的资本价值(Marx,1996:217)。

于是，资本家通过对劳动力使用过程的管理，无偿获得了两样东西：剩余价值和不变资本价值的保存。他通过工资补偿所需的价值之上的新的附加价值来获得前者，通过劳动的活的性质来获得后者；通过抽象劳动获得前者，通过具体劳动获得后者。"资本家获得旧价值的这种保存，就像获得剩余劳动一样，是无偿的"(Marx,1986:282)。活劳动由于其双重性质，既创造新的价值，又再生产现有的价值，从而如克拉克(Clark)所说，赋予资本一种永恒的存在，尽管其组成部分一直在持续不断地分解。因此，资本家无偿地获得他的资本的保存，

不是因为这种保存没有花费工人什么，而是因为：根据前提条件，材料和劳动工具已经在资本家手中，因而工人如果不把资本手中已有的对象化形式的劳动变为工人的劳动材料，从而把对象化在这种材料中的劳动保存下来，工人就不能劳动(Marx,1986:282)。

但克拉克赋予资本这种质，让资本看起来就像是一个自主的生产要素。然而，如果这种质是从它与活劳动的接触中产生的，则其表面上的自主性便来自这样一个事实——工人通过同时创造价值和保存价值，永远在不断地再生产和扩展某种特定社会关系，这种特定社会关系赋予生产资料以资本主义形式，即以劳动的客观条件为一方、以工人为另一方的分离与对立：

活劳动由于作为活劳动同对象化劳动发生的关系而向对象化劳动提供服务，这种服务既不花费资本什么，也不花费工人什么，而只是表现一种关系，即材料和劳动工具对工人来说是资本，是不以工人为转移的前提条件(Marx,1986:282)。

资本一方面必须以工人与劳动的客观条件之间的分离为前提，另一方面，资本只有通过扬弃这种分离，即把生产过程中的客观手段和主体手段相结合，才能使自己的价值得以增殖。但是，由于工人向资本家出售了其劳动力的使用价值，即劳动活动本身，因而其活动建立起的同劳动条件之间的关系并非为工人而存在，而是为资本而存在；这种关系"已经是资本的要素"(Marx,1986:289)，由于生产资料在同劳动力的分离与对立中不断被再生产出来。另外，剩余价值则产生于与以物质生产资料形式呈现出来的不变资本相联系的劳动力的耗费，建立在与活劳动相联系的基础上的资本表面上的生产性，于是表现为

资本自身的一种性质。

因此,活劳动就成为对象化劳动保持和增大自身的一种手段。只要工人创造财富,他[①]就因而成为资本的力量;同样,劳动生产力的全部发挥也就是资本生产力的发挥(Marx,1988:112)。

边际生产力理论就是从一种社会规定即从工人与他们的生产资料相分离出发的,目的在于将资本假设建立在该要素的自主性上,这便意味着资本实质上决定了劳动工具。"可以想见,虽没有交换的利益,亦可以有资本的利益",杰文斯如此说道(Jevons,1965:222)。[②] 因此,当奥地利学派的资本理论说"利息是资本的收益"时——特别是因为资本比消费资料更具技术上的优势的关系——该理论就把这类收益同作为物质生产条件的资本联系了起来,尽管这种物质资料恰恰在它同活劳动的特定关系内表现为资本。

因此,新古典主义要素生产率理论称资本的收入为"利息",而不是古典学派在概念上将其与金融资本范畴区分开来的"利润"。究其原因,不仅仅是对企业家大部分时间在借入货币资本予以理论上的承认。就利息这一范畴来说,它表现了劳动条件的资本主义形式,即把单纯的资本所有权表现为占有他人劳动的手段,它"不是把资本的这种性质表现为同劳动直接对立,而是相反地同劳动无关,只是表现为一个资本家对另一个资本家的关系"(Marx,1998:380)。然而,活劳动赋予作为所谓自主要素的不变资本的两种性质,即无限期地保存其价值和周期性地增加其价值,恰恰是金融资本在生产过程之外所具有的性质,因为借贷资本具有自我保存和以更高的数量流回其所有者的特性。就这样,利息将生产资本"表现为一种存在于资本对劳动本身的关系之外的、与这种关系无关的规定"(Marx,1998:380)。

另外,由于利息表现为作为生产资料的资本生产出来的剩余价值,因而没有落入资本所有者口袋的那部分剩余价值,也就是新古典学派(Clark,1891:289)所称的企业利润或纯利润,其呈现出来的面目,便不是来自资本本身,而是来自同其特定的社会属性相分离的生产过程。这种特定的社会属性此时已经有了专门的术语"资本利息",所以,产业资本家

与资本所有者不同,不是表现为执行职能的资本,而是表现为甚至与资本

[①] 作者引用的英文版本此处的用词是"living labor"。——译者
[②] 中译文源自(英)斯坦利·杰文斯著:《政治经济学理论》,郭大力译,商务印书馆2009年版,第171页,根据原引文略有改动。——译者

无关的执行职能的人员,表现为一般劳动过程的简单承担者,表现为劳动者,而且表现为雇佣劳动者(Marx,1998:380)。

然而,新古典主义理论从未停止努力,一直都在设法给一个同任何特定生产要素都没有关系的收入范畴进行科学上的定位(Naples and Aslanbeigui,1996)。从萨伊到奈特(Knight)和熊彼特(Schumpeter),三人都将利润定义为承担风险的企业家的收入。庇古(Pigou)在《福利经济学》(*Economics of Welfare*)中甚至把不确定性作为一种投入,将其同土地、劳动和资本置于同一层面。熊彼特在《经济发展理论》(*Theory of Economic Development*)中批判了这一看法,而将利润视为创新带来的收益。由于不确定性本身就是创新的一大后果,因此利润可以界定为意外收益。奈特则不同意克拉克把利润当作剩余收入的看法,在他看来,利润也许适用于每一种收入,而不仅仅是企业家的收入(Knight,1921:32—41)。由于不确定性和风险是现代经济的基本特征,涉及所有经济行为体,故而将利润概念弃之不用,必须对当前和未来的经济状况拥有完备的信息。因此,自布朗芬布朗纳(Bronfenbronner)以来,经济学家们又回到了最初的纯利润定义,即企业支付给所有合同各方相关款项后的剩余收入(Bronfenbronner,1971:370—8),理由是企业可以利用其相对于竞争对手的所有各方面的优势(如区位地租、干中学效应等)。但利润与企业家的活动之间长期以来都处在严重脱节的状态,有时甚至风马牛不相及,以致所有讨论最后得出的结论都是"企业家精神不过是资本家行为的另一种说法而已"(Naples and Aslanbeigui,1996:60)。然而,由于"利息成了资本的社会形式,不过被表现在一种中立的、没有差别的形式上",因而"企业主收入成了资本的经济职能,不过这个职能的一定的、资本主义的性质被抽掉了"(Marx,1998:381)。[①]

4.3 边际生产力理论中的资本度量问题

借着永远把活劳动和劳动的价值混为一谈(也可以说成是,把生产领域中的资本/劳动关系和流通领域中的资本/劳动交换混为一谈,两种说法是一个意思),新古典主义理论从一开始就赋予生产资料和劳动以资本主义生产所特有的社会性质。这样,生产资料就天然表现为生息资本,生产者则天然表现为赚

[①] 此处"企业主收入"在本书中用的是"[纯]利润([pure] profit)"。——译者

取工资的劳动者。然而,不独新古典主义理论是这样,将社会特征移植到主客观生产要素身上,贯穿了整个剑桥资本争论,因为它构成了新古典主义和后凯恩斯主义的共同基石。

当斯密将生产性的劳动的质扩展到所有生产部门时,资本总价值该如何度量的问题就出现了(Marx,1975c:290—3)。只要生产劳动还限于农业,就总有可能用像谷物这样的同质的单一实物来表达价值关系,并以谷物中的剩余产品和预付在谷物中的资本之间的关系来确定利润率。根据这种计算方式,劳动力并不直接进入生产,而是通过预付工资中的谷物数量进入生产,因为货币只是作为农产品在不同社会阶级之间的流通手段来履行实际职能(Quesnay,1972:ix)。因此,在农业部门,预付资本和总产量被看作同质的量,两者之间的关系决定了利润率,不管货币价值如何变化,都没有关系。但是,一旦资本投入社会生产的各个领域,情况就复杂了。

这样,在作为分析核心的、更复杂的经济体系中,人们不能再去假设——哪怕只是粗略地假设——产品和消费必需品之间的实物同质性。环境的变化一般会导致构成社会产品的各商品之间的比例发生变化,理论必须对这种变化给盈余造成的影响做出分析(Garegnani,1980:17)。

但是,该理论尽管将收入分析的范围扩大到所有生产部门,为方便起见,它还是继续使用这个农业模型。

谷物模型试图将这样一个命题加以合理说明,即用在边际土地上的资本的盈利能力决定了经济体的资本总体盈利能力。在方法论上,该模型是一种启发式的设计,大家认为它具有极大的解释价值和教学价值,其在古典学派中的地位相当于新古典主义的总生产函数(Skourtos,1995:109)。

在李嘉图看来,农业利润率之所以起决定性作用,与其说可以用农业部门在经济上如何重要来解释,不如说是因为谷物

形成了资本(被认为是由工人必需的生活资料构成)和产品。因此,根据总产品和预付资本之间的差额来确定利润,以及确定这种利润对资本的比例时,是直接根据谷物的数量进行的,不涉及任何估价问题(Sraffa,1951:xxxi)。[1]

但我们已经看到,李嘉图本人反对斯密的这种看法,即谷物的价值和任何商品一样变化很大,尽管其所需的劳动力数量总是相同。但是,由于商品在社

---

[1] 中译文源自(英)彼罗·斯拉法主编,M. H. 多布助编:《大卫·李嘉图全集》(第1卷),郭大力、王亚南译,商务印书馆2013年版,第 xxxviii 页,根据原引文略有改动。——译者

会发展的高级阶段已不再按照它们各自的劳动量进行交换,因此,劳动并不能为确定一般利润率提供更好的标准。

这就是新古典主义经济学家费尽心思弄清楚的东西。边际生产力理论基本原理认为,每一要素的边际产量随其在生产函数中使用的数量的增加依次递减。克拉克、维克斯蒂德(Wicksteed)和维克塞尔(Wicksell)曾试图把李嘉图的有关土地的论证运用到劳动和资本上。但李嘉图只是确立了一种纯粹的描述性关系,而他们则试图通过分析一个要素在量上渐次增加(可变要素)、另一个要素固定不变(固定要素)的情况下两者相结合所带来的影响,在这两大互补要素之间建立起函数关系(Wicksteed,1894:62—82)。例如,假设资本是固定的,每增加一个劳动单位,人均资本就会增加,但增速递减,直到最后一个劳动单位的产量刚好补偿劳动的负效用为止。① 于是,最后一个单位就相当于均衡工资,它通过倒行的方式同与资本结合使用的所有劳动单位关联在一起。此外,由之前的所有劳动单位产生的全部剩余就形成了资本利息。但同李嘉图的地租说相比,新古典主义走得更远。所有这些收入不仅可以视为各种租金,就连要素本身的价值也通过所有未来收入的实现而得以确定。这样,工人的价值就可以视为其直至退休的收入总和。人力资本理论的基础即在于此。往更一般处说,正如卢卡奇所言,这个观点透露了这样一个事实:

> 商品关系变为一种具有"幽灵般的对象性"的物……它在人的整个意识上留下它的印记:他的特性和能力不再同人的有机统一相联系,而是表现为人"占有"和"出卖"的物,就像外部世界的各种不同对象一样。人们没有了自然形态的相互关系,人要使他的肉体和心灵的特性发挥作用,就不得不越来越屈从于这一物化过程(Lukács,1923:100)。②

因此,对于每一项给定的技术,即对于每一种资本与劳动的组合,都存在相应的涉及经济静态的均衡工资和利息。

对于分开计算基本上属于互补的各生产要素的生产率的可能性,霍布森已经提出了疑问(Hobson,1909)。但是,如果说理论上可以计算出给定土地上的劳动边际生产率,甚至可以计算出由给定数量的劳动者耕种的某块土地的边际生产率的话,那么又该怎样才能计算出由异质产品组成的、生产不同种类产品

---

① "当就业量既定时,工资的效用等于该就业量的边际负效用"(Keynes,1973:5)。
② 中译文源自(匈)卢卡奇著:《历史与阶级意识:关于马克思主义辩证法的研究》,杜章智、任立、燕宏远译,商务印书馆2009年版,第169—170页,第2句根据原引文做了较大幅度的改动。——译者

的要素的生产率呢？如果均衡利率等于总资本的生产率，那么让资本的价值与个别资本的收入得以比较的单位尺度又是什么？因为，如果一般利率是按总资本的价值来估算的话，就必须先知道总资本本身的价值。然而，由于一般利率实际上只不过是个别资本回报率的平均值，故而早期的新古典主义将资本定义为一定时间内投入的劳动。

但资本的生产率恰恰来自迂回生产方法（roundabout production methods）的技术优势（Böhm-Bawerk）：投入生产中间产品（机器等）的时间越多，这些产品的生产率就越高，尽管生产率的提升速度会越来越低。在资本实证论（the positive theory of capital）中，时间是资本品生产率的量度，是资本数量的指数，被称为"平均生产周期"。

根据时间生产力理论，只有通过牺牲对当前物品的享受来换取对未来物品的享受，资本的生产才具备可能。庞巴维克就时间偏好给出了三大动因，但在这些动因中，似乎只有当前物品相对于未来物品的技术优势（即资本品相对于消费品的技术优势）才能解释正利率的存在。① 因此，在庞巴维克那里，生产的平均周期是由消费品生产中雇用的不同阶层的有时期的劳动（dated labor）的投资时间来衡量的。但是，由于土地和劳动这两个原始要素具有资本主义社会特有的社会性质（土地从一开始就是私有财产，而劳动则从一开始就是雇佣劳动），所以初始的劳动产品直接分为工资和利润：$p = al + br$（Wicksell，1978a：130）。在新古典主义的生产函数中，把资本还原为原始要素，根本就没有把利润同劳动产品的分配区分开来。既然劳动直接被假定为雇佣劳动，则只要当前

---

① 费雪本人试图以纯粹的心理学作基础来阐述一种利息理论。他勇于正视事实，在1930年的《利率论》（*The Rate of Interest*）修订版中添加了一个副标题："由花费收入的不耐性和把收入用于投资的机会两者决定。"[该书即《利息理论——由花费收入的不耐性和把收入用于投资的机会两者决定》（*The Theory of Interest:as Determined by Impatience to Spend Income and Opportunity to Invest It*），中文译本没有副标题。——译者]正如萨缪尔森所说，费雪想要证明

他自己的原创性不在主观的人性不耐领域，而是他为处理早期作家的生产力概念和庞巴维克的第三个生产要素——更富生产力的迂回性——这一生产力概念发明的机会边界（以及未来现金收入同当前贴现价值之间的正确贴现关系）（Samuelson，1967：665）。

结果就是

现代利息理论在解释利息时直截了当地将时间偏好置于次要地位：时间偏好只决定消费者的贷利率和消费者的储蓄供给，而所谓的资本生产率则决定了比这更为重要的贷款需求与储蓄需求。因此，现代利息理论未能将消费者的贷款利息和生产者的收益整合在一起，形成一个合乎逻辑的解释（Rothbard，1990：240）。

克雷格尔对费雪资本理论的总结是："任何东西只要能产生收入，就是资本"（Kregel，1976：42）。

物品的占有者预付工资,他就有权以牺牲当前消费为名,要求获得未来物品的一部分。从长期来看,当资本的供给和需求相等时,这个用于有时期的劳动量的剩余率便相当于均衡率,即供给和需求相等时的比率:$K=wLa(1+r)^t$。

然而,当生产周期以简单利率计算时,利率便从度量资本价值的方程式中消失($K=Lat$,其中,La=投入生产 K 的劳动量,$t=La$ 中投入的平均时间)。但一旦把复利利率(储蓄等于投资即处于均衡状态时出现的情况)纳入考虑,就不能脱离利率来衡量生产的平均周期,从而也不能脱离利率来度量资本。这个等式实际上就变成了 $t=La(1+r)^t/La$。这样,一方面,资本价值的度量取决于利率;另一方面,利率又要求我们知道资本价值。正是利率和资本之间的这种循环关系让维克塞尔放弃了平均生产周期概念,改用备用的劳动与土地进路。但这种解决办法也不怎么成功。维克塞尔与克拉克的做法大致一样,建议对社会上既定的作为价值量的资本数量与会随着利息的变化而变化的资本实物构成做出区分。然而,他并没有回避这样一个结论:均衡利率意味着总资本价值是给定的,而总资本价值是给定的则又意味着利率是给定的(Lutz,1967:32)。[①] 最令维克塞尔愁眉不展的是,分配的变化会导致资本价值的变化,这就与新古典主义原理即一种要素的产出随该要素的量同比例减少相矛盾。如果资本完全投资于工资,则分配变化对资本价值的影响一清二楚。但是,资本是由工资和利息构成的,因而当经济高度资本主义化时,即当利息在资本构成中比工资更加重要时,利率的降低可能会导致资本价值的减少(Wicksell,1978a:147—51)。更何况,只要劳动力的供给是给定的,新资本同旧资本在劳动力的需求上发生竞争,新资本的生产率提高了劳动的边际生产率,随着利率的降低而增加的资本就会部分被工资的增长所抵消。因此,维克塞尔通过对奥地利学派资本理论的详细研究,发现了与新古典主义理论基本原理完全不符的现象:首先,物品的价格是该物品稀缺性的函数;其次,资本与利率之间存在着反比单调关系;再次,利率代表社会资本的边际产量,取决于迂回生产方法的物质生产力;最后,收入依供给要素及其边际产量的相对稀缺性而定。

4.4 剑桥争论的实际:生产价格

尽管如此,维克塞尔就利率和资本生产率之间的假定关系所持的保留意见,

[①] 马歇尔已经注意到这是循环论证(Marshall,1997:519)。

未能阻止下一代新古典主义者去构建生产函数。在这些生产函数中,利率代表总资本的边际产品价值,且与资本的价值成反比。维克塞尔的这些保留意见实际上是迈向凯恩斯通论的第一步。在主流经济学的历史上,维克塞尔第一个将货币利率从实际利润率中分离出来,从而为货币政策的相对自主性提供了理论基础(Keynes,1930 and Wicksell,1965),但明确指出维克塞尔所提出的与资本理论不符的现象是琼·罗宾逊(Joan Robinson)。在1953年发表的一篇影响深远的论文中,罗宾逊夫人发起了凯恩斯在英国剑桥的继承人与克拉克和费雪在英国剑桥的继承人之间的第一波争论。罗宾逊夫人说,无论用何种方法来解决资本度量问题,都必须假定利率是给定的。如果资本按生产成本计算,则需要在资本被劳动生产出来的时刻和资本用于生产的时刻之间加上利息。如果资本按其实际收入总和来度量,那么在这里,要化为实际收入,也需要了解利率(Robinson,1953—54:81)。但罗宾逊夫人对新古典主义理论的批评,与其说是抨击边际生产力原理,不如说是抨击新古典主义理论无法为长期分析提供分析框架。在短期范围内,资本存量可以看作给定的,但从长期来看,人们该如何区分有形资本存量的变化与某一给定资本的价值的变化?按照罗宾逊夫人的说法,资本争论的议题不是要去质疑利率与经济体的资本密集程度之间的反比关系原理,也不是要去质疑要素边际生产力理论(King,2002:89)。相反,罗宾逊夫人力图通过建立理论工具来确认这些原理,并借此克服由分配变化导致的矛盾现象。早在斯拉法出版《用商品生产商品》(*Production of Commodities by Means of Commodities*)7年前,她就以与斯拉法一样的说法通报了这个问题的情况:

会有各种各样的事情导致工厂设备的价值偏离它的原始成本。一旦出现某种情况,比方说价格下跌——这是在投资工厂时没有预见到的,这时我们该如何看待由工厂所代表的那个资本?(Sraffa,1960:84)[①]

为了阐明价格的变动,罗宾逊夫人建立了一个她所谓的伪生产函数(pseudo-production function),其中的生产率曲线将产出同每一利率水平下的资本投入联系在一起(见图4—1)。

与新古典生产函数不同,在伪生产函数中,每一项技术($\alpha,\beta,\gamma,\delta$ 等)经过慎重思考后都被以外生的方式赋予工资率,而且要看资本家和工人之间的力量对比。我们稍后将对变动的程度进行评估。此处我们只需注意,她所称的那个

---

① 引文出处标注有误,应为(Robinson,1953—54:84)。——译者

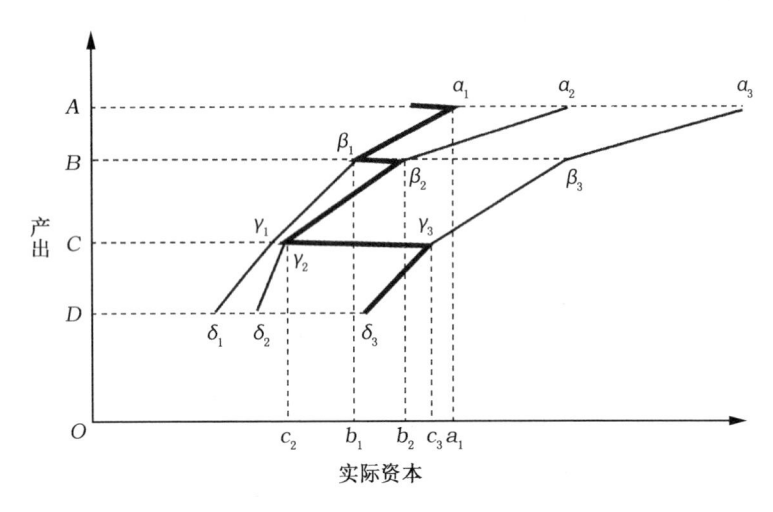

图 4-1 伪生产函数

同新古典主义理论的总资本价值相对立的实际资本,只不过是以工资单位来度量的劳动数量,而工资单位是适用利润率的。利润率无疑不再表现为资本要素的边际产出,但我们必须记住,维克塞尔此前曾经强调,利率不能与资本的边际产出等同,不管是他还是罗宾逊夫人,都没有对利润率的来源甚至是资本要素的性质作出新的解释。罗宾逊夫人没有去质疑新古典主义理论中对资本的界定,而是强调了这样一个事实,即由于伪生产函数中显示的给定利率与资本价值之间的矛盾关系,因而无法从要素价格曲线的偏导数中推出工资率和利润率(Harcourt and Parker,1969)。从这个角度来看,钱珀瑙恩的答案本身就说明了问题,因为他试图建立一个基于环比指数的模型,其中不但利润率是既定的,而且资本再转换①和资本逆转②这两种可能出现的情况也被排除在外(Champernowne,1953—54:113—15;Lazzarini,2011:104)。这充分证明,英国剑桥学派的议题既不是利润率的起源和性质,也不是资本度量本身。

罗宾逊夫人对新古典生产函数的批评,只是为了在长期均衡模型中引入不

---

① 资本再转换意味着利率和资本的密集程度之间不存在单调关系。因此,当某种技术在中间利率的情况下加以使用时,另一种生产技术不管是在低利率的情况下还是在高利率的情况下均可做到有利可图。资本再转换含有资本逆转的意思,但两者不是一回事。

② 资本逆转意味着低利率可能同少量密集技术密切相关,反之亦然。这样便同利率和资本价值之间的反比单调关系原理相矛盾,乃至同更基本的原理——资本品以更迂回的生产方法按递减率增加——相矛盾。

确定性和冲击对积累过程的影响(Harcourt and Parker,1969 and Birner,2002：29)。因此,英国剑桥学派所关注的再转换和逆转在她那里,重要性不值一提,无须关注。实际上,再转换和逆转同总资本的度量问题直接相关:"因此,技术再转换和资本逆转加深是从异质性资本品的生产模型的一般属性中衍生出来的"(Pasinetti and Scazzieri,1990:141)。事实上,在英国剑桥,只有斯拉法认为,这些看似矛盾的反常现象是批驳新古典生产函数的关键动因,也是重新提出曾让李嘉图坐卧不宁的价值度量问题的正当理由(Birner,2002:67)。再转换和逆转从性质上来说是各种生产技术所特有的现象,用凸、凹、直要素价格边界的同时存在表达。凸曲线首先意味着消费品生产部门比生产资料生产部门更具资本主义性质;凹曲线表明后者的机械化程度比前者更高;直线则指明两个部门的要素比例相等。从新古典主义的观点来看,这些现象只是证明了这样一个定律——利率的降低会导致资本需求的增加,从而均衡状态下资本价值更高——在一般情况下是不成立的。因此,拉扎里尼(Lazzarini)有充分的根据得出如下结论,即要素可替代性的基本原则并不适用于生产函数。但从李嘉图主义者的观点来看,它们则证实了同时固定价格和分配的必要性。他们提出,平均利润率不能再像谷物模型那样,由同质的实物量之间的关系得出,而且利润率和工资率之间的反比关系也不一定适用于所有生产部门。柯恩(Cohen)让大家清楚地看到,价格和分配之间的相互依赖既修正了新古典主义模型,又修正了古典学派模型,因为我们既不能假定外生给定资源(新古典主义模型),又不能假定外生给定生产条件(古典学派模型)(Cohen,1989:309-10)。对这两个学派来说,资本争论揭示了要素和产品价格的决定以及两者之间相互依赖的基本问题。双方之所以把目光都投向这同一个问题,固然是因为这两派理论都关注分配关系而放弃生产关系(Badhuri,1969)(就此视角而论,我们还可以补充一点信息,这样就会更加准确:新古典主义者比李嘉图主义者更关心生产关系,因为在后者看来,产品分配完全由流通领域内各阶级之间的力量对比决定),但更来自这样一个事实,即后凯恩斯主义者和新古典主义者均假定有一个适用于所有资本的统一利润率(尽管两派证明利润正当的方式不同),从而一致把利润视为资本的自然产物,把资本本身看作赋有不同于劳动生产率的特定生产效率的某个东西。

4.5 新古典主义的回应或谷物模型的变种

所有来自英国剑桥的反击行动都是为了驱除那些萦绕在边际生产力理论基本原理周围的"再转换"和"逆转"幽灵。正是在这种情况下，出现了大量模型，力图通过推理来证明这些奇奇怪怪的均衡增长路径现象并不存在。在索洛和斯旺模型(1956)中，资本度量问题以及利率与资本价值之间的关系通过定义得到了解决。一方面，在索洛那里，生产职能只包括一种生产出来的物品，这种物品同时又作为一种投入同劳动相结合。此外，索洛假设资本和劳动要素可以完全替代，这样资本劳动比在利率每次发生变化时就可以即刻适应新的分配关系。另一方面，斯旺模型提出了一个更贴近现实的假设，即资本是由异质产品组成的。但是，这些异质产品又好像只是组合玩具(meccano sets)，一般彼此相互关联，因而可以相互替代，而无需任何成本。此外，该模型不折不扣地假定，在分配发生变化时，以技术单位度量的资本价格不会发生改变。

萨缪尔森(1962)提出的模型显然更复杂。在该模型假设中，资本品的数目是模糊的，每一种资本品都与劳动相关联，从而形成一个完整的生产系统(见图4—2)。但该模型实际上只是萨缪尔森所说的"现实中非常特殊的一类亚情形(special sub-class of the realistic case)"，根据该模型，资本和劳动在每个生产系统的所有部类中占比都是相同的。据此，每个生产系统生产的都应该只是一种产品，即每个生产系统都在同等生产产品和消费品。

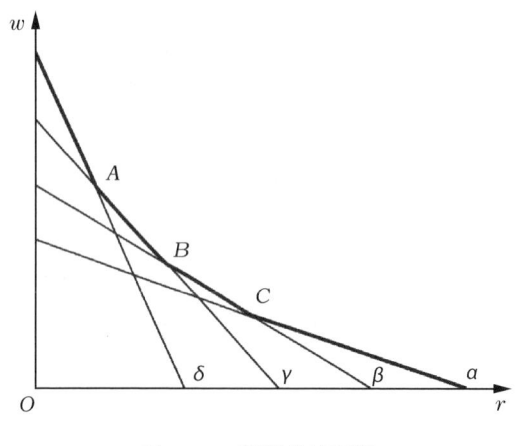

图4—2 替代生产函数

因此,正如加雷尼亚尼(Garegnani)所论,萨缪尔森的模型

与 A 是由自身和劳动生产出来的这样的模型没有区别。事实上,由于商品的"异质性"在这里实际上只能被界定为它们生产条件的差异,因而直线工资曲线意味着 A 就是由自身和劳动生产出来的(Garegnani,1970:415)。

于是每个系统都可以用一条直线来表示,该直线同 x 轴的交点处利润率最高,同 y 轴的交点处工资率最高。因此,要素价格边界形成的包络线是一条类似于标准生产函数曲线的凸曲线,在这里,利率的增加会导致使用较少的资本主义生产技术。因此,该模型被称为替代生产函数,该函数确定了利率和资本价值之间的反比关系。

正如加雷尼亚尼再次强调的那样,要素价格边界直线上的位移不会引起资本价值的变化,边界曲线的凸性来自无限种生产技术的存在。实际上,它总是被假定为等于$-dw/dr$。因此,库尔茨和萨尔瓦多里的以下论断存在两点错误:

相对价格以及资本品的价格通常取决于收入分配。只有在所有产业部门当中劳动在流通的生产资料中的占比完全一致这种特殊情况下,价格才与利润率无关,而确确实实与体现出来的劳动量成比例(Kurz and Salvadori,1995:445)。

即使资本劳动比在两大部类完全相同,只要相应的生产技术决定了工资和利润之间的边际替代率(该边际替代率是度量资本价值的),即$-dw/dr$,新古典主义(以及新李嘉图主义)中的资本价值也一直要看利润率如何。

库尔茨和萨尔瓦多里上面那段话要是说成只有在占比相等的情况下"价格的变化才同利润率无关"或者"价格才同利润率的变化无关",会更好些。实际上,当资本和劳动的构成相等时,工资曲线就是一条直线,就会出现 $k=-dw/dr$。曲线为凹曲线时,k 大于 $-dw/dr$;曲线为凸曲线时,则 k 小于 $-dw/dr$。另外,k 总是等于剑桥方程式中的 $q-w/r$。因此萨缪尔森的模型是超定的,因为分配中的每一次变化都会由此导致使用一种生产技术,这就证实了新古典主义的供求原理,排除了任何再转换或逆转现象。

新古典主义基本模型借用了凝固资本(jelly capital)、组合玩具(meccano sets)和替代生产函数等从外界舶来的名称,实际上都是李嘉图用来确定利润率的谷物模型的单调变化。此外,为了使资本的价格与利率的变化脱钩,这些模型有时假设分配的变化不会调整资本的价格(Swan),有时又假设资本和劳动在

所有部类比例相同,有时又假设要素的价格与资本的价值无关(Samuelson)。[①] 资本的价值不随分配的变化而发生变化。现实中大家几乎只关注再转换和逆转,这表明争议中所涉及的利害攸关的问题已经逐渐发生了变化。尽管这些现象使度量资本的可能性受到了怀疑,但正如维克塞尔发现的那样,人们强调的是分配的变化会导致资本本身价格的变化这个事实。由于新古典主义者和后凯恩斯主义者至少均认可利率构成为资本价值的一部分,因而只要通过求解一组要素价格和分配的联立方程就能解决资本度量问题。

然而,对于来自英国剑桥的攻击,确实还有另外一条防线,这条防线可以在瓦尔拉斯的一般均衡理论那里找到依靠。在该理论中,资本是由一组异质资本品组成的,每种资本品都有属于自己的回报。瓦尔拉斯结合对资本的考虑,利用方程 $\frac{pk}{i+c}=kt.pt+\cdots kp.pp+\cdots$ 引入了一个新的均衡条件。根据该方程,资本品供求的均衡条件就是资本回报率整齐划一。为了确定价格和产品,瓦尔拉斯把与消费者偏好相关的存量异质资本品作为已知变量考虑进去。但是,这些资本品的数量并不必定与整齐划一的回报率相吻合。这样的整齐划一暗含的意思是,导致回报率相等的是资本存在于某一数量(如对这些资本品的所有需求的总和)当中。因此方程组是不一致的。

比方说,假如"布料"和"谷物"是经济体中消费者唯一的物品,消费者的均衡就会导致"布料"和"谷物"的特定需求函数。为了使"织机"和"拖拉机"在成本上得到相同的回报率,经济体中可资利用的"织机"和"拖拉机"应该保持某一"适当"比例,而不应按其他比例配置。把它们的数量都当作数据来处理是同与它们的回报率相关的均衡条件相抵触的。这就是为方程讨论所证明的不一致性的本质(Garegnani,2008:374)。

如果对回报率较高的资本的需求以回报率较低的资本为代价,就会导致资本存量的实物构成发生变化,这便与资源配置是给定的这个假设相矛盾。此外,如果只是假定储蓄总额给定以及资本在不同生产线之间完美流动,就会出现新的价格和数量,然后就是与资本存量每一次新的分配相对应的新的均衡条

[①] 关于资本积聚所必需的假设的极其严格的性质,斯蒂格利茨精辟地总结道:

虽然如此,我相信,在大多数情况下,对大多数问题而言,作为标准的宏观分析中所涉及的那种类似的积聚在逻辑上的必然结果而提出的种种误设并不是什么非同小可的事;但是,我们必须始终对这种非真的情况保持警惕(Stiglitz,1974:899)。

件。在这种情况下,达到一般平衡将遥遥无期[瓦尔拉斯本人也对自己同《原理》第四版中资本品的均衡条件有关的方程组的一致性抱有怀疑(Walras,1926:308)]。

4.6 不变价值尺度是个伪问题

让我们来回顾一下资本度量问题的基本要素。一方面,由于资本本身是一种生产出来的要素,也就是说,与土地和劳动不同,它是一种可以拆分为工资、利润和地租的产品,因此利率作为一种产品,同时又作为资本价值的组成部分,在资本等式的两边都会出现。资本不能代表一个与利率无关的数量,要素生产力理论就是这么要求的(Kregel,1971:45—6)。另一方面,资本再转换和资本逆转现象显现了经济系统中生产部门的异质性,从而也显现了不同生产部门资本和劳动之间的不同比例。但是这种

资本品和"资本"结构的异质性(各种生产过程中劳动和中间投入之间的不同比例)通常会随着利润率和单位工资的变化而造成"几起几落的复杂价格运动模式"。这一现象反过来又会导致"资本数量"的变化,这种变化通常与利润率没有单调关系(Pasinetti and Scazzieri,1990:141)。

后李嘉图主义就是为解决这两大困难应运而生的。斯拉法在《用商品生产商品》中所提出的方程组,正是在新古典主义理论内部自相矛盾的激发下又回到了李嘉图。尽管如此,斯拉法的替代模型也并不一定建立在一个极为不同的资本和劳动的概念之上。当然,后凯恩斯主义者明确承认,利润和工资之间的净产品划分是资本家和工人之间力量对比的结果和体现(Kalecki,1939:240—1)。正如克雷格尔(Kregel)所论,"一方得到了由市场力量、集体谈判或习惯做法确定的工资,另一方则得到了系统中所有生产单元的剩余收入。这就使得这一论证更加广为人知"(Eichner and Kregel,1975:1297)。与之相比,下面这个论证更是格外普遍,那就是:资本和劳动或者说死劳动和活劳动之间的关系从生产中消失了,生产变成了一个纯粹的技术系统。在这个系统中,活劳动被确定为物质投入,如铁或谷物,这些物质投入对净产品的生产同样做出了贡献。然而,尽管关于剩余的政治经济学抛弃了价值论经济学,但斯拉法仍然把新古典主义理论为解决李嘉图价值理论中的矛盾而赋予生产要素的社会特征归到生产要素上。在斯拉法标准系统的不同方程中,这一点非常值得注意。

在工资率和劳动量已经给出时,斯拉法将利润率同生产资料即同不变资本联系在一起:$q'_k[(A_k p_a + B_k p_b + \cdots + K_k p_k)(1+r) + L_k w] = q'_k K p_k$(Sraffa,1960:24)。而当工资只是事后引入,为零时,最大利润率则按不包括劳动力的生产资料计算:$(A_k p_a + B_k p_b + \cdots + K_k p_k)(1+R) = K p_k$(Sraffa,1960:28)。新古典主义和新李嘉图主义理论不是纯粹的李嘉图主义,但是从李嘉图那里派生出来的。因为在李嘉图那里,不但生产资料和劳动天然就是资本和雇佣劳动,而且把活劳动混同为工资或者劳动价值导致将净产品混同为资本利润和劳动工资。我们将在第 8 章强调这种做法给理解危机带来的影响。与此同时,我们得留意,斯拉法和后凯恩斯主义者虽然避开了新古典主义理论的暗礁,但对资本主义生产中死劳动和活劳动之间的具体关系,即对生产资料中对象化的劳动和保存、再生产及扩大包含在这些资料中的价值的活动之间的关系,并没有更好的理解。①

4.7 马克思论价值转化为生产价格及马克思主义者论转形问题

然而,新古典主义者和后凯恩斯主义者从李嘉图那里继承下来的遗产并不止于李嘉图隐含的假设,而是追溯到更深的问题,即由这些假设而来的如下理论问题:价值转化为生产价格的问题。一方面,资本积聚问题还原到其本质维度,即归结为从个别资本的价值和用同资本本身(谷物等)一样的单位尺度表示的利润率向用货币表示的均衡利率的转化问题。另一方面,斯拉法的体系则表现为将生产的技术系统转化为生产的价格系统的一整套做法。在这两种情况下,平均利润率的存在都是分析的出发点,也是分析的真正主题。正如德赛所说:"每个经济学派都有自己的转形问题"(Desai,1988:303)。此外,在斯拉法眼中,再转换和逆转现象又一次要求我们对一种可以识别资本劳动比不同的资本价格变动根源的方法做出明确规定。在这里,他又碰到李嘉图的问题。斯拉法的解决方案是建立一套标准体系。在这套体系里,产品由在其生产中使用的与之等量的物品组成,这样就要从理论上创建一个生产部门,该部门的资本有机

---

① 斯拉法建议,有时用有时期的劳动量来代替价格体系,有时用这种商品所需要的劳动量来代替标准商品(Sraffa,1960:§43)。但在这两种情况下,他都被迫假设产品理所当然地在利润和工资之间进行分配,就像庞巴维克计算一件商品的平均生产周期时那样。

构成(不变资本与可变资本的比率)和社会平均水平相同(Meek,1973:xli)。

但是,李嘉图对这个问题所做的一项仔细分析表明,他之所以要去找一个不变的价值尺度,是为了克服由于把工资定义为劳动的价值,从而把活劳动等同于工资而引起的矛盾。我们在前面已经提及李嘉图反对斯密的可支配劳动论。根据李嘉图的说法,即使谷物所需的劳动数量总是相同,但这并不能让它成为合适的价值尺度,因为例如说工资的增加会带来谷物价格的上升,毕竟后者构成了劳动力消费的主要部分。然而,它不会导致其他商品价格的相应上涨,而只是导致利润减少(Sraffa,1951:xxxiii)。斯拉法在他为《原理》(*Principles*)撰写的简史中指出,李嘉图在寻找一种类似于斯密的谷物那样的标准商品,但贝利(Bailey)早就一针见血地批评指出,标准商品本身并不是一种价值(Marx,1989b:320—5)。在《原理》第一版中,李嘉图选择货币作为标准商品,因为他错误地假定,黄金的生产不需要投入固定资本,而且以工资形式预付的资本周转时间是一年。在这种情况下,工资增加会导致一切用货币表示的商品价格下降。但马尔萨斯提醒他有周转时间低于一年的生产部门这种情况(Sraffa,1951:xliii-xliv)。因此,李嘉图假定货币为某一个生产部门的产品,其周转时间等于社会平均值。在这一新的基础上,工资增加会导致周转时间低于平均水平的部门生产的商品价格上升。然而,李嘉图仍然坚信谷物绝对是唯一能够代表劳动的商品。如果其价值不会因收益递减发生规律性变化,则它便具有斯密错误地赋予它的同样的作用,也就是说,总是支配同样数量的劳动。实际上,李嘉图并没有指责斯密选了一个不同于劳动的单位尺度,而是认为斯密不该把谷物看作不变的价值尺度。事实上,两人都一致认为劳动不能再充当可靠的价值尺度,因为一方面,对象化在工资中的劳动支配着更多量的活劳动(斯密);另一方面,商品不再按照它们各自的劳动量进行交换(李嘉图)。在李嘉图和斯密看来,有必要重新寻找一个单位价值尺度,这个价值尺度不能再是劳动,因为劳动显然不再度量得了商品的交换比率。就此,马克思指出,

"不变的价值尺度"的问题,实际上只是为探索价值本身的概念、性质所作的错误表述,价值规定本身不再可能是价值,因此也就不会作为价值发生变动(Marx,1989b:322)。

然而,斯密选择了用谷物来解析劳动和资本之间不平等交换的问题。李嘉图则为了有一个"能够将其他任何产品的价格运动隔离开来,以便可以在真空中观察它们"的单位尺度而选择了货币(Sraffa,1960:18)。李嘉图批评斯密的

可支配劳动价值论,只是为了这个问题,并不是因为斯密用劳动价值来取代劳动作为单位尺度。一旦货币取代了谷物,所有的变化都是:"劳动的价值取决于支付劳动的货币的价值!"(Marx,1989b:39)

因此,李嘉图对价值的分析便转向去寻找一个不变的价值尺度,因为他和往常一样,处理的是已经用生产价格来度量的商品的交换关系,即用对一切资本都适用同样的利润率,而不论其中不变资本和可变资本的——或者用古典学派的话说,固定资本和流动资本的——占比如何这样的价格来度量的商品的交换关系。只要把活劳动等同为劳动的工资,斯密那里的资本和劳动之间的交换就变得无法理解。把活劳动等同为劳动的工资同样也解释了李嘉图为什么从一开始就假定存在一般利润率:"因为在一极上劳动力的价格表现为工资这个转化形式,所以在另一极上剩余价值表现为利润这个转化形式。"(Marx,1998:41)正如马克思在写给恩格斯的信中所说,因为

它的无偿部分似乎必然不是产生于劳动,而是产生于资本,而且不是产生于可变资本部分,而是产生于全部资本。因此,剩余价值获得了利润的形式,两者之间并没有数量上的差别。这只是剩余价值的使人发生错觉的表现形式(Marx and Engels,1988:20)。

一旦转化为利润的形式,剩余价值同活劳动的关系就被抹去了,原因有两个:第一,由于新古典主义学说趋向概念化,这就导致工资看起来好像支付了全部劳动的酬劳;第二,正如前文对庞巴维克资本实证论的分析所显示的那样,利润同预付资本的总和有关,而非与不变资本和活劳动的组合有关。但是利润是以平均利润率(新古典主义的均衡利率)的形式实现它对活劳动的完全独立的。根据这种平均利润率,每一种资本,不论其不变资本和可变资本(即死劳动和活劳动)构成如何,都适用同样的百分比。实际上,利润率($s/c+v$)与剩余价值率(s/v)在性质上完全不同,但平均利润只有在与单个资本实际生产的剩余价值相一致时才是均等的。①

但是决定平均利润率的又是什么呢?李嘉图清楚地看到,工资和利润之间存在反比关系,但如何解释所有资本都具有相同的利润率(比如说10%),无论

---

① 由于那时劳动在资本构成中的份额仍然相当重要,所以在古典学派理论中,预付资本视同以工资形式预付的资本。在新古典主义时代,机器获得了相对于活劳动的自主权,活劳动在生产过程中只起附属作用,故而资本专指不变资本。但把资本等同于不变资本也有其理论上的根由。由于资本有机构成随着资本主义的历史发展不断提高,因而越来越有必要对两种生产要素做出明确区分:一种是在生产过程中起主要作用的资本,另一种是不断被赶往生产过程越来越外围的活劳动。

其内部生产资料和劳动力之间的比例或它们的周转时间怎样不同,结果都是这样。当然,整齐划一的利润率是资本自由竞争的结果,这种竞争首先是在各个生产部门内部,然后是在所有部门之间(Marx,1998:179)。但又是什么在操纵平均利润率的水平?从根本上来说,商品价格的变化"只能用它们各自生产所需的必要劳动时间的变化来解释",这一劳动时间决定了价格本身的组成部分利润与工资,否则"平均利润就是无中生有的平均,就是纯粹的幻想。那样的话,平均利润就既可以是10%,也可以是1 000%"(Marx,1988:416)。马克思进一步补充说,一方面,如果想让资本在相等的时间内获得相同的利润,商品的价格就必须不同于价值;但另一方面,价格之和又必须等于价值之和。因此,利润总额必须等于全部资本在一定时期内生产的剩余价值总额。

如果我们不以价值规定为基础,那么,平均利润,从而费用价格,就都成了纯粹想象的、没有依据的东西。各个不同生产部门的剩余价值的平均化丝毫不改变这个总剩余价值的绝对量,它所改变的只是这个总剩余价值在不同生产部门中的分配(Marx,1988:415—16)。

在更高级的社会阶段,商品不再按价值出售,而是按生产价格出售,而生产价格则是由生产成本和平均利润的总和确定的。这样,李嘉图在使自己对相对价格的运动的分析契合上以生产价格为基础的价值定律时,便遇到了困难。在《剩余价值理论》(*Theories of Surplus Value*)一书中,正是对这些困难的分析直接启发马克思创建了价值转化为生产价格的图表。李嘉图的价值分析完全致力于研究分配变化对相对价格的影响。尤其是,李嘉图满脑子都是这样一个事实,即工资的变动以不同的方式改变了使用相同劳动数量但不同固定资本数量的资本的生产价格。马克思对此提出了异议,认为即使在工资不变的情况下,生产价格也必然不同于价值,只有资本有机构成等于社会平均水平的生产部门才会例外。事实上,马克思观察到,李嘉图

根本没有直接提到这样一点:有机构成不同,从而推动的直接劳动量不同的各个资本所生产的商品价值相同,或者说所提供的剩余价值相同(他把剩余价值和利润等同起来),这一现象乍看起来同价值规律是矛盾的。相反,他研究价值是以资本和一般利润率的存在为前提的。他一开始就把费用价格和价值等同起来,而没有看到,这个前提自始乍看起来就同价值规律相矛盾。他首先根据这种包含着主要矛盾和真正困难的前提去考察一种个别情况——工资的变动,即工资的提高或降低(Marx,1989b:261)。

李嘉图关于相对价格运动的分析实际上证明了,"假定工资不变,商品的费用价格如果由同一个利润百分率决定,就必然不同于商品的价值"(Marx,1988:417)。因此,马克思旨在通过价值转化图表来说明并解释一种显然与价值规律相矛盾的现象。

尽管一种商品比另一种商品包含的无酬劳动多——因为在对工人的剥削率相同时,无酬劳动量取决于有酬劳动量,就是说,取决于所使用的直接劳动量——但是它们提供的价值相同,或者说,提供的无酬劳动超过有酬劳动的余额相同(Marx,1989b:261—62)。

转形争论的起因众所周知:在表4—1和表4—2中,马克思将商品的价值转化为价格,但没有谈到生产商品的资本其不变成分和可变成分的价值转化。

表4—1　　　　　　　　　　马克思的转形表

资　本	剩余价值率(%)	剩余价值	利润率(%)	已经用掉的 c	商品价值	成本价格
Ⅰ. $80c+20v$	100	20	20	50	90	70
Ⅱ. $70c+30v$	100	30	30	51	111	81
Ⅲ. $60c+40v$	100	40	40	51	131	91
Ⅳ. $85c+15v$	100	15	15	40	70	55
Ⅴ. $95c+5v$	100	5	5	10	20	15
合计 $390c+110v$	—	110	110			
平均 $78c+22v$	—	22	22			

表4—2　　　　　　　　　　生产价格和平均利润表

资　本	剩余价值	商品价值	商品成本价格	商品价格	利润率(%)	价格同价值的偏离
Ⅰ. $80c+20v$	20	90	70	92	22	+2
Ⅱ. $70c+30v$	30	111	81	103	22	−8
Ⅲ. $60c+40v$	40	131	91	113	22	−18
Ⅳ. $85c+15v$	15	70	55	77	22	+7
Ⅴ. $95c+5v$	5	20	15	37	22	+17

因此,生产价格等于预付资本价值与平均利润之和,而平均利润则是用所有单个利润率的平均值来表现自身的。一方面,这种做法让马克思清楚地给大

家看到价值规律是如何作用于价格的,因为照着这种方法,价值等于价格,剩余价值等于利润;但另一方面,完整的解决方案又要求将不变资本和可变资本的价值转化为生产价格,但马克思本人不赞成这样做(Marx,1998:164)。博特基威茨(Bortkiewicz)正是在这个方面做出了自己的贡献,他的解决办法成为后来所有尝试解决这个问题的努力的基础。博特基威茨的做法是通过转化系数把投入和产出的价值同时转化为生产价格。为了做到这一点,他受马克思简单生产图式的启发,建立了一套方程式。① 这样,简单再生产的约束条件让方程组有且只有一个解。不过,博特基威茨的解决方案还是有一个小缺陷,就是在这个小的缺陷上,足见李嘉图的影响之大。为了做到未知数和方程在个数上相同,博特基威茨用上了部类三的产品,即黄金,从而将所有剩余价值全部转换为生产价格的度量单位黄金。由于该部门的资本有机构成低于其他两个部门,因而其价格的总和实际上高于价值的总和。如李嘉图所言,只要找到一个平均资本构成产生的单位尺度,使价值和价格相等就足够了。不过,用不同于劳动的单位来表达价格,同马克思提出的解决方案是格格不入的——在马克思的解决方案中,价值和价格是用表现劳动时间的货币单位来表达的。另外,将黄金部类排除在利润率的平均化之外在理论上似乎又不合理,因为该部类同所有其他部类一样,也使用不变资本和可变资本。② 经过一段沉寂之后,斯威齐将博特基威茨文章中的部分内容作为附录,编入庞巴维克对马克思方案的批判著作当中(Böhm-Bawerk,1949),从而重新开启了对更加通用的解决方案的探索。在这波探索过程中,塞顿(Seton)提出了他的解决方案。塞顿的文章发表于1957年,本该会一劳永逸地结束这场辩论。尽管他对马克思的理论根据持有极端保留的态度,但塞顿还是提出了一个完全属于数学性质的解决办法,在列昂惕夫定理(Leontief theorem)和佩龙—弗罗宾尼斯定理(Perron-Frobenius theorem)的启发下,用一个生产矩阵将价值转化为生产价格。塞顿的方法只需要用一个先前人们选择的不变性假设,如价值和价格相等(Winternitz,1948)或是剩余价值和利润相等(Meek,1956)。所以,他认为自己的求解是不确定的,因为在他看来,我们无法说明按推测去选择这个假设而不是另一个假设的正当理由。然而,由于他要努力加以解决

---

① 关于对博特基威茨使用简单再生产图式的批评(Kliman and McGlone,1999:56),我们必须回想一下,生产价格概念本身即暗含着资本的纯粹竞争和完全竞争,从而也就意味着静态。一种商品只要供给增加,无论增加多少,都会使它立即偏离其生产价格。

② 有关这一评论方面的情况,参见 Winternitz,1948。

的重点是马克思所关注的问题,因而他很清楚要选择哪个假设。因为问题的核心在于解释剩余价值是如何在有机构成不同的资本之间公平分配的,所以解答必须假设剩余价值总和等于利润总和。一旦选择了不变性假设,塞顿得出结论说,"可获利润率相等原理与任何一个不变性假设相结合,都将完全决定所有的价格……这样就解决了转形问题"(Seton,1957:153)。

事实上,正是塞顿求解的另一个方面引发了政治经济学史上最为一丝不苟的讨论。在塞顿矩阵中,等着转化的投入品和产出品实际上既可以代表实物量也可以代表价值量。因此,倘若有可能直接从一个用技术投入表示的生产系统出发来确定生产价格的话,为什么要绕到一个用价值表示的系统那里去?这样做不仅绕了一个毫无意义的圈子,还可能从价格本身推导出价值(Morishima and Seton,1961)。但是,正如塞顿承认的那样,这个问题超出了数学领域,它涉及"理论上的先入之见,不管对马克思的经济学给出怎样的重新评价,这种先入之见都一定处在中心位置"(Seton,1957:160)。

自萨缪尔森的"擦除与替换"批判(1971)以来,一切都好像劳动价值理论只能从线性代数那里找到支撑似的。人们不仅要求数学针对问题作出解答,甚至要求它去确认问题本身的有效性。直到今天仍在继续的整个第二波大讨论,可以看作为证明绕到价值那里去对确定生产价格如何形成至关重要的一连串尝试。

然而,在最近的研究中,掀起了一股"新解法"倾向(new approach movement),声称要与以往的尝试决裂。"新解法"倾向认为,以往所有这些尝试都有一个共同特点,即假设价值体系和价格体系同时存在,然后将价值体系转变为价格体系(Kliman and McGlone,1999;Kliman,2000)。新解法的反对理由是,生产价格的形成是一个时间过程,因此预付资本的价值必然不同于产品的价格。从这个角度来看,马克思的尝试既没有错误,又没有疏漏。我们只需通过迭代过程引入价值和价格之间的中间环节。新解法当然有自己有意思的地方,它强调了价格形成的动态性,并引入劳动生产率对价格运动的影响。但这些方面和以往的尝试一样,完全调换了转形问题的初始方向。马克思操心的问题,不是要证明价值规律是生产价格的基础。这个问题甚至都不是李嘉图操心的事(Ricardo,1821:74—5)。转形问题的起点不是价值体系,而是平均利润率,这才是不可不加解释的。困难不在于用数学算出价值如何转化为价格,而是只有全部剩余活劳动的平均分配这一项条件,如何才能将平均利润率与价值规律联系起来。

5

合作、抽象劳动与一般智力

马克思对李嘉图的一个重要批评,同样适用于斯拉法和后凯恩斯主义者,那就是他们都假定工作日有一个固定的长度。我们已经看到,李嘉图只是把利润的起源解释为劳动者在工作日内因在资本基础上实现的劳动生产率而产生的物质剩余。李嘉图确实是从劳动者所必需的生活资料的价值出发,以便假定工作日中有一部分是用来偿还这些生活资料的价值的。但正如马克思所论,他从来没有"把工人的工作日的一部分直接说成是用于再生产工人自己的劳动能力的价值的工作日部分"(Marx,1989b:41)。尽管李嘉图把工资放在同利润的对立关系中加以思考因而也把它当作一种社会关系来研究,这一点值得大加称赞(Marx,1989b:54),但这并不意味着某一部分的增长只能以另一部分的损失为代价。因为工作日的长短是可变的,

> 两个部分都可以增长,或者以同一程度增长,或者两者以不同程度增长。一个部分的增长不是以另一个部分的减少为条件,反过来也是一样。这也就是工资和剩余价值两者就交换价值来看能够同时增长,甚至可能以同一程度增长的唯一情况(Marx,1989b:43—4)。

在李嘉图看来,劳动的价值小于它所创造的产品的价值,产品的价值相对于劳动的价值的超额部分就等于利润。但李嘉图从来没有解释这种差距最初是如何出现的。基于此,利润的增加或减少就只能用劳动生产率的变化来解释,因为后者的变化会导致劳动价值的增减。但正如马克思所论,工作日的长

度没有界限,因而剩余劳动也没有界限,这是资本和劳动之间市场关系的结果,在这种关系之下,覆盖着两个等量的劳动时间:包含在工资中的劳动时间和劳动力再生产所必需的劳动时间。撤除身体上和道德上对工作日长度的限制,剩余劳动并不受工资的再生产所必需的劳动的限制,而是受工作日长度(绝对剩余价值)的限制,这是由资本家和工人两大阶级之间的直接斗争决定的(Marx,1996:243)。由于忽视了工作日长度对利润之起源的剩余劳动的限制,李嘉图同时也忽视了"资本具有追求缩短必要劳动时间的内在欲望",因而从生产力发展的角度来看忽视了"资本在历史上的合理性"(Marx,1989b:41)。

由于提高劳动生产率的技术和组织手段缩短了劳动力再生产所需的劳动时间,因而它们相当于获取相对剩余价值的方法,并从属于劳动过程(Marx,1996:317—26)。此外,由于获取相对剩余价值的方法涉及生产过程的效率,因此我们必须分析由生产领域的资本代表即管理者来管理和控制的、以具体活动的形态展开的活劳动。

由于资本主义生产方式依靠的是私人占有社会生产条件,所以它是通过剥削结合在一起的劳动来生产剩余价值的,马克思把相对剩余价值生产的方法看作由资本经营的合作的历史形式,通过这种形式,社会劳动的全部生产力都被资本占有并表现为资本的生产力。以往人们常常强调,这种占有会导致工人劳动的真正抽象化。但在马克思那里,这一过程同劳动的内容没有关系,它涉及的是劳动的形式。工人的劳动如果只是简单的、去技能化的,就不会成为抽象的活动(1),但当它失去可以独自生产使用价值的能力后,就会成为抽象的活动。故而,随着工场手工业时代的到来,工人的劳动全然十分抽象,在这里,单个工人完全依赖于技术上的分工(2)。由于从这一刻起,生产的集体状态便在技术方面同单个工人对垒,故而工场手工业为现代工业时代的到来做好了准备,后者用机器取代了人力劳动,最终完成了劳动的转型。从那时起,活劳动的抽象化意味着机器在客观上使工人必须彼此合作、共同劳动。因此,具体劳动抽象化的生成就表现为劳动过程社会化的历史。一旦我们把泰勒制当作建立在机器基础上的工人集体管理原则来加以分析(3),它就不再仅仅表现为一种控制和碎裂单个劳动的方法,而是具备一种贯穿于从严格意义上的泰勒制直至后福特制时代的深刻的连续性(4)。

一般智力实际上是固定资本的发展同社会交往相结合的产物,是上述历史的产物,因此认知劳动的新颖之处同它的具体内容或主题(符号、语言、情感等)

关系不大(5),其新颖的地方更多涉及的是由它发展起来的同私有财产制度相矛盾的高级合作形式(6)。

5.1 布雷弗曼对抽象劳动和分工的看法

直到20世纪70年代,马克思主义劳动理论一直认为工业劳动过程的演变历程是一个系统性毁损工人能力,并代之以越来越简单的、越来越无需特别技能的任务的连续过程。这一过程在泰勒制科学管理原则中得到了全然有意识的表达。布雷弗曼识别了科学管理的三个基本原则:使劳动过程和工人的技术分离、使构想和执行分离,以及利用对知识的垄断来控制劳动过程的每一个步骤及其执行方式(Braverman,1974:111—21)。在布雷弗曼看来,这些原则不应被视为具体的泰勒制和福特制管理方法,而是生产过程中资本和劳动之间一般关系的表现。当然,在福特制时代之前,这些原则的天然应用领域的确一直都是被钉牢在自己工位上的个体工人,流水线可能是劳动过程中唯一没有固定不动的移动与流动部分。因此布雷弗曼倾向于把摧毁工人的技术与能力看作科学管理的目的。科学管理不顾一切寻求提高单个工人的生产率,以致任务简单化、去技能化的过程似乎构成了泰勒制原则的唯一基础。因此,在布雷弗曼看来,资本主义的整个历史可以被理解为一系列连续不断的阶段,在福特制的鼎盛时期,走到了简单的、无需技能的劳动一般化的阶段,他将这种简单的、无需技能的劳动精确地称为真正的或具体的抽象劳动。

为证明这一看法,布雷弗曼打算从他自己的工人的亲身经历那里以及通过对若干工业部门进行详尽的大规模调查拿到经验证据。在仔细考察了把时间标准和动作标准强加在工人的劳动活动上面的方式后,他得出结论:

这样按照动作类型来机械地运用人的官能(研究动作类型时,不管做的是哪一种工作),就使马克思的"抽象劳动"这一概念变得栩栩如生。对劳动具体形式所作的这一抽象——用马克思的话来说,就是简单的"一般人类劳动的耗费"——是马克思用来阐明商品价值(按体现在商品中的这种一般人类劳动计算)的方法。我们看到,这种抽象不但写在《资本论》第一章的纸上,而且资本家、管理人员和工业工程师心里也这样想。资本家、管理人员和工业工程师孜孜以求的(这也是他们擅长的),正是不把劳动看作人的全面努力,而是把它看作劳动的一切具体性质的抽象形式,以便把劳动理解为一般的、无休无止的重复的动作:这些动作的总量同资本所购买的其他东西——机器、材料等——结合在一起……。以种种标准化动作型式为形式的劳动,是作为一种可以互换的部件来使用的劳动,这种形式的劳动在实际生活中越来越符合马克思分析资本主义生产方式时所使用的那种抽象(Braverman,1974:181—2)。①

D. 斯宾塞(D. Spencer,2000)正确地指出,布雷弗曼对资本主义制度下劳动的去技能化过程的看法并不片面单一。实际上,布雷弗曼并没有忽视以下一点,即工业在发展过程中会出现再技能化时期,这种再技能化既有劳动过程中自发产生的,也有来自深思熟虑的管理计划。然而,工业变革的这些具体方面并没有改变布雷弗曼的基本思想,即资本主义对劳动过程的控制导致工人的专门技术被系统性铲除,因此在他看来,通过去技能化使劳动力贬值的巴贝奇原理(Babbage principle)(Babbage,1832)"成为支配资本主义社会各种劳动的基本力量,不论这种劳动的背景是什么,也不论是处于什么等级"(Braverman,1974:82)。② 由于布雷弗曼将工场手工业看作去技能化历史进程的起点,故而他将机器时代盛行的简单的、去技能化的劳动定义为真正的抽象劳动。

5.2 工场手工业时代具体劳动的抽象化过程

为了阐明《资本论》中具体劳动的抽象化过程的含义,我们必须注意,马克思已经预见到机器发展的复杂性及其相对于劳动力的潜力。在回顾了资本主义现代大工业给劳动力带来的屈辱灾难之后,他立即接着说:

但是,如果说劳动的变换现在只是作为不可克服的自然规律并且带着自然规律在任何地方遇到障碍时都有的那种盲目破坏作用而为自己开辟道路,那么,大工业又通过它的灾难本身使下面这一点成为生死攸关的问题:承认劳动的变换从而承认工人尽可能多方面的发展是社会生产的普遍规律,并使各种关系适应于这个规律的正常实现(Marx,1996:490)。

马克思在这里思考的多面性,也许同资本主义生产的狂热而混乱的演变所涉及的劳动方式的迅速变化以及这种变化被强加于工人的生活之上有关。然

---

① 中译文源自(美)哈里·布雷弗曼著:《劳动与垄断资本》,方生等译,商务印书馆1979年版,第161—162页,根据原引文做了一定幅度的改动。——译者
② 中译文源自(美)哈里·布雷弗曼著:《劳动与垄断资本》,方生等译,商务印书馆1979年版,第76页。——译者

而,工人有可能发挥众多不同的技能或接受不同类别的劳动过程,则意味着机器的存在,从而也意味着传统工艺的毁灭。

自动工厂中分工的特点,是劳动在这里已完全丧失专业的性质。但是,当一切专门发展一旦停止,个人对普遍性的要求以及全面发展的趋势就开始显露出来。自动工厂消除专业和职业的痴呆(Marx,1976:190)。

实际上,资本对应用科学与技术的直接依赖——正是这一点使现代工业有别于以往生产的技术方式——需要一种全方位的适应性做支撑,这种适应性在工场手工业时代是隐没不见的:

大工业还使下面这一点成为生死攸关的问题:用适应于不断变动的劳动需求而可以随意支配的人,来代替那些适应于资本的不断变动的剥削需要而处于后备状态的、可供支配的、大量的贫穷工人人口,用那种把不同社会职能当做互相交替的活动方式的全面发展的个人来代替只是承担一种社会局部职能的局部个人(Marx,1996:490-1)。

现代工业以让人窒息的速度不断破坏生产的方式,将不安全、不稳定的生活强加在工人头上,摧毁他们获得的技能,并让劳动分工在社会层面上的旧有缺陷卷土重来。另外,这些破坏引发了工人史无前例的多面性、流动性和灵活性,并逼迫他们去履行不断变化的职责。因此,劳动过程中的每一次技术革命都成为劳动经济学家和劳动社会学家的遗憾之源,因为他们看到,资本主义生产从未充分发挥技术革命实现人的解放的潜力(Friedmann,1946;Braverman,1974;Shaiken,1984)。但是,由于劳动过程将科学和技术纳入自身当中,因此,它还是推动了工人去习得和实践一种技术文化,尽管是以抵触的、异化的方式去这么做。

因此,要理解马克思给现实抽象的过程赋予的含义,需要对历史上生产的技术方式做一个简短的考察,以便了解资本占有这些社会维度的劳动并逐步把个别的具体劳动转化为具体的抽象劳动的不同途径。

为突出资本是如何开始按照自身的需要改造劳动过程的,我们必须回溯到工场手工业的生产方式,因为马克思第一次使用"抽象"这个词就是用来描述工场手工业劳动的。马克思解释说,这一阶段生产率的提高以及整体劳动的复杂性的上升

所花的代价,是把执行每一种特殊职能的劳动能力归结为枯燥的单纯抽象,归结为某种简单的质。这种质表现为始终如一的、单调的同一动作,工人的

全部生产能力、他的种种才能都为了这种质而被剥夺掉(Marx,1988:227—8)。

这样,分工就把复杂的手工劳动分割成简单而片面的操作,并将它们分配给各个工人,从而使工人不得已接受整体生产过程中某个单一的活的职能。这样就产生了抽象过程——布雷弗曼将其归于现代大工业中劳动分工的发展。

但是,工人劳动的相对去技能化或者说简单化显示分工的另一个更加基本的方面,工场手工业劳动的抽象性就建立在这个更加基本的方面的基础之上。首先,工场手工业中被简单化的不是劳动本身,而是劳动所承担的职能。将劳动缩减到一个单一的职能,就需要使劳动操作简单化。然而,工场手工业劳动的主要特征并不在于其简单性,而是其专门化。简单性不等于专门化,这里的依据是,工场手工业仍然是以工艺为基础的,而这确实限制了以后劳动生产率的发展。工场手工业,无论是复杂还是简单,总归

仍然是手工业性质的,因而仍然取决于每个工人使用工具时的力量、熟练、速度和准确。手工业仍旧是基础。这种狭隘的技术基础使生产过程得不到真正科学的分解,因为产品所经过的每一个局部过程都必须能够作为局部的手工业劳动来完成(Marx,1996:343)。

此外,工场手工业的技术基础解释了工人在全球生产过程中为什么只承担一部分职能(Marx,1996:343)。所以说,具体劳动在工场手工业中变得抽象,不是因为它需要更多的技能,而是因为它需要一种与工场手工业所有其他的局部劳动相结合的技能:当工人失去了个人的整体生产力时,即当单个工人不再能够单独生产可交换形式的使用价值时,具体劳动就变得非常抽象了。正如 S. 马格林(S. Marglin)指出的那样,资本就这样增强了它对劳动力的控制(Marglin,1974)。[①] 在生产的早期技术方式(合作)下,工人不得不将自己的劳动力出售给资本家,原因很简单——后者占有劳动所需的物质条件。但是,劳动的形式没有改变。生产力的提高主要是由生产所需的物质条件和从事同样工作的工人两者的积聚带来的。另外,在工场手工业当中,工人必须出售自己的劳动力,因为他/她现在被剥夺了自身劳动力生存下去的条件。事实上,工场手工业时代代表着向马克思所说的"劳动对资本的实际上的从属"(Marx,1994:428—9)迈

[①] 在他那篇关于资本主义生产中等级制度起源的著名文章里,马格林试图展示工场手工业分工怎样加深了工人对资本家的依赖、怎样使工人受到资本家的控制。但这种依赖和控制并不是工场手工业的首要目的。它们是劳动过程发生转变的结果,是受增加绝对剩余价值和相对剩余价值的客观必然性引导的。这一目的始终都是改变生产方法的决定性因素,因而也是改变包出制(putting out system)生产的决定性因素。

出了决定性的一步。

起初,工人因为没有生产商品的物质资料,把劳动力卖给资本,现在,他个人的劳动力不卖给资本,就得不到利用。它只有在一种联系中才发挥作用,这种联系只有在它出卖以后,在资本家的工场中才存在。工场手工业工人按其自然的性质没有能力做一件独立的工作,他只能作为资本家工场的附属物展开生产活动(Marx,1996:366)。

从那时起,资本家不但占有了工人劳动的客观条件,而且从根本上占有了让其劳动得以继续成为劳动的条件。在这种情况下,工人还是工人。与生产的纯然客观的社会条件相对,马克思将这些条件定义为"主体劳动的社会条件"(Marx,1988:279),并指责斯密没有认识到这种转变的性质以及将其同社会分工相混淆(Marx,1988:266)。工场手工业的分工区别于社会分工的地方在于,虽然说科斯的企业理论(1937)将工场手工业分工设想为一种可供选择的协作模式,但单个工人不生产商品,并且被迫出售自己的劳动力,以继续做一个工人:

使牧人、皮匠和鞋匠的独立劳动发生联系的是什么呢?那就是他们各自的产品都是作为商品而存在。反过来,工场手工业分工的特点是什么呢?那就是局部工人不生产商品(Marx,1996:360)。

确切地说,在工场手工业的劳动分工下,单个工人以牺牲自己的劳动为代价,促成了"总体工人"生产力上的富有。"在工场手工业中,总体工人从而资本在社会生产力上的富有是以工人在个人生产力上的贫乏为条件的"(Marx,1996:367)。所以,马克思注意到,在工场手工业中,无论工人的技能水平如何,应用在劳动任务上的技能的层次体系极其广博(Marx,1996:372),每个工人都不再单独生产商品,他只是构成为工场的整个系统的单一的活的部分。

随着分工的发展,任何个人的劳动产品都消失了(当劳动只是在形式上从属于资本的时候,这种个人的劳动产品还完全有可能存在)。完成的商品是工厂的产品,而工厂本身则是资本存在的方式(Marx,1988:291)。

因此,生产的客观条件与为工场手工业所特有的工人之间的对立,是建立在资本主义占有个别劳动的主体条件的基础上的,也就是说,没有这些条件,单个工人就不能再被看作劳动者。工场手工业分工移去了工人的个人生产力,从而把活劳动转化为一种抽象的活动,转化为一种承担局部职能的纯粹的劳动支出,其在整个生产过程中的运用只能与作为总机构的工场所生产的商品相连接。基于这一变化,机械化或自动化工厂的性质便清楚地显现出来。正如黑格尔所言,机器出现的契机就蕴含在工场手工业之中,因为"生产的抽象化使劳动越来越机械化,到了最后人就可以走开,而让机器来代替"(Hegel,1820:233;另见 Ferguson,1966:182－3;Sismondi,1971:282)。① 但是,无论工场手工业的分工多么机械,将所有个别劳动进行整合后仍然属于主体劳动,工场手工业的社会性或者说总体性是单个工人结合到一起的结果(Marx,1996:389)。工场手工业是以全体工人彼此合作的主体条件与单个工人的抽象劳动之间的对立为基础的,机器时代则将把这种对立转换成作为社会集体产品的机器同劳动力之间完全客观的对立。

5.3 以机器为基础的资本主义生产和泰勒制诸原则

　　就生产的技术方式的演变而言,工场手工业对应着这样一个关键时刻,在这个时候,劳动力发生了这样的变化,即在被管理者霸占的集体劳动状态之外,个别劳动不再具有生产性。由于工人不再单独生产商品,这样就满足了用机床取代活劳动的条件。换句话说,工场手工业之后,接下来的发展只牵涉到工人使用工具的形式,而与活劳动的内容不再相干。因此,一旦机器取代了工具,使生产过程从手工工艺中解放出来,工人就为机器所使用,而以前则是工人使用工具。即使机器是以人力为动力,工人也要受制于机器本身的运动,这与手工工具的运动完全不同。正如密歇根州的兰辛奥兹莫比汽车公司(Oldsmobile Lansing)的一位技工所言:"在我以前的工作中,由我控制着机器。在现在的工作中,则是机器控制着我"(转引自 Shaiken,1984:130)。从此以后,生产过程不再依赖于工人的自然运动,而是要依赖机器的客观运动,工人必须使自己的活动适应这种运动。

　　此外,在机械化或自动化工厂,工人的合作并不取决于劳动任务本身的性质(这些劳动任务是由机器来完成的);相反,这些劳动任务的内容倒是取决于机器本身的运行状况。在机器体系中,现代大工业具有一种纯粹对象化的生产结构,在这种结构中,劳动者仅是一套业已存在的物质生产条件的附属物。因此,一旦机床把工人同他的对象分离开来,并分配他去从事机器的维护、校准或控制工作,活劳动就立即成为一种社会化的合作活动。

---

① 中译文源自(德)黑格尔著:《法哲学原理》,范扬、张企泰译,商务印书馆 2017 年版,第 239 页。——译者

大工业劳动和工场手工业劳动的基本区别就在这里。在工场手工业及协作制中,单个人的劳动任务有时可以保持自主性,仅同其他任务保持外部联系。这在由很多不同种类生产者组成的工场里尤其如此。以马车工场为例,在那里,人们将互不相连的局部劳动的心血聚合在一起,生产出马车这件商品(Marx,1996:341)。所以马具匠即便与镀金匠和木匠一起合作生产四轮马车,他仍然是自主的,因为他可以作为一个独立的工匠参与马车的生产,向马车制造商出售马具。当然,分工越细,劳动者之间的相互依赖就越强,从而使他们的劳动越来越抽象。但在现代大工业中,这种相互依赖是由机器本身即刻强加上去的。在这种形式的社会生产过程中,"单个人的劳动在它的直接存在中已成为被扬弃的个别劳动,即成为社会劳动"(Marx,1987a:95),因为机器"只有通过直接社会化的或共同的劳动才发生作用"(Marx,1996:389)。

机器一旦取代手工工具,资本主义生产便呈现出两个独有的特征。第一,机器介入工人和劳动对象之间,并成为前者的代理,这样便淘汰了大量直接的活劳动,因此,"劳动表现为不再像以前那样被包括在生产过程中,相反,表现为人以生产过程的监督者和调节者的身份同生产过程本身发生关系"(Marx,1987a:91)。从此以后,掌管价值和财富生产的,总的来说,不再是工人的直接活动,而是整个社会体的活动,整个社会体对环境的理解和控制被部分对象化在机器体系之中。第二,在现代工业中,单个劳动过程的分配与协调都是由机器体系的形式规定好的,尽管在一个给定的系统中留给劳动管理方式的自由空间大小不一(Marx,1987a:389)。事实是,机器体系限定了这些劳动管理方式的范围和内容,而在生产中,个体的活劳动形式又规定着工人的合作方式。机器体系按照技术要求,在领班、工程师、机械师等(负责校准、维护、故障排除)和直接操作机器的工人之间,同时也在这些机器工人和工作岗位降级为辅助职能的非熟练工人之间进行新的劳动分工。

但以机器为基础的生产实际上产生了更具深远意义的分工,即构想和执行的分工(Braverman,1974:114)。两者之间的这种分离来自生产资料同活劳动之间关系的颠倒。在这种颠倒的关系中,工人不是在使用工具,相反,是在被工具本身使唤:"在工场手工业中,工人是一个活机构的肢体。在工厂中,死机构独立于工人而存在,工人被当作活的附属物并入死机构。"(Marx,1996:425)因此,资本主义生产所特有的死劳动对活劳动的统治只有借由机器才能获得确切意义上的有形存在。

变得空虚了的单个机器工人的局部技巧,在科学面前、在巨大的自然力面前、在社会的群众性劳动面前,作为微不足道的附属品而消失;科学、巨大的自然力、社会的群众性劳动都体现在机器体系中,并同机器体系一道构成"主人"的权力(Marx,1996:426)。

但机器通过消灭工人的直接劳动,的确有助于形成一种与泰勒制工人的碎片劳动截然相反的劳动内容和劳动方式。正如我们所看到的那样,机器制造了流动、多面的工人,对他们来说,劳动已经失去了所有专业特性。由新的劳动管理形式引起的去专门化和再技能化过程,将机器本身理论上的潜力变成了现实,因为

机器生产不需要像工场手工业那样,使同一些工人始终从事同一种职能,从而把这种分工固定下来。因为工厂的全部运动不是从工人出发而是从机器出发,所以不断更换人员也不会使劳动过程中断(Marx,1996:424)。

然而,在现代大工业中,分工相对遭到排挤[①],仍然是建立在活劳动绝对依赖机器体系对它提出的职能要求的基础之上的。

无论机器发展到什么阶段,无论劳动管理形式如何,不消说,同时使用许多工人,因而从所使用的生产资料的社会性质中产生的劳动过程的协作性质,意味着"技术发展到某一关头,由于纯粹的客观原因,除了通过集体劳动组织开展生产外,完全不可能以另一种方式开展生产,无论生产关系形式的其他方面如何,都是如此"(Nagels,1974:65)。作为个体的劳动力一旦踏入生产领域,就转变为管理部门按照它们作为劳动工具所应具备的条件对它们加以协调和控制的单个的整体劳动力。在每种情况下,目的都是保证生产过程中的规律性、连续性,将生产过程拉到满弓状态。在泰勒时代,体力劳动仍然主导着机械化生产,科学管理必然要求"把机器工人转换成一个不动脑筋、机械行事的人,以便其同他的设备相配,能跟得上他的设备"(Landes,1969:323),这意味着工人的专门知识的系统性无效与各种将单个任务标准化和规范化的方法创立,这就导致在各个工位上执行任务的工人之间的合作采取了纯粹的职能形式。这种职能性的外部合作使得劳动社会学把去技能化的、重复性的沉闷劳动等同于泰勒制本身。劳动社会学于是错误地在特定的管理方法与科学管理(Scientific Management)的基本原则之间画上了等号。然而,资本主义生产史上的泰勒时

---

① 这是相对工场手工业而言的。——译者

刻同劳动管理的特定形式无关，不是对应于技术发展的某个特定阶段，而是基于对机器生产的集体劳动管理原则的阐述和界定。

泰勒诚然设计了一整套建立在对任务的分析与分解以及对职业劳动者时刻警惕，竭力不使外泄的技能的占有基础上的管理与控制体系，但泰勒本人并没有将他的这套体系看作一套有效的程序，也不认为这是一项时间动作研究(time and motion study)。他一直声称，时间动作与任何形式的劳动分工都没有任何关系(Veltz,2008:62)，这种思想在当时已经非常先进。人们不得不认真对待他那看来天真幼稚的要改变资本主义工厂内部思想状态的意图。要获得高度分工状态下机器工人的配合，只制定一套奖励与报酬机制还不够(Taylor,1911:17—22)。泰勒首先思考的是如何将资本的专制从所有形式的个人权威中解脱出来，并将其建立在纯粹的客观约束之上(Vatin,2009:132)。只有这些"技术"限制才能激发工人的积极性和主动性。但是，这种管理只有到生产资料支配活劳动并给其规定条件的阶段才会出现。让泰勒成为杰出的资本主义劳动管理思想家的，与其说是他阐述了具体的管理方法，不如说是他阐述了机器处在客观存在的支配地位的情况下劳动所贯彻的基本原则。泰勒为资本带来了适应自动生产过程的资本主义管理框架，让它从工人的自然阻抗、管理者的任意武断和股东对收益的贪求中摆脱出来(Pouget,1998:32 and 43)，或者换一种说法，从凌驾在劳动之上的资本权力牵涉到的任何社会关系中摆脱出来(Freysenet,1984:324)。[①]

布雷弗曼阐明的泰勒制原则只有在对象化在机器中的资本同活劳动的这种一般关系当中才会有效：劳动过程与工人的专门技术脱离联系并实现自主，执行工作同构想工作相分离，以及管理层独占知识以控制劳动过程的每一个步骤。这些原则也许同泰勒制、福特制乃至后福特制下科学管理对个体工人发动的进攻分不开。但是，时间与动作研究、标准化任务的规定和劳动时间的严格分配本身需要作为集体劳动管理的特殊形式来分析。资本主义管理的基本对象始终都是集体劳动组织，其目的是保持与活劳动有关的生产过程的连续性、一体化和自主性，以及对被纳入机器体系的活劳动的控制。一旦把握了涉及社会化劳动的泰勒制诸项原则，泰勒制就不再仅仅表现为一套特殊的个人劳动管

[①] 引入标准时间表(其中 TMS 最有名)，往往不是为了提高劳动生产率，而是用通过科学的方式预先确立的时间值取代计时员的判断，因为对工作节奏的判断"确实是所有争议中最重要的一点，标准表格可以让计时员避免与工人发生冲突"(Hatzfeld,2005:69)。

理方法。在当代各种各样的劳动形式下,这三项原则对以资本主义方式使用的集体劳动力的管理依然具有启示意义。即便在以信息通信技术(information and communications technology,ICT)为基础的生产——从它涉及对社会知识的占有这方面来看,以信息与通信技术为基础的生产代表着资本主义的历史迈上了一个新台阶——中,也是如此。

5.4 后福特制下的泰勒制

集体知识被占有其实始于工场手工业时代。工场手工业最初是由一大批具有不同传统、不同工作方式和不同本领的工匠构成的。但系统性的分工很快就使这些多姿多彩的手工生产群像土崩瓦解,将手工生产的活工具(living organs)固定在劳动过程的某个专门部门。这些碎片工作结合在一起,就产生了一种外在于工人的整体技能和集体经验(collective know-how),并把工人个别劳动的主体形式强加在他自己身上(Marx,1988:280)。

机器系统取代人工手段产生了两大相反的结果:一方面,它加速了工作任务的专业化,从而加速了不同熟练工人之间的分工。"过去是终生专门使用一种局部工具,现在是终生专门服侍一台局部机器"(Marx,1996:425)。另一方面,机器解放了人类的手和脑,有利于基于监管、监控、维护等联动执行的即时合作。不过,马克思所期望的这种合作方式只是最近随着计算机数控机床的问世才出现。不管怎样,一旦劳动过程始于机器而不是工人,像工场手工业那样对任务进行固定分工的必要性就被抑制了(Marx,1996:423-6)。即使在机器上工作的工人不再发挥针对碎片化任务的专门知识和技能,还是会出现若干工人一道执行类似任务并在劳动过程中互换角色的情况。今天发生的一切就好似后福特制用基于局部知识和个人经验的劳动分工取代了基于局部职能的劳动分工。自动化和死劳动愈益主导生产过程,从劳动者的活动中产生的技能就愈益至关重要,正规技能的作用就越小。更普遍地说,自动化、柔性生产和要求工人具备的所有不同于以往的新型能力,改变了剥削的形式,并要求用新的形式来应用科学管理的基本原则。

众所周知,利用信息通信技术开展的团队协作导致对活劳动的直接控制有所放松。如今管理的对策已不注重手段和程序,而是注重要达成的结果和目标(Veltz,2008:84)。再加上在工资和职业发展空间方面对工人差别对待,团队协作管理刺激了工人之间的竞争,并逼迫他们把生产过程开始之前规定的目标内化于心(Durand,2004)。人们已经从对执行类工作进行纪律控制转向一种远距离模块化控制,这种控制更多地关注个人的奉献和他们活动的结果,而不是活动本身:

虽然团队协作看上去像是管理层向员工放权,但它实际上增加了授权方的权力。例如,管理层通常授权团队负责生产线上团队成员的工作部署,但团队必须调度自己可用的人力资源来完成上面设定的生产目标。……在更广泛的层面上,来自同级的压力可以抑制阶级冲突,激发同级个人之间的竞争与冲突,从而增加授权机构(管理层)的权力(Garrahan and Stewart,1992:113)。

人们同样注意到,参与式管理也是训诫性质的,目的是让工人将公司的约束、价值观和目标内化于心:"作为规范控制机制,质量控制圈(Quality Control Circles,QCCs)旨在提升个人责任心,促进对工人的评价和加强对领班的培训。质量控制圈的这三个目标分别建立在间接管理控制的三个过程即规范、监督和选拔上。"(Raz,2002:86)然而,这些新的职能暗含着一种生产关系,在这种生产关系中,个人知识的交流和沟通占据了主导地位。如果对他们的劳动的占有方式没有发生改变,又没有集中在工人的集体经验上,就不要期望工人会将公司的文化和目标内化。"质量圈"的新颖之处一方面在于有条不紊地去组织和调动工人的创造能力,另一方面在于认识到工人的实际经验的集体性质的重要性(Chanaron and Perrin,1986:35)。尽管管理层堂而皇之追求的目标是让工人参与组织生产过程,但参与式管理加深了构想和执行之间的分离,直接通过计算机进行辅助管理(Chanaron and Perrin,1986:39)和间接通过记录、分析与结合工人们自己交流的个人知识(知识管理)——这样就使"那些从事思考和构想的管理人员能够鼓动传统操作人员,形成一股集忠诚、主动、创新和积极建言献策为一体的巨大力量"(Chanaron and Perrin 引述的一位管理人员的话,1986:30)——均是如此。

此处的关键问题正是泰勒念兹在兹的问题,也正是这个问题启发他找到了自己的方法——提高生产过程的连续性、规律性和强度。泰勒当年可以通过将工人变成一架纯粹的自动操作装置来达到这个目标。如今,工人越是有创意、越是心灵手巧,从个人知识的结合中产生的集体技能就越能支配工人,并迫使其承担额外的工作。工作方法部门(methods department)和工厂之间的界限越模糊,管理层和工人之间的交流就越直接,集体知识就越能扩大管理层专横对待工人的权力。

5.5　认知资本主义中的抽象劳动

从20世纪70年代中期开始,自福特制积累体系出现危机(Boyer,2004:73)[1]以来,信息通信技术开始在劳动过程中发挥辅助作用,并开始改变管理方式,从而极大地改进了劳动。采用由计算机辅助工作的机器意味着:一方面,以前由活劳动执行的生产操作,现在由可编程的自动装置来处理;另一方面,机器人展现了一个由主机管理的综合系统,从而让所有生产部门之间更加平衡。构想类劳动和执行类劳动分离的原则虽然继续适用,但从此之后该原则对工人提出了具备新技能、新能力和多面性的要求,这样就部分推翻了上文所叙布雷弗曼的劳动的去技能化和简单化的见解(Bell,1976;Piore and Sabel,1986;Kenney and Florida,1993)。

在《帝国》(*Empire*)一书中,奈格里和哈特也把后福特制下的活劳动称为抽象劳动,但赋予了抽象劳动不同的内容和含义。信息通信技术在劳动过程中的使用,以及工人同劳动对象和直接劳动工具之间的距离越来越远,已经将劳动转变为一种非物质的、同质的精神活动:脑力劳动似乎已经取代了体力劳动。由是,与传统工具不同,计算机"就像一件万能工具,或者更确切地说,就像一件核心工具,所有活动都可以通过它来完成。由于生产的计算机化,劳动由此趋向于一种抽象的劳动形式"(Hardt and Negri,2000:292)。

既然劳动总的来说产生于人类对自然的反射与中介关系,认知劳动的特殊性又怎么可能在于其智力内容或者它与物质之间的关系呢?如果哈特和奈格里把认知劳动看作一种抽象活动,这一观念就只能同该种劳动的形式相联系。它只能意味着劳动已经直接变成了合作劳动,变成了按照劳动对象的要求而不是像制造业那样按照机器的要求而共同实现的劳动。但是,合作是资本主义生产的一般特征,由于资本总是以不等价的方式占有由合作产生的社会劳动生产力,因此认知劳动的独创性就只能与构成知识经济客观基础的特定基本条件的出现有关。

事实上,构成为知识经济中固定资本形式的信息通信技术,其特殊的性质

---

[1] 危机影响到生产方法的效率(非有效工时、生产线僵硬刻板、工位间的平衡问题),也影响到劳动管理(人员流动、粗心大意、无故旷工)。

确实要求我们对生产资本的经济分析做出调整。生产过程中资本和劳动的关系不能只限定在孤立的企业所拥有的生产资料方面。随着信息通信技术的普及,固定资本从此已经扩展到整个社会空间。个中原因,不仅在于企业同让知识生产和知识传播得以实现的通信与信息的技术结构勾连在一起,还在于信息通信技术行业本身就是在资本的羽翼下发展起来的。这一领域的巨大发展就是马克思所说的一般生产条件的历史上的一个关键时刻(Marx,1986:455)。直至不久前,电信、水务、能源、运输等行业的发展靠的都是公共投资,这在极大程度上是因为这些行业的生产需要大量资金,但最重要的原因是,它们的盈利能力弱,至少是短期盈利能力弱。如今情况已不复如此。自20世纪90年代开始,这些部门已经迈上了大规模私有化的进程,个中原因在于信贷系统的扩张和劳动生产力的发展。这个新的私有化领域标志着一个历史转折点的到来,意味着资本已经抵达最高发展阶段,因为它已经超出了个人需要领域,渗透进集体需要——别人同样都需得到满足的需要——的领域。当前针对资本的这些新尝试而开展的所有社会抗争,以及最近关于公有部门的经济学讨论,均须被看作资本主义渗透到这些领域的直接后果。

5.6 马克思所认为的一般智力的两种形式

因此,在资本主义史上,知识的发展和占有绝非出自偶然,而是与资本日益加强对物质生活再生产过程的统治相吻合。正基于此,我们必须把知识经济作为总的资本与知识关系的一个历史阶段。这一阶段实际上始于机器时代,就是随着固定资本的发展而来的(固定资本是资本的最适当形式)(Marx,1987a:84)。我们已经看到,随着机器的出现,死劳动和活劳动之间的对立便采取了一种完全有形的形式。在这里,活劳动面对的是整个社会的劳动与知识的产物——机器这样一支独立的社会力量——并受其支配。但在今天,认知资本主义初看起来似乎与以前的资本主义阶段迥然不同,因为社会知识作为一种劳动生产力是同活劳动直接联系在一起的。在这个生产从属于一般智力的新阶段,活劳动激活了许许多多种隐性能力,这些几乎都是正式的知识、经验和认知能力,它们不属于个人的正式技能的一部分,创造了无法用直接的必要劳动时间来加以衡量的财富。

保罗·维尔诺(Paolo Virno,1992)在一篇开创性论文中对《大纲》(Grundrisse)中的一般智力做了一个系统分析,他的结论是,马克思不可能知道一般智力的这一终极阶段,他把一般智力限定为固定资本的形式,即对象化在机器中的科学力量。"因此,马克思忽视了一般智力是怎样表现为活劳动的"(Virno,1992)。维尔诺对当代一般智力的分析表明,这一范畴应该理解为普遍的智力和一般性的智力这样的双重含义:其一是一般性的智力,或者如韦尔切洛内(Vercellone,2007)所言不集中的智力,因为一般智力与其说来自科学、技术和生产之间的联姻,不如说来自作为符号、语言、价值载体的工人之间的直接合作;其二是普遍的智力,因为

人们格外普遍的心灵态度作为生产资源占据了首要地位。这些是语言的官能、学习的倾向、记忆力、抽象和联系的能力,以及自我反思倾向。一般智力需要从字面上理解为一般性的智力:思想的能力,而不是思想产生的作品(如书籍、代数公式等)(Virno,1992)。

因此,在一般智力的现阶段,社会知识更多的不是存在于科技产品中,而是存在于在社会生产过程中形成的合作和交流的联系中;更多的不是存在于机器中,而是存在于在社会层面上构成为一种无形的固定资本的社会大脑中。

首先,我们需要对知识经济中认知劳动的具体性质有个明确认识。因为当前关于认知劳动的性质、范围和含义的争论,根源在于把认知劳动中所使用的两种知识形式——一是正式的编码知识,二是伴随着特定技能的激活而来的隐性认知能力——牢牢混在一起。然而,这两种形式是作为非物质劳动的两种不同的演化路径向前发展的。编码知识的扩展来自分工以及日趋复杂的商品概念与商品生产。自工场手工业时代以来,分工一直青睐技能和能力方面越来越精细的专业化,因此需要高技能智力劳动力(Langlois,2003)。从19世纪最后1/3个世纪起,科学一直在有条不紊地编入资本主义企业,譬如德国化学工业便设立了世界上第一批研究部门,而在美国,托马斯·爱迪生(Thomas Edison)则创建了通信行业第一个研究中心(Braverman,1974:163)。然而,如今由于资本主义对显性知识体系的使用要依赖真正的"企业大学(entrepreneurial university)"(Etzkowitz,2003),这么做又加快了知识产权的创造,在一场新的圈地过程中压制了社会知识,因而研发部门已经进入无产阶级化阶段。在这些新的情况下,我们不能再说经济依赖于知识,而是知识本身总是更易受到对其成果加以经济上利用的可能性的影响。专业化程度越高,对自然的控制力越强,生产过程中社会的一般知识的运用程度就越高。

与此同时，全球化时代的自动化技术、即时合作新形式、行为和职业关系的标准化，以及伴随着知识经济而来的医疗和教育产业的发展，让劳动活动中隐性知识（tacit knowledge）的重要性日益增加。生产正式知识的劳动和激活隐性知识的劳动这两种形式的认知劳动，无疑会随着社会交往的日益密切、增强而共同发展、相互渗透。但前者产自国际分工的发展，后者则是认知劳动特有的合作模式扩展的结果。①

然而，维尔诺可能没有注意到，社会知识的无产阶级化同马克思提出的一般智力的第二种形式有关。在现代工业中，全球生产力不只是随着机器的发展成比例地增长，也会随着各种生产过程的结合而产生的社会联系和社会交流成比例地增长。马克思有时似乎认为，一般智力正是在这第二种形式下，在"社会活动的结合"中"作为生产者出现"（Marx,1987a:95）。毫无疑问，瓦特的蒸汽机或阿克莱特的纺纱机直接把社会知识的客观力量同活劳动对立起来。但是，由于源自资本—知识关系内部的两个原因，固定资本中知识的对象化不足以使社会生产受一般智力的控制。其一，机器生产本来就以深度分工为前提，而且是在所有生产部门之间紧密地相互依赖的基础上发展起来的。其二，我们已经看到，分工越发达，活劳动就越只是社会生产中的一个微不足道的部分。在马克思看来，包含在固定资本中的知识同社会互动与交流代表了一般智力借以控制生产的两种兼容模式。格外不为人所注意的是，这种互动产生的生产力，看似是社会劳动的自然结果，实则是资本的历史产物。但这两种兼容模式所显示的合作方式都使直接的活劳动无论是在数量上还是在质量上均下降到次要地位。当马克思写到"劳动表现为不再像以前那样被包括在生产过程中，相反地，表现为人以生产过程的监督者和调节者的身份同生产过程本身发生关系"时，他紧接着又补充了一句："关于机器体系所说的这些情况，同样适用于人们活动的结合和人们交往的发展"（Marx,1987a:91）。

当然，马克思仍然只是通过散布在全球市场上的生产部门之间的客观表达

---

① 汉森等人观察到认知资本主义中知识管理的两种逻辑：一是个性化逻辑，在这里，知识是隐性的，并且同使用它的个人密切相关。在这种情况下，知识管理主要包括管理网站和那些拥有一般性知识的人们的社区。二是编码化逻辑。在这里，知识被转化、编码和储存在数据库和目录中。编码化意味着不菲的固定成本，但接下来就能够以较低的边际成本进行大量操作。第一种逻辑似乎更适合处理特殊问题的公司，这些特殊问题总是要求人们用新的办法，也就是公司数据库里没有的办法来解决。第二种逻辑更适合处理相似问题的公司，这些问题带有重复性（重复性服务或标准产品）（Hansen et al.,1999:96）。不过，这两种形式的知识管理涉及的似乎更多的是两种类型的企业，而不是两种类型的劳动。

形式来理解社会互动。但是,铁路、轮船和电报将人们和遥远的地区联系起来,加速了商品的流通,促进了人们之间的交流,也就是说,人们得以通过一切形式的固定资本展开彼此间有意识、有目的的合作。这一切令他感到不胜惊异。往更一般处说,信息通信技术的诞生和发展,即使其起源与发端相当独特(Leiner et al.,2009),那也是资本主义发展通信手段的内在趋势的结果。我们必须将信息通信技术视为一种更高形式的社会互动。但我们也必须将其视为维尔诺所定义的当代一般智力的前提。我们已经看到,固定资本只有在分工的情况下才能够发展。但是,反过来从社会互动中产生的合作又以固定资本的发展为前提,而且合作的发展也只涉及固定资本的发展。其中一个标志是,"相对于土地和寿命长的建筑物而言,寿命短、总回报率高的资本设备"的重要性日益增加(Abramovitz and David,2001:33)。马克思说,资本通常"唤起科学和自然界的一切力量,同样也唤起社会结合和社会交往的一切力量,以便使财富的创造不取决于(相对地)耗费在这种创造上的劳动时间"(Marx,1987a:92)。同样,无形资产的增长本身不也说明了固定资本的发展所催生的互动的分量吗?之所以这么说,关键就在这些无形资产包括公司的人力资本(知识、工人在公司发展起来的技能和能力)、关系资本或商誉(产自同客户、研发合作伙伴等的外部关系)以及与企业内部不外传的知识相关的结构资本(组织惯例、程序、数据库、系统等)。

因此,不变资本在新的占有形式中,在资本作为支配社会生产和交换形式的逐渐解体中扮演了积极的角色。但认知资本主义批判低估了这一点。在哈特和奈格里那里,我们又看到,认知劳动主要的解放力量据说来自它在没有资本帮助的情况下创造合作的能力:

大脑和身体单靠自己无法创造价值,还需要其他东西才行,但脑体所需要的其他东西并不必定要由资本及其精心安排生产的能力来提供。生产率、财富以及社会剩余的创造在今天会采取合作性互动的形式,借由语言的、交流的、情感的网络来实现。因此,非物质劳动在表现自己的创造力时,似乎为一种自发的初级共产主义提供了可能(Hardt and Negri,2000:294)。

但这种形式的合作性互动怎能与为信息和通信提供服务的技术分离开来呢?同样的道理,对不变资本的分析也不能再局限于由单独的企业直接拥有和使用的生产资料。德勒兹和加塔里已经注意到,这种固定资本的扩展已经延伸到社会生活的各个领域:

在资本有机构成中,可变资本规定了这样一种劳动制度,该制度将工人置于屈从地位(人的剩余价值),其主要范围是商行或工厂。但随着自动化的到来,不变资本的比例稳步上升。于是我们看到了一种新型的奴役:在同一时间内,劳动制度发生了变化,剩余价值变成为机械的剩余价值,范围扩展到整个社会(Deleuze and Guattari,1980:458)。

尽管如此,认知资本主义理论家将共享完全自由使用的、不具名的自由软件①作为所谓"实存的无政府主义—共产主义"(Gorz,2003:96)的标志,他们似乎忽视了,认知劳动者得以恢复自主性,基础恰在庞大的技术基础设施。有位学者如此回想道:

比如,如果从互联网上的图片传输中分离出作为智力技术的数字化,分离出执行这些数字计算并通过网络实施这些数字交换的计算机,分离出传送信息的电话线,分离出构想、安装、出售这种传输的[电信]机构,分离出其他诸多传输中介(如果全部列出来的话,可以写满整页纸),那么互联网上的图片传输还剩下什么?(Weissberg,2001:35)

这里的问题不在于认知劳动是在资本主义生产体系内实现的。关键是,资本如今是一切形式的交流基础,而这种交流又脱离不了其借以传播的机器系统网络。即使是直接交流似乎也要依靠借由信息通信技术发展起来的能力。研究表明,使用计算机的工人与同事、主管等的沟通更密集,参加会议也更频繁(Greenan and Walkowiak,2005)。往更大的方面说,信息通信技术已经深刻改变了我们社会中工作关系的性质,因为它们所做的不只是使活劳动从属于机器。它们创造了一个完全为信息通信设备所控制的通信体制,在这个体制中,个人成了一架全球性的巨型机器零件(Mumford)。与垂直约束关系并存的是一个完全水平方向的人机交流系统,这个系统作为一台将民族、情感、文化、口令同质化的机器,开始侵袭国家,将国家这棵树干的养分全都吸入自己这根巨型根茎,同时又推动人们的生活和工作轨道日益个性化。正如卡斯特所言:"在网络社会条件下,资本是全球调配的,劳动则是个性化的"(Castells,1996:476)。

近来有些公司已经采取各种策略去攻占和接管自由软件运动(Foray,2009:92—3)。这些新的占有认知劳动的方法显示了对基础设施的控制和重新分配在极大程度上必须成为社会重新组织一般智力的核心。鉴于知识经济中

---

① 自由软件的本质是自由,而不是价格,强调的是使用者拥有运行、复制、分发、研究、修改、改进软件的自由。——译者

资本和劳动之间的新关系,对用作社会交往物质手段的私有财产的维护,如今表现为人类自身也被纳入私有财产的范围(知识产权问题、活体专利等,都应该从这个角度来审视)。正如哈肯(David Hakken)所言,"人类活动的各个领域高度依赖电子的可编程设备来快速存储和处理数据以提取信息"的过程继续阔步向前,并扩展到众多社会领域(Hakken,1990:11)。如果说当前的抵抗运动认为以往社会主义所追求的重新占有生产资料的目标属于选择极其不当的话,也许是因为它同我们对不再反映我们及我们的生活工作状况之间的关系的这些生产资料的描述相关联,是因为我们在某种意义上觉得,由于人与机器在社会互动中的交融,这种重新占有已经发生了。

我们是否如认知资本主义批判含蓄宣告的那样,已经抵达对社会活动和社会生活的集体资料的占有和支配过程的最终阶段?根据韦尔切洛内的观点,社会知识领域认知劳动的扩展证明价值规律出现了危机,因为它是用个别劳动者的劳动时间来度量的(Vercellone,2010)。然而,对资本占有非物质劳动的状况所做的分析表明,资本主义的枯竭与其说是由于大众知识的性质或内容,不如说是由于这种性质所揭示的如下规律,即由于资本主义对社会脑(social brain)的剥削,人类的任何产品都再也不能逃过价值增殖的一般过程。每个个体的表达都可能成为商品化了的私有之物(private object),这在某种意义上意味着他已经是完全社会化的存在。

6

活劳动的占有和资本主义人口规律

　　如果剩余价值的生产就是生产超出劳动力价值再生产之外的价值,资本积累就只能在于增加剩余劳动、减少必要劳动的物质生产资料的扩大。就这些资料提高劳动生产率来说,资本积累同不变资本相对于可变资本的相对增加相一致,即同资本有机构成的提高相一致(1)。因此,一方面,资本积累增加了劳动需求,因为供给的劳动是潜在的剩余劳动;另一方面,它又趋向于同时减少这种需求,因为劳动又意味着资本家的成本或者说工人再生产所必需的劳动。积累的这一面创造了与人口自然增长率无关的过剩人口。

　　古典学派已经让大家看到,经济周期会定期制造人口过剩,但他们仍然坚信,从长远来看,劳动需求相对于劳动供给的减少,实际上是农业生产增长率低于人口增长率的表现(2)。失业和增长的这种"自然化"不只是19世纪经济思想的奇特处,它还在不断启发最近关于增长、就业和工资的理论(3)。在马克思那里,无论是短期的劳动需求,还是长期的劳动需求,都完全受内生积累过程决定。在这个过程中,资本有机构成的提高并不像古典学派所述的土地肥力下降那样,遵循固定进程。积累的节奏与形式的不可预测性和劳动需求的不可预测性,解释了马克思为何放弃他年轻时所持的资本主义导致工人阶级的绝对贫困这一看法(4)。但马克思完全打破了古典学派的过剩人口理论——主要体现在他对劳动供给的理解上。由于实际实现的劳动不同于劳动市场上出售和购买的劳动力,劳动供给与劳动力的供给之间不能画等号。生产过程中消耗的活劳动在长度和强度上的弹性性质,特别是在过剩人口对经济活动人口的影响下呈现出来的这种弹性,使得劳动供给与劳动力供给相对无关。日益增加的劳动需求可以在不增加劳动力需求的情况下得到满足(5)。最后,当前增长理论中劳动供给的外生性不仅缩小了凯恩斯主义模型和新古典主义增长模型之间的差异,而且构成了构建真正的内生增长模型的主要障碍(6)。

6.1 积累过程中资本有机构成的提高

资本积累就是不断扩大客观资料,以占有独一无二的活劳动。因此,资本积累牵涉到要增加生产资料。生产资料的增加缩减了必要劳动的数量,提高了剩余劳动的数量,使节省劳动的技术进步内生于资本的增长。

只有在机器使工人能够把自己的更大部分时间用来替资本劳动,把自己的更大部分时间当作不属于自己的时间,用更长的时间来替别人劳动的情况下,资本才采用机器。的确,通过这个过程生产某种物品的必要劳动量会缩减到最低限度,但只是为了在最大限度的这类物品中使最大限度的劳动价值增殖。第一个方面之所以重要,是因为资本在这里——完全是无意地——使人的劳动,使力量的支出缩减到最低限度(Marx,1987a:87)。

但是,即使技术进步与工人数量的减少并不一致,其目的也是降低劳动力价值的价值,并从而增加剩余价值。"因此,提高劳动生产力来使商品便宜,并通过商品便宜来使工人本身便宜,是资本的内在的冲动和经常的趋势"(Marx,1996:324—5)。因此,技术进步和生产力的发展并不是以价格战表现出来的竞争所能解释的。[①] 情况恰恰相反。我们必须用资本主义生产本身的原则与目的,即活的剩余劳动的生产和积累,来解释各种形式的资本主义竞争:"无限制的竞争不是经济规律的真实性的前提,而是结果——是经济规律的必然性得到实现的表现形式。"(Marx,1986:475)争夺市场份额、兼并与收购、联合企业与卡特尔,这些资本主义特有的竞争现象,全都符合而且只符合活的剩余劳动的生产和积累这一原则和目的。

对个体工人来说,生产力的发展代表大家在使用不断增长的生产资料:不仅是机器,还包括原料、半成品等。因此,生产力的发展表现为资本构成中生产

[①] "[企业之间的]竞争——这是前资本主义社会所没有的——说明了资本主义不断取得技术进步的趋势,同时也提高了垄断以及生产失衡危机和生产过剩危机的可能性"(Saad-Filho,2003:36)。

资料对活劳动的比率不断提高。资本的这种技术构成表现在不变资本对可变资本的价值比中,马克思把这种价值构成称为资本有机构成。① 资本有机构成随着积累的增加不断上升的定律,以及由此趋向于降低利润率的推论,长期以来一直受到质疑,时至今日依然如此(Howard and King,1992:129ff)。但是,关于这一定律的经验效度的争论,具有浓厚的抽象特征和假设性质。之所以出现这种情况,很大程度上是由于缺乏适当的统计数据,因而在计算不变资本的价值时,只考虑了固定资本的价值。但是,由于有机构成反映的是劳动生产率,所以,除了固定资本外,有机构成还应把流动资本也纳入 c/v 的比率中计算。尽管如此,与收入和生产率的演变相关的一些指标显示,在美国,收入和生产率的演变同这一比率的演变有可能近似。通过分析美国的这份数据,我们将看到,如果只考虑固定资本与工资的比率,在 1978—2007 年期间,资本有机构成虽然在 2000 年以后有所上升,但基本上保持不变,这一点我们将在讨论 2008 年危机时加以分析(见图 6—1)。

---

① 但正如萨德-费洛论证的那样,价值构成,不总是反映技术构成这一事实,不使其成为一个流通范畴。在分析马克思资本构成的一篇注记(2000)中,费洛称,价值构成表现了一种比率变化,而不管反映在资本有机构成中的技术变化如何。根据他的看法,即使有机构成和价值构成两者都表达了价值比,也必须把两者区分开来,如对《剩余价值理论》所做的如下摘录所示:

有机变化和由价值变动引起的变化在某种情况下能够对利润率产生相同的影响。但是,它们之间有如下的区别:如果后一种变化不单是由市场价格的波动引起,就是说,如果它们不是暂时的,那么它们就始终必然是由提供不变资本或可变资本要素的领域发生的有机变化引起的(Marx,1991:308)。

根据萨德-费洛的说法,这段摘录证明马克思
清楚地意识到,就某一给定的生产过程而言,(固定的和流动的)不变资本同技术上所需的(有偿的和无偿的)劳动数量之间的价值比的变化,既可能来自投入的价值的变化,也可能来自生产中的技术("有机")变化(Saad-Filho,2000:132)。

实际上,只要扫一眼这份摘录中马克思进行的论证,就可以看出,它确实提到了生产资料价值的变化改变了价值构成而不管有机构成怎样这样一种情况。但是,发生这种变化,可能有两个不同的原因:一是市场价格发生短暂变化;二是构成资本的诸要素的生产价格发生变化——我们已经观察到这些要素的价值构成的变化。在后一种情况下,价值的变化是由于发生了一种有机的变化,即这些要素中有一个要素或几个要素的生产方式发生了决定性的变化。但萨德-费洛将其解释为,似乎马克思已经在同一生产资本内部对价值变化和有机变化做出了区分。萨德-费洛的这一错误使他得以在此基础上依靠引用马克思确实强调了技术构成和资本价值构成之间不断变化的关系的文字,别出心裁地把价值构成解释为流通范畴。但在马克思那里,对这些不断变化的关系的分析,目的是强调资本有机构成范畴的复杂性。它与价值构成的一致之处,只在于后者由资本的技术构成所决定并表现资本的技术构成。因此,两种资本即使有相同的价值构成,也可能有不同的有机构成。其实,这两种构成都是生产范畴,二者只是依进入两种资本构成之中要素之间的价值比的变化而有所不同。因此,说资本的价值构成只涉及流动资本,是完全错误的(Saad-Filho,2000:141)。因为,即使价值的变化只是通过流通中的商品的价格变化来表现的,这种变化了的价格也改变了给定资本的整个构成。

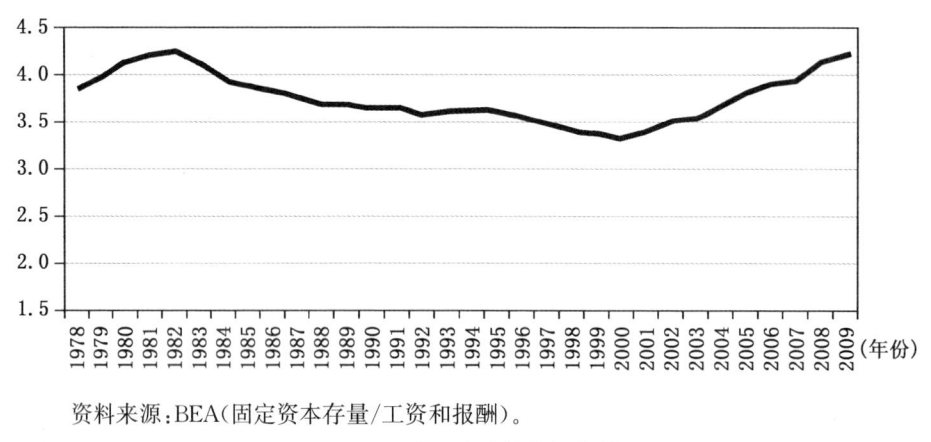

资料来源：BEA(固定资本存量/工资和报酬)。

图 6－1　美国资本的有机构成

然而，通过这同一时期工资和劳动生产率的演变趋势，我们可以就流动的不变资本的使用，并进而对社会资本的实际有机构成的趋势得出若干结论。第一，关于工资和生产率的数据表明，从 20 世纪 70 年代以来，美国的实际工资基本上没有变化，尽管劳动生产率有所上升(见图 6－2)。第二，有些研究强调认为，除互联网泡沫期间外，在这整个时期，劳动收入占总收入的比例一直都在下降(Jacobson and Occhino, 2012)。更具体地说，从 20 世纪 70 年代开始，制造业部门产出的劳动份额开始下降(Fleck et al., 2011)。这些趋势带来的结果是，生产率的每一次提高带来的收益，几乎全都以公司利润与股息增加的方式向资本倾斜。如果一方面资本—劳动的价值比保持不变，则另一方面，生产率的提高和利润在收入中所占份额的增加，就不但表现为剩余劳动的增加，而且表现为在劳动过程中耗费掉并物化在剩余产品中的不变资本的增加。从价值方面来看，它是剩余价值和耗费的不变资本价值(不仅包括损耗价值，也包括流动资本价值)之和；从使用价值方面来看，它包括相当于生产过程中耗费的流动资本的各种原辅材料。也许我们无法通过这些替代性质的指标来评估这些资本流动要素的价值，因此也无法评估资本有机构成。更何况，劳动生产率的提高也可能已经降低了这些要素的一部分价值。但我们绝对可以肯定的是，一方面，技术构成在这整个期间从未停止增加；另一方面，流动资本的使用日益增多(间接得出的推论)，不仅提高了通常测得的有机构成的总体水平，而且提高了耗费的流动资本的价值，因为工资的演变和生产率的演变之间存在着重要的罅隙。

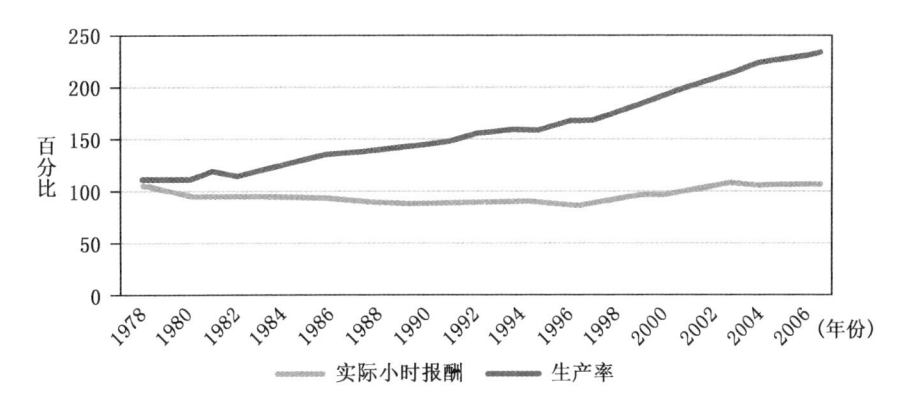

资料来源：经济政策研究所，2012.

备注：数据针对的是私营部门从事生产/非管理性工作的工人的工资和整个经济总体的生产率。

图 6—2　1978—2007 年间美国总体经济生产率及从事生产/非管理性工作的工人实际小时工资的累积变化

另外，资本有机构成上升是否会导致利润率下降，一直是人们争论的话题。这方面的争论始于置盐信雄(Okishio)的一篇论文，该论文通过演示表明，基于资本家的理性选择，利润率不可能因技术进步和劳动生产率提高而下降(Okishio, 1961)。置盐定理(Okishio Theorem)假设实际工资是恒定的，等于维持生计的工资，并将定理建立在生产资料部类和消费资料部类这两个生产部类的基础之上。该定理表明，技术进步即使增加了资本有机构成，也可以增加利润率，个中原因在于劳动生产率的提高以及由此带来的收益全部被纳入利润囊中。一开始，采用生产率更高的生产方法的企业通过以先前的价格出售生产成本已经降下来的商品赚取超额利润。但很快，新技术推广到全行业所有企业，从而降低了按新价值计算的市场价格。置盐信雄说，然而，即使新的市场价格会降低利润率，后来的利润率也会高于原先使用旧技术时的利润率。更一般地说，生产率更高的技术如果不能带来更高的利润率，就没有哪个资本家会采用它。

长期以来，人们对置盐定理试过数不清有多少次反驳，最近的一次是克里曼的尝试，这次反驳赢得了马克思主义者的广泛认同(Kliman, 1996, 1997)。据克里曼的说法，置盐信雄在抽象出技术进步导致价格下降这一事实时犯了一个错误，即认为价格下降将严重影响企业的盈利能力。但是，从总体上来看，价格的下降会给资本带来各种彼此之间极为不同且相互矛盾的后果。因此，消费资料价格的下降一方面加重了生产这些资料的企业的负担,另一方面又通过降低工资提高了剥削率。同样,机器价格的下跌一方面增加了使用旧机器的企业的成本,另一方面又促进了对新公司的投资。的确,价格因素本身就否定了置盐信雄的结论——技术进步必然导致利润率上升①,但这并不能证明利润率必然下降。事实上,仅靠置盐信雄论文演示的结果本身,就足以得出与他完全相反的结论。因为尽管置盐信雄提出的例子纯粹出于假设,但演示不可避免地会指向这样的结论:技术进步向全行业所有各企业扩散,降低了先驱企业的利润率,而每一次新的技术进步要提高劳动生产率和利润率,总是更加困难,因为一旦剥削率已经比原来高了,往后再要提高就越发困难。

用于必要劳动的部分越小,剩余劳动就越大。生产力不管怎样提高,都越是不可能明显地减少必要劳动,因为分母已经变得很大。资本已有的价值增殖程度越高,资本的自行增殖就越困难(Marx,1986:265—6)。

置盐信雄从资本家的理性行为出发,做出推断:一旦资本有机构成的上升有可能导致利润率下降,上升就会停止。但正如我们后面研究危机问题时将会看到的那样,恰恰是当利润率后来的增长达到极限时,市场上就会出现剑拔弩张的局面,人们就会开始采取最冒险的手段,不惜一切代价使积累的资本增殖。资本有机构成提高和利润率下降两者之间的关系决不像参加置盐定理大讨论的所有各方所设想的那样。两者之间根本就毫无直接关系,毫无必然联系。资本有机构成提高的规律仅仅意味着,资本的积累阻止不了现实为利润率搭建天花板,阻止不了天花板引发的资本过度积累危机——引发危机的方式恰恰就是所有资本纷纷行动,极力打破天花板时采用的方式。

6.2 古典学派中的过剩人口

从资本—劳动关系的角度来看,这一积累原则本身无法与产业后备军的存在相分离。积累既需要过剩人口,也创造了过剩人口。一方面,占有剩余劳动的客观条件的拓展,要求资本长期拥有一支随时可以雇用的工人大军;另一方面,通过尽可能减少必要劳动,资本也会趋于以同样的方式创造过剩人口。过

---

① 顺便说一句,对生产力增益份额的分析总是忘了指出,生产力的提高不但提高了剩余价值(s/v),而且提高了利润率,只要剩余价值的生产是通过生产资料的贬值实现的,就会如此(Marx,1996:600)。

剩人口一方面表现为积累的条件,另一方面又表现为积累本身的产物,不管人口的自然增长率如何,情况都是这样:"由此,资本的趋势也是:既增加劳动人口,又不断减少劳动人口的必要部分(资本不断地把劳动人口的一部分重新变为后备军)。"(Marx,1986:326)①

然而,把过剩人口同资本主义生产规律联系起来,并非马克思首创。古典学派充分认识到,人口的增长依赖于资本对劳动的需求:"如果资本的增加是逐步的、接续不断的,对劳动的需求就会持续不断地刺激人口的增长。"(Ricardo,1821:95)②马尔萨斯承认,人口过剩可能会通过这种过剩对经济活动人口施加的工资压力刺激对劳动的需求。一个增长周期由此开启。对劳动的需求会一直上升,直至劳动供给不足以按照先前的节奏来执行积累。此外,经济活动人口的增长会驱使人们去开发生产力较低的土地,从而影响利润率。但与此同时,由劳动需求的上升而引起的工资上升会有利于人口的出生,直至积累停止,同时又出现过剩人口。但很快,过剩人口的大批减少和工资的下降将为积累过程的恢复再度创造有利条件。古典学派同样认为,过剩人口直接来自资本积累状况。因此,人口增长缘于工资增长,但是,工资增长来自对劳动的需求,而资本的积累本身又受人口增长的制约。

不过,即使古典学派对经济增长周期的分析揭示了资本和人口之间的相互依存关系,但从长期来看,劳动的需求和供给是作为两个独立的量出现的。此外,周期本身表明,劳动的需求和供给都是按照自主的增长节奏演变的。如果资本的积累均匀地生产过剩人口,那么基本上是因为农产品的增长速度低于人口增长速度。在李嘉图和马尔萨斯那里,工资规律和利润趋势只是永恒的自然规律的现代表达(Malthus,1826:18—19)。由于劳动需求依赖于农业生产以算术级数增长,而劳动供给则是以几何级数增长,因此,从长期来看,劳动需求会不断下跌。

正基于此,资本的积累

不会这样继续下去。因为土地的数量有限,质量也各不相同,土地上所使用的资本每增加一份,生产率都会下降,而人口的繁殖力却始终不变(Ricardo,

---

① 此处作者引用的英文版表述略有差异:"由此,资本的趋势也是:既增加劳动人口,又不断使劳动人口的一部分成为过剩之物——过剩的这部分人口在资本能够利用之前是没有价值的。"——译者

② 中译文源自《李嘉图著作和通信集》(第1卷),第76页,根据原引文略有改动。——译者

1821:98)。①

因此,马尔萨斯和李嘉图建议控制劳动人口的出生率,以求其增长率适应资本的"自然"增长率。李嘉图警告说:"在一切肥沃土地都已投入耕种的富庶国家中,第二种补救方法既非十分切实可行,也非十分称心可取,因为这种办法如果走得太远,结果则将会使所有阶级都陷入同样的贫困状态。"(Ricardo,1821:99)②这样,在一段时期工资上涨加快了人们的婚育之后,这第二种补救方法便造成了人口过剩。另外,如果人口按照其高于劳动需求的自然倾向增长,保护过剩人口免遭大批死亡的《济贫法》就扭曲了劳动供求的自然博弈(Ricardo,1821:105—8)。马尔萨斯进一步指出,这些法律让"一国人口无法同劳动者对生活资料的显而易见的支配步调一致"(Malthus,1836:231)。它们把工人的实际工资维持在人为的高水平上。废除它们就可以降低实际工资,让劳动者不那么安逸,并从而减少人口,直至劳动力的供求恢复平衡。

6.3 现代经济学中失业与增长的"自然化"

这些所谓的自然规律并没有从当代的失业理论中消失。它们如今以经济规律的形式出现,其对人类施加的影响跟马尔萨斯的自然规律一样严厉而残酷。因此,在正统的经济理论中,人们通常认为存在一个自然失业率。实际失业率低于这个自然失业率,就会引发通胀周期,最终导致经济萧条(NAIRU,Non-accelerating Inflation Rate of Unemployment,非加速通货膨胀失业率)(Friedman,1968)。此外,失业理论在明确肯定理性行为或制度规范时,将据传的自然行为嵌入模型的底层,嵌入在工人身上。古典学派此前已经指出,失业是对劳动者的一种约束。效率工资理论也是如此。诺贝尔奖获得者 J. 斯蒂格利茨(J. Stiglitz)和合著者 C. 夏皮罗(C. Shapiro)(1984)更是认为,失业是资本家存心找到的对雇佣工人施加压力的一种手段。不同之处在于,在效率工资模型中,失业不是由工资不易下降的刚性所致,而是由资本家深思熟虑的选择造成的。由于雇用工人要冒逆选择的风险,资本家确实愿意支付高于工人边际生产率的实际工资,这么做的首要目的是避免优秀工人离开,这些工人不会在实

---

① 中译文源自《李嘉图著作和通信集》(第1卷),第80页。——译者
② 中译文源自《李嘉图著作和通信集》(第1卷),第81页,根据原引文略有改动。——译者

际劳动时间的长度和强度上要花招。但根据斯蒂格利茨和夏皮罗的观点,促使资本家支付高工资还有第二个原因,即主动制造非自愿失业,将其作为一种有效手段来约束那些天生容易偷懒的工人(Shapiro and Stiglitz,1984:442)。

相反,增长理论倾向于认为资本增长率是人口增长率的必然结果。① 且让我们先从失业的角度来考察哈罗德和多马的标准模型,即便这意味着我们后面还要回过头来对两人的模型详加讨论。哈罗德(1939)将商品和服务市场的均衡条件设定为:若 $I=S$,或者要么设 $S=sY$ 且 $I=v\Delta$(s 是由边际消费倾向规定的储蓄率,v 是一个生产单位的资本系数),则收入增长率 $\Delta Y/Y$ 必须等于 s/v。因此,相较于资本有机构成(K/L)的储蓄倾向越高,为维持起初给定的充分就业状况而需的增长率就必须越高,这个增长率被称为有保证的增长率。② 再往后,哈罗德讨论了实现充分就业所需的条件。设 γ 为人口的自然增长率,均衡条件也是 $\Delta Y/Y = \gamma$,这个数字就是自然增长率,即 gn。③因此,要使资本增长率满足所有市场的均衡条件,s/v 必须等于 γ。但是,不仅是建立在分散决策和资本家"动物精神"(表现在自主投资机能当中)基础上的生产方式不可能保证这种平等,而且正如多马所强调的那样,投资增加越多,相较于收入增长的生产能力就越高。

因此,多马为维持充分就业设定了条件。根据凯恩斯的乘数理论,收入 ΔY 的变化取决于投资增长和边际消费倾向,即 $\Delta I/(1-c)$。的确,消费倾向越弱,收入的增长相对于投资的增长就越弱。此外,每增加一笔投资,现有资本的生产能力就增长到一个特定的比率 $I\sigma$。因此均衡的一般条件是 $\Delta I/(1-c)=I\sigma$ 或 $I=(1-c)\sigma$。

多马的模型更清晰地强调了在发达资本主义社会实现充分就业的困难。

---

① 这一观点得到了来自马克思主义阵营的 O. 鲍尔(O. Bauer)的维护。R. 卢森堡就这个问题对鲍尔展开了批评,提出了一个与鲍尔完全相反的、更接近古典学派而非马克思的人口概念:

鲍尔的理论完全颠倒了两者之间的实际关系。他把资本积累置于从属人口增长的位置上,这就否定了众所周知的事实,即资本影响了人口的发展:在某个时候,它一股脑儿地消灭了大批人口;不久,它又加速了人口的增长;很快,它又减慢了人口增长的速度——总的结果就是,积累越快,人口增长越慢(Luxemburg,1915:online)。

② warranted growth rate,又译为合意增长率。——译者

③ 乍一看,哈罗德似乎区分了劳动力和劳动者。实际上,在他那里,经济活动人口的增长等于劳动者的数量的增长率和劳动生产率的增长率——他认为劳动生产率的增长率会随着时间的推移不断上升——之和[实现充分就业所需要的增长率,即自然增长率,由后两种增长率决定,即 $gn=l+t$。——译者]。但这后一种增长率与技术进步完全无关,相反,在他的假定中,生产技术是不变的。

由于边际消费倾向与储蓄率成反比,因而消费倾向越弱,生产能力越高,维持充分就业所需的投资就越重要,这就是为什么投资不能以与人口增长相同的速度增长的原因。"因为",凯恩斯写道,"当就业量增加时,由于消费者的开支小于总供给价格的增加,故而,除非投资的增加能够填补二者之间的缺口,否则增加的就业量将无利可图"(Keynes,1973:98)。但是,如果整个社会的收入随着生产的增加而相对逐渐下降,生产能力高于社会的消费能力,那谁来填补这个投资缺口呢?事实上,凯恩斯用心理与社会的自然主义取代了古典学派的农业自然主义。① 在这里,资本积累并不因工资的绝对增长而受到抑制,劳动的需求与供给之间也不因人口的几何级数增长而产生差距,但是不断下降的边际消费倾向是一个不可避免的心理规律,它迫使资本到私人经济行为体之外去寻找需求来源,以维持充分就业(Keynes,1973:28)。

6.4　马克思反对绝对贫困说

为了将马克思与古典学派匹配起来,经济思想史家 S. 霍兰德(S. Hollander)对马克思在人口规律上与古典学派相反的意见提出了疑问(Hollander,2008)。霍兰德认为,资本有机构成上升的规律至少出于两个原因而同土地肥力下降的古典学派规律类似。第一,资本劳动比的上升据称会导致劳动需求的相对下降,就像农业生产率的下降导致积累率下降一样。第二,由于劳动需求减少是一个"持续不断的过程",因此接踵而至的便是需要制定使人口增长适应劳动需求演变的出生率政策(Hollander,2008:86—7)。

劳动需求增长率和人口增长率之间的所谓差距,让霍兰德坚信马克思坚持"(行业)工资的长期趋势是不断下降,直至跌到'仅够维持勉强糊口'的水平"(Hollander,2008:85),即工人阶级的绝对贫困化。

在讨论霍兰德的论点之前,我们且回想一下这个事实:有关工人阶级贫困化的争论实际上源于工业革命的发展和农业人口向雇佣工人的身份转变。1790—1845 年间,工人生活状况的恶化达到了惊人的地步,以致当时大多数讨

---

① 然而,典型的古典自然主义有时也会重新露面,例如,在 N. 卡尔多(N. Kaldor)那里,就是如此。他从两个方面对新古典主义进行了批判:一是新古典主义将技术进步排除在外,这样就无法做到实事求是地分析资本主义生产的演变;二是新古典主义假设资本和劳动力资源有限。但他只是用自然资源的稀缺性来取代这些限度,这样,自然资源的稀缺性最终便决定了经济的自然增长率,见 Kaldor,1981。

论都不涉及工人贫困到何种程度的现实,而是聚焦于造成贫困的原因是什么和怎样采取补救措施。今天,历史学家们仍在争论实际购买力的下降,但大家有一个起码的共识,即

　　就如城市的生活和工作条件容易导致人们的健康恶化一样,光是从工业化之前人们的传统饮食变为城市化和工业化时期人们不懂自由采购也无钱自由采购,就容易导致人们的饮食恶化(Hobsbawm,1962:206. 另见 Thompson,1968:351 及 Rule,1986:27—43)。

　　然而,当恩格斯和马克思开始对资本主义制度下的工资规律展开分析时,工人的生活状况开始得到改善,因此,问题是要知道,贫困化是绝对的,还是只是相对于资产阶级的生活水平而言。虽然恩格斯在 1844 年仍然认为"劳动所得的,只有最基本的生活必需品,仅够维持生存的资料"(Engels,1975:441),但在《1844 年手稿》(*Manuscripts of 1844*)中,马克思开始将贫困相对化(Marx,1975c:238)。他只是在书中引用了最低工资这条经济学家们所介绍的法则而已(Marx,1975c:239)。而后在《英国工人阶级状况》(*The Condition of the Working Class in England*,1845)一书中,恩格斯否认存在任何使工人不可逆转地趋向于绝对贫困的规律。工人之间的竞争无疑使工资趋向于降至最低水平,但当劳动力市场平衡时,平均工资实际上略高于最低水平(Engels,1975:378)。此外,恩格斯明确驳斥了马尔萨斯的人口规律,并将过剩人口归结为由资本激起的工人之间的竞争(Engels,1975:380)。另外,从 1847 年起,马克思和恩格斯分别在《工资》(*Wages*)(Marx,1976:425−6)和《共产主义原理》(*Principles of Communism*)(Engels,1975:343)中均支持如下看法,即资本主义大机器生产的发展趋向于通过降低劳动技能要求,将工资降到最低水平。因此,马克思和恩格斯在《共产党宣言》(*Communist Manifesto*)中写道:"机器使劳动的差别越来越小,使工资几乎到处都降到同样低的水平,因而无产阶级内部的利益、生活状况也越来越趋于一致。"(Marx and Engels,1976:492)但是,除了机器造成的劳动力价值下降外,马克思和恩格斯排除了任何将贫困归咎于人口过剩的规律,因为贫困"比人口和财富增长得还要快"(Marx and Engels,1976:495),一方面是工会和社会福利立法的发展,另一方面是扩张、危机和萧条的往复循环,这两者深刻改变了马克思最迟自 1857 年开始的对工资演变的看法。此后,马克思再也没有将最低工资同人口增长联系在一起,把这则信条归到马克思的成熟作品名下,实际上源自混淆了马克思的工资理论和拉萨尔与德国社

会民主党在工资铁律上所捍卫的观点,这种混淆因阿诺德·汤因比(Arnold Toynbee)的《讲演录》(Lectures)①而得到进一步强化(Toynbee,1896:13)。

从那时起,马克思主义内部关于贫困化的争论就出现了三种对立的观点。第一种观点声称,马克思的工资理论是错误的,因为没有出现绝对贫困现象,这是爱德华·伯恩斯坦(Eduard Bernstein)的修正主义立场(1909)。第二种观点认为,根据该理论,尽管工人处在相对贫困化状态,但实际工资仍有可能增长,因而它正确描述了工人阶级的状况,格奥尔基·普列汉诺夫(Georgi Plekhanov)在反驳彼得·斯特鲁维(Peter Struve)时就是这么认为的(1901)。第三种观点认为,贫困化理论完全正确,而且是马克思主义的基本组成部分,因为贫困化就是随着资本主义的发展不断加重的。这是罗莎·卢森堡在反对第二国际(the Second International)改良主义时捍卫的观点(1899)。

在马克思主义史上,伯恩斯坦是第一个错误地将"绝对贫困"论归到马克思名下的人(Tudor and Tudor,1988)。他的修正主义拒不接受如下看法,即社会关系正在日益恶化,社会主义将从中破土而出——第二国际的正统马克思主义据传是这么认为的。这种看法的确与19世纪末的历史趋势不甚一致,当时中产阶级正日益壮大,工人阶级的物质条件正在改善(Tudor and Tudor,1988:288)。

在混合经济时代,许多学界人士基于各种理由对绝对贫困论提出了疑问。W.鲍莫尔(W. Baumol)大力回顾了马克思对拉萨尔工资铁律的强烈反对意见,特别是因为"马克思急切地希望表明,即使在资本主义制度下,工人也有能力大幅度提高工资"(Baumol,1983:303)。然而,A.科特雷尔和W.达里蒂(W. Darity)却拿出充分的理由指出,工资铁律并不排除任何趋向于生存工资的均衡过程(1988)。

M.拉米雷斯(M. Ramirez)(1986)和K.拉皮德斯(K. Lapides)(1994)的研究表明,工资下降关系到劳动力的价值,而劳动力的价值也可能完美地伴随着实际工资的增加。另外,R.米克(R. Meek,1967)把相对贫困和实际利润的增长放在一起加以对比,为相对贫困论作了辩护,但重点落在与相对贫困和绝对贫困相关的各种相反趋势的力量上。最近,拉米雷斯又强调了劳动力中的活

---

① 此《讲演录》系指老阿诺德·汤因比的《18世纪英国工业革命讲演录》(Lectures on the Industrial Revolutions of the 18th Century in England,简称《工业革命讲演录》)。老阿诺德·汤因比系享誉世界的史学大师阿诺德·约瑟夫·汤因比的伯父,英国经济史学家、哲学家和社会改革家,可惜英年早逝(1852—1883)。——译者

跃部分和过剩人口之间的差别：前者社会地位会相对恶化，后者生活水平会在资本主义发展过程中下降(Ramirez,2007)。

所有这些解释都或多或少地引用了马克思关于工资演变的经济学著作。从他们的理解中至少可以看出，马克思没有对工资的趋势做过任何假设，也没有对趋势的方向做过任何预测。由于资本主义生产的一般运动本质上是周期性的，并不时出现以资本贬值或纯粹是简单地对客观生产资料进行物理破坏为标志的危机，因此工资趋势首先取决于整个经济周期。正如以下事实所示，每一个长期增长阶段以及由此而来的高就业水平时期，都会引起对被错误地加到马克思头上的绝对贫困论的新一轮攻击，就像伯恩施坦在俾斯麦治下的德国繁荣时期所做的那样。不管怎么样，我们将看到马克思对绝对贫困论的强烈反对将如何影响他研究经济周期的具体路径。

让我们回到霍兰德。在他看来，《资本论》中实际工资的下降趋势证明了马克思与古典学派之间的深厚渊源。[①] 资本有机构成上升所导致的劳动需求相对下降，是否会与古典学派所预期和担心的劳动需求的长期下降大不相同？根据霍兰德的说法，在这个问题上，马克思与古典学派之间的唯一区别是，对马克思来说，劳动需求减少是因劳动生产力提高，而对古典学派来说，问题出在劳动生产力的下降。但这在两种情况下都是一个持续不断的过程(Hollander,2008:86—7)。然而，霍兰德要是支持资本有机构成的上升是一个持续不断的过程这种看法，他就也得假定技术进步是外生的，同工资和不断变化的劳动供求关系无关。

但首先，在谈到延长工作日的法律限制时，马克思便指出：

> 自从工人阶级逐渐增长的反抗迫使国家强制缩短劳动时间，并且首先为真正的工厂强行规定正常工作日以来，也就是说，自从剩余价值的生产永远不能通过延长工作日来增加以来，资本就竭尽全力一心一意加快发展机器体系来生产相对剩余价值(Marx,1996:412—13)。

在工作日保持不变的前提下，各种减少必要劳动、增加剩余劳动的方法，都是生产相对剩余价值的方法。正如我们看到的那样，在现代大工业中，这一过程是通过技术进步来实现的。从某种意义上说，所有形式的技术进步从采用新

[①] 需要注意的是，霍兰德对支配贫困的机制的探讨，同马克思这方面相比，并没有多少创新。就这些机制而言，他只是拓展了 W. 埃尔蒂斯(W. Eltis)在讨论马克思关于增长的论述时得出的结论：

> 因此，资本的有机与技术构成的上升趋势影响了工人阶级的生活水平，因为它不仅大大降低了劳动力需求的趋势增长率，而且削弱了那些幸运拥有工作的工人的议价能力(Eltis,1984:259)。

机器到节约原材料,都增加了相对剩余价值,因为它们降低了直接或间接进入工人阶级消费的商品的价值。即使技术进步改进的是与这些商品的生产无关的产业部门,由此产生的额外利润也同样意味着工人减少了为自己的劳动,增加了为资本家的劳动。因此,技术进步是内生的,因为它"取决于环境、可能性以及管理层的偏好。在这样的状况下,技术变革的进程似乎很难预测"(Harvey, 2006:120)。但在有关内生技术进步方面,这里也存在一种更为独特的情况。实际上,比如说如果一台新机器能够节省劳动力,从而提高资本的有机构成,则如李嘉图强调过的那样,如果新机器所取代的有酬劳动不高于为生产它而支付的劳动,新机器就永远不会引进(Ricardo, 1821:392)。由此,如果一台新机器使生产商品所需的活劳动减少一半,只要生产价格不变,因而利润率不变,资本家就会拒绝购买这台机器,尽管

> 由于活劳动的减少而减少的价值部分必须抵消一切增加的价值部分而有余。……对于在资本主义条件下进行生产的社会来说,商品并没有便宜,新机器也不是什么改良。因此,资本家对采用新机器并没有什么兴趣(Marx, 1998:260—1)。

因此,在这里,技术进步的内生性来自这样一个事实,即它取决于工资,从而取决于过剩人口的水平:

> 因为工作日中必要劳动和剩余劳动的比例在不同的国家是不同的。而且在同一国家不同的时期,或者在同一时期不同的生产部门也是不同的,其次,因为工人的实际工资有时降到他的劳动力价值以下,有时升到他的劳动力价值以上,所以,机器的价格和它所要代替的劳动力的价格之间的差额可以有很大的变动,即使生产机器所必需的劳动量和机器所代替的劳动总量之间的差额保持不变(Marx, 1996:396)。

因此,机器体系并没有完全限制劳动供给减少本应带来的工资增长,因为"尽管和总人口的增长相比,农业人口普遍地相对减少了,并且尽管某些纯农业区的农业人口绝对减少了",但工人的工资还是下降了(Marx, 1998:622—3)。马克思称,资本家用不变资本代替可变资本时,不仅游离了"直接被机器排挤的工人,而且还有他们的代替者和企业在原有基础上实行一般扩大时通常会吸收的追加人员"(Marx, 1996:633)。

所以,工人阶级不仅必须使自己的增长适应资本提高有机构成的趋势,与此同时,它还得满足各生产部门对新增工人的需求——在这些生产部门中,有

机构成不会在某个"持续不断的过程"中上升,但会在一定时期内保持稳定。因此,如果不断增长的人口几乎未被新增资本雇用,原因并不是可变资本在涉及不变资本的持续不断的过程中减少了,也不是它以越来越高的比率在下降。就业不足是因为增长的人口经常受到需求突然增加或急剧减少的影响。从整个资本的角度来看,这种突然增加或急剧减少的情况或在不同生产部门内同时发生,或先后连续出现。

就社会总资本来考察,时而它的积累运动引起周期的变化,时而这个运动的各个因素同时分布在各个不同的生产部门。在某些部门,由于单纯的积聚,资本的构成发生变化而资本的绝对量没有增长;在有些部门,资本的绝对增长同它的可变组成部分或它所吸收的劳动力的绝对减少结合在一起;在另一些部门,资本时而在一定的技术基础上持续增长,并按照它增长的比例吸引追加的劳动力,时而发生有机的变化,资本的可变组成部分缩小;在一切部门中,资本可变部分的增长,从而就业工人人数的增长,总是同过剩人口的激烈波动、过剩人口的暂时产生结合在一起(Marx,1996:624—5)。

人口的绝对增长不仅绝不会导致相对过剩人口的形成,而且这些人口也满足不了资本增长带来的对劳动的需求。

因此,生产资料和劳动生产率比生产人口增长得快这一事实,在资本主义下却相反地表现为:工人人口总是比资本的增殖需要增长得快(Marx,1996:639)。

但是,由于资本和经济活动人口以两个独立的量出现,劳动供给过剩于是也就以人口增长过剩的面貌示人。

总资本的可变组成部分的相对减少随着总资本的增长而加快,而且比总资本本身的增长还要快这一事实,在另一方面却相反地表现为,好像工人人口的绝对增长总是比可变资本即工人人口的就业手段增长得快(Marx,1996:624)。

换句话说,积累规律和过剩人口规律的源头同霍兰德所描述的源头——劳动需求和劳动供给两者之间增长的不平衡——完全相反。

6.5 活劳动供给相对于工人供给的独立性

因此,在资本主义生产方式下,劳动需求发展变化的步伐是不可预测的。它只服从于一个规律,即通过生产与绝对人口增长没有任何关联的过剩人口来实现剩余价值的生产和积累的规律。但是,资本主义生产作为一种社会生产方式,如果没有对劳动供给本身的状况产生影响,就不可能产生它独有的人口规律。这一规律的历史性质意味着,劳动的需求和供给再也不能与被视为两个独立的量的劳动力的需求和供给相一致。由于资本和劳动之间的交换涉及的是活劳动本身,而不是劳动力本身,因此劳动的需求和供给不可能与劳动力的需求和供给相同。事实上,劳动本身相对于劳动力的独立性就包含在积累的规律中,这种独立性在于增加剩余劳动和减少必要劳动的手段的扩大以及从更根本的层面上说,在于劳动需求的目的——消费活劳动本身。因此,过剩人口所特有的资本主义性质并非来自下述事实:劳动需求依资本的增殖需要而定——李嘉图和马尔萨斯认为就是来源于这一事实,并按照他们的方式对此作了阐述。它来自积累过程中产生的过剩人口转而影响到劳动供给状况,使劳动供给不再依赖于劳动力供给。把资本—劳动的交换关系分成两个不同的阶段(前文业已讨论),实际上导向另一个完全不同的劳动供求概念。通过区分劳动力和由工人实际实现的劳动,马克思将研究的矛头指向导致劳动的供给和需求在一定程度上与劳动力的供给和需求无关的机制。

然而即便在今天,古典的人口定律和工资基金学说——土地产品增长率和人口增长率不相等的一般原理就是通过古典的人口定律和工资基金学说应用到劳动供求定律上的——也同它们把劳动价值和劳动力价值混为一谈有着直接的关系。譬如,希克斯在他的《工资理论》(Theory of Wages)前言中说,"工资是劳动的价格"。因为这种混淆几乎总是意味着一定数量的生活资料和一定数量的工人或劳动单位之间存在着一种固定关系。① 希克斯诚然也提出假设认为,劳动的数量会依个体的差异而有所不同,但他还是认为"提供的工作量发生变化……会对工资产生影响"(Hicks,1963:89)。正如多布所见,同所有积累的资本都投资于劳动的错误预设相比,这种假定的固定关系更能给工资基金学说带来启发。② 因为——根据这一学说——工资水平"可以用一个简单的除法来计算,即资本家愿意以预付工资形式支出的资本的数量(工资基金)除以寻求就业的工资收入人口的数量"(Dobb,1947:108)。因此,均衡水平不是由劳动力的生产成本决定的,而是由被不断变化的资本对人口的比率界定的"不断变化的

---

① 在新古典主义中,劳动单位和工资单位之间的固定关系表现为劳动所代表的负效用或牺牲同最后一个工资单位的效用之间在边际上相等(Clark,1891:316)。

② "亚当·斯密使人们形成一种流行的看法,把积累仅仅看成剩余产品由生产工人消费,或者说,把剩余价值的资本化仅仅看成剩余价值转变为劳动力"(Marx,1996:585。关于这个问题,参见 Mill,1871:337—8)。

'自然比率'决定的"(Dobb,1947:109)。实际工资理论虽然承认不充分就业均衡涉及非均衡工资率,即不同于劳动边际产量的工资率,但它没有清楚认识到,一个单位的工资也许代表的是一个可变的劳动量。

但是,由于被对象化在工资中的劳动不同于被实现在生产过程中的活劳动,因而对劳动力的需求和供给不可能与对劳动的需求和供给一致。也许对马克思来说,劳动力的供给对劳动的供给数量具有重要影响,但它影响的是数量,这种数量具有极大的弹性。一旦工资被界定为劳动力的价值,两者间的这种关联便可能表露出迥然不同的劳动数量和劳动价格。

第一,在一定的劳动时间内,劳动时间的延长或劳动强度的提高意味着用同样的可变资本实现了更多的劳动(Marx,1994:317 and 324)。这就在没有增加工人数量的情况下增加了劳动的供给。我们已经看到,工厂部门的资本也不得不面对人口增长放缓的问题。然而,即使我们不考虑这种情况,可变资本也可以随着劳动时间的延长而增加,而无须增加工人的数量。特别是随着工资的增加,"较大的可变资本无须招收更多的工人就可以推动更多的劳动"(Marx,1996:629)。尤其是当这种增加的幅度低于剩余价值与预付资本之比的增加幅度时,情况就更是如此。在马克思看来,在不增加工人数量的情况下增加劳动,确实是节约不变资本的主要手段之一:

每一个资本家的绝对利益在于,从较少的工人身上而不是用同样低廉或甚至更为低廉的花费从较多的工人身上榨取一定量的劳动。在后一种情况下,不变资本的支出会随着所推动的劳动量成比例地增长;在前一种情况下,不变资本的增长则要慢得多。生产规模越大,这种动机就越具有决定意义。它的力量随资本积累一同增长(Marx,1996:629)。

因此,劳动时间的延长和劳动强度的提高,让某一给定的或更高的可变资本得以在劳动力水平相同的情况下增加劳动的数量。

第二,这一给定的可变资本在机器体系的帮助下得以按照同样的方式,雇用更多的非熟练劳动力,从而对熟练工人造成更大的损害。此外,马克思断然否认由生产方法的改变造成的过剩人口会让劳动力的价值保持不变:

工人阶级的一部分就这样被机器转化为过剩的人口,也就是不再为资本的自行增殖所直接需要的人口,这些人一部分在旧的手工业和工场手工业生产反对机器生产的力量悬殊的斗争中毁灭,另一部分则涌向所有比较容易进去的工业部门,充斥劳动市场,从而使劳动力的价格降低到它的价值以下(Marx,1996:

434)。

然而,这种用以前无法利用的劳动来取代熟练劳动的趋势恰恰发生在资本主义的前沿工业部门,如煤气厂、电报业、照相业、轮船业和铁路业(Marx,1996:448)。于是机器体系使它生产的后备军不断膨胀,"部分地由于使资本过去无法染指的那些工人阶层受资本的支配,部分地由于使那些被机器排挤的工人游离出来,制造了过剩的劳动人口,这些人不得不听命于资本强加给他们的规律"(Marx,1996:411)。但是,即使工资就是劳动力的价格,它们也可以挤出极为不同的劳动价格,这一切取决于工作日的劳动时间和劳动强度:"即使劳动价格不断下降,日工资、周工资等仍然可以保持不变。"(Marx,1996:542)

过剩人口既是造成许多劳动的数量增加但工人的数量并没有增加这些情况的主要原因,又是这些情况的特定后果。在所有这些情况下,后备军都没有推动工资下降,而是对现役劳动军形成了压力,并增加了劳动的时间和强度。由于现役劳动军工作时间更长、工作强度更大,从而导致后备军的增加超过了人口的绝对增长。因此,正如马克思所指出的那样,在积累借扩大对劳动的需求,"通过'游离'工人来扩大工人的供给"的同时,"失业工人的压力又迫使就业工人付出更多的劳动,从而在一定程度上使劳动的供给不依赖于工人的供给"(Marx,1996:634)。

最后,如果工资在一定程度上同实际劳动量无关,或者换句话说,如果劳动供给与工人数量无关,那么过剩人口本身就与人口增长无关。

所有这些运行机制表明,劳动供求规律不能再被看作工人的供给和对工人的需求这两个互不相干的量之间的相互对峙这样的规律,而要看作使劳动供给永远适应职能资本的当前需求的规律。

因此,相对过剩人口是劳动供求规律借以运动的背景。它在经济周期的峰值阶段为资本家提供了额外的劳动力,在周期的正常阶段让工资控制在资本家可以接受的范围内。过剩人口是积累过程共同作用的产物。但从更深层次的角度来看,过剩人口也是资本主义生产目的即剩余劳动生产的条件和结果。为了达到这一目的,资本必须启动必要劳动(这是剩余劳动的先决条件),这样就使大量人口任它支配;但为了增加剩余劳动,它又必须降低必要劳动,这样它就一直会生产过剩人口(Marx,1986:326)。因此,对马克思来说,劳动供求规律不是由工资基金和大量工人之间的关系决定的,而是由一定数量的社会劳动中的必要劳动和剩余劳动之间不断变化的关系决定的。

霍兰德的整个分析将资本有机构成的上升归结到一条关于减少劳动需求的规律。他似乎没有注意到,资本积累的目的不仅仅是节约劳动,而主要是减少必要劳动和增加剩余劳动。因此,增加可变资本并不必定意味着增加"劳动需求"。更何况,可变资本的增加完全可以在人口没有任何增加的情况下带来剩余劳动力。我们已经看到,资本在劳动市场的两个方面同时起作用(Marx,1996:633)。

更何况,劳动需求的减少并不总是与资本有机构成的上升有关,有时反而可能是抑制这种上升从而阻止利润率下降的手段。实际上,由于在利润率不变的情况下提高剩余价值率的方法要求不变资本的增加同剩余价值率的提高成比例,资本家总是宁愿增加一小部分劳动者的劳动时间(即使这意味着提高工资),也不愿用压低工资的办法来增加劳动者的数量。在后一种情况下,不变资本的支出会随着所推动的劳动量成比例地增长;在前一种情况下,不变资本的增长则要慢得多(Marx,1996:629)。

6.6　现代增长理论中的劳动供给问题

各种现代增长理论总是把劳动供给等同于所谓的经济活动人口的自然增长率,只有少数增长理论除外。但是,劳动供给的外生性一方面固然缩小了凯恩斯主义和新古典主义模型之间的差异,将其缩小到造成短期周期变化的原因上;另一方面又对新增长模型所主张的内生性构成了挑战。从哈罗德到罗默,各种现代增长理论彼此之间最彻底的一致处便体现在处理劳动供给的方式上。

我们已经看到,劳动需求增长率的持续下降必然假定技术进步是外生的,即技术进步与积累状况无关。然而,真正的内生增长模型反过来却要求放弃经济活动人口的外生增长率假设。例如,凯恩斯主义和新古典主义模型乍看之下便因各自的投资函数不同而彼此各异。在前面提到的哈罗德(1939)和多马(1946)模型中,投资函数是自主的,也就是说,是建立在投资人对增长率的预期的基础之上,这样便有了函数模型 $I=v\Delta Y$,其中,$v>0$,v 表示资本增量和收入增量之间的比率,即 $\Delta K/\Delta Y$。另一方面,在索洛和斯旺模型中,假定投资等于储蓄,后者赶得上资本边际生产率(利率),这样便有了函数模型 $S=I$ 和 $\Delta K=sF(K,L)$。两类模型间的这种差异无疑意味着它们对积累和均衡概念的使用迥然有别。在哈罗德那里,投资函数径直表示了私人投资决策的分散性和不确定性。因此,为使商品市场达到均衡,所需投资必须等于储蓄,即 $sY=v\Delta Y$ 或 $\Delta Y/Y=s/v$。由是,这后一种增长率称为有保证的增长率。相比之下,新古典主义的储蓄和投资相等则显示了投资的集中性和稳定性。尽管如此,在这两个框架中,每个模型都试图根据自己的假设得出一个自然或均衡增长率。在两个框架中,这一增长率都是由所谓外生的经济活动人口增长率(人口增长率和劳动边际生产率的增长率之和)决定的。在哈罗德模型中,均衡条件被设定为 $s/v=a$,其中,a 是经济活动人口增长率。在第一个框架中,由于预期增长率和有保证的增长率之间的背离,会出现经济短期波动;在第二个框架中,由于要素的无限可替代性和价格的弹性,增长率随时可能调整到自然增长率,但在这样的条件下,这些都不重要。在这两个框架中,增长的上限都是外生的,均由人口增长率决定。我们尤其不能因新古典主义模型中投资是由技术数据决定的这一假象,断言凯恩斯主义的投资函数比新古典主义模型中的投资函数更具有内生性。[①] 因为在哈罗德的模型中,投资函数是由社会的储蓄倾向和技术进步或人均资本等多种因素决定的,这些因素都被认为是外生的。相反,在某种程度上可以说,在索洛的模型中,投资事实上是内生的,因为人均资本进而资本生产率均沿着通往均衡的路径做了修正: $r=f'(k)$。

但是,我们即使承认投资函数取决于建立在当前增长率基础上的预期,也不能肯定哈罗德和多马所说的增长其所固有的不稳定性是由投资的内生性造成的。A. P. 瑟尔沃(A. P. Thirlwall)已经注意到,凯恩斯主义模型的弱点在于假定在经济增长的道路上劳动供给是固定的(2002)。但他恰当地观察到,例如,如果实际增长率高于自然增长率,经济活动人口将做出反应,部分退出劳动市场,这样,劳动生产率的增长将更加疲软,劳动供给将向下调整。相反,如果有保证的增长率低于自然增长率,则将带来经济繁荣,从而吸引一部分新的人口进入劳动市场,这样将有利于劳动生产率的提高。更一般地说,"自然增长率的内生性对这种看法具有严重影响:经济将趋向于一个给定的各生产要素得到

---

① 库尔茨和萨尔瓦多里(2003)认为,古典学派对增长率的解释优于新古典主义。在古典学派中,增长率是内生的,要么为利润率和积累倾向所决定(Torrens),要么为生产技术条件所决定——后者决定了所生产的超出劳动者所需消费品范围之外的剩余(Von Neumann);而在新古典主义中,增长总是依赖于外生要素,特别是人口的增长(Marshall, Cassel)。但这种看法并不正确。一方面,人口增长率只是对长期的均衡增长率具有重要影响,而不会影响非均衡增长率。另一方面,古典学派那里的增长率并不比凯恩斯主义和新古典主义那里的增长率更具内生性;在三者那里,增长率都取决于给定的技术状况(决定利润率)或储蓄倾向(决定有保证的增长率)。

充分使用的生产边界。实际上,这个边界会随实际增长率不断变动"(Thirlwall,2002:85—6)。因此,凯恩斯主义各增长模型的高度不稳定性与其说在于投资的内生性和可变性,不如说在于劳动供给——无论实际增长率处在哪个阶段,劳动供给始终保持固定不变。①

萨缪尔森对新古典主义经济学增长模型中人口变量的消失提出了批评(1985)。此后,有些模型试图将经济增长和人口演变合成整体,这样便把劳动供给作为一个内生变量引进模型(Chu,1998)。这些模型旨在解释"为什么随着收入的增长,出生率和死亡率都在下降,而人均人力资本和物质资本的存量却随着时间的推移在不断增加"(Nerlove and Raut,1997:1171)。M. 纳洛夫(M. Nerlove)在一篇论述新家庭经济学(New Home Economics)的纲领性文章中指出,从小养成良好的卫生习惯可以提高预期寿命,特别是"个人从事经济生产的预期年限",这样便可以"在不增加人口的情况下增加人的可用时间数量"(引自Nerlove and Raut,1997:1119)。事实上,这类模型的原理还是古典学派确立的原理,即工资的增加改善了人的生活,只不过这种改善呈现为经济活动人口的寿命,而不是表现在经济活动人口的增长率上(Niehans,1963)。

新的增长模型乍一看与旧的不同,它把劳动力作为增长的外生生产要素整合进来。另外,这些新的增长模型的投资函数又直接依赖储蓄,而储蓄又随行为体的最大化行为而定,在这方面,它们又与新古典主义经济学模型相一致。然而,在这里,由知识积累或干中学而产生的技术进步,作为一种内生变量被引入模型,这样增长便无止境,而不再受报酬递减的支配(Aghion and Howitt,1998)。因此,新模型在新古典主义经济学的生产函数中增加了一个新要素 α,表示投资于活劳动所产生的生产率。由于这些投资涉及正外部性,故而该系数适用于整个社会资本。因此

$$\alpha(\sum K) = (\sum K)^{\beta}$$

这些新模型中的生产函数的一般形式(起源于柯布—道格拉斯型生产函数)如下:

$$F[\sum K_i, \alpha(\sum K_i) \cdot \sum L_i] = (\sum K_i)^{1-\alpha}(\sum K_i)^{\beta\alpha}(\sum L_i)^{\alpha}$$

---

① 有人说,储蓄倾向、人均资本和人口增长率的外生性会导致经济体系的分散性(Guerrien,2002:245)。但是,一个建立在个人决策分散化基础上的经济体系,其具体的社会性质不在于行为体彼此之间对对方行为的冷漠,而在于他们对因个人行为的相互碰撞而产生的经济关系中发生变化的一直适应。

在标准的柯布—道格拉斯生产函数中,指数之和等于1,各生产要素都充分参与生产。这样 β 值便决定了与要素 α 相关的增长类型。如果低于1,则人均产出会增长,但增速会越来越慢,这一点在索洛模型中可以看到。如果高于1,则会一直加速增长,在哈罗德模型中就是这样——在这里,当前增长率低于自然增长率。只有当 β 等于1时,产量才会与全球产量同步增加。实际上,新模型(恰当地说,应该称 AK 模型)一般只假设后一种情况。话说回来,如果 β 确实等于1,则函数变成为 $(\sum K) \cdot (\sum L)^{\alpha}$,后一项等于 α。这样,在 AK 模型中,对人力资本或研发的投资可以让资本收益递减假设放宽,并可由此强调这些投资与人均产品增长之间的密切关系。但 α 与 $(\sum L)^{\alpha}$ 相等也表明,经济增长完全依赖经济活动人口的增长,而经济活动人口本身就被界定为外生变量。事实上,劳动的内生性质并不涉及劳动供给,甚至都不涉及雇佣的劳动数量,而只涉及包含在劳动力中的"资本"或投资研发领域产生的知识。在内生增长模型中,劳动实际上被归为一种新型资本即人力资本的中介,因此与生产函数有关的主要问题是社会储蓄在两类资本即物质资本和人力资本之间的分配。但是,无论投在人力资本上的资本数量是多少,工资份额都保持不变,并等于指数 α。

无疑,AK 模型阐述的增长模式不再依赖外生的技术进步,而是依赖对不同的投资可能性(物质资本和人力资本)的裁断。但是,只要它们保留外生的劳动力供给[1]和要素得到充分使用两个标准假设,长期增长就必然会受到人口增长率的限制,而人口增长率依旧不受人力资本投资的影响。[2]

事实上,在新模型中,

> 从投资对增长具有重大影响这个角度来说,增长是内生的,因为在这里资本报酬递减的假定放松了。增长的内生性不是从劳动力的增长与生产率的增长是对需求的回应和对产出本身的增长的回应这个意义上讲的。需求从"新"内生增长理论中完全消失了(Thirlwall, 2002:80)。

但只要技术进步或诸如劳动这样的要素是外生的,这些对增长具有重要影

---

[1] 库尔茨和萨尔瓦多里认为,古典的内生可累积劳动概念类似于当代人力资本概念,因为在新增长理论中,由于人力资本的积累,实际的劳动力供给便成为内生的可累积要素(Kurz and Salvadori, 1999)。但两人混淆了劳动供给和人力资本供给,实际情况是,人力资本源自对这一特定劳动供给的教育投资。这里积累起来的不是劳动要素,而是在生产过程中被活劳动激活的知识和能力。

[2] 因此,例如,"模型中有研发活动,则全部劳动力在任何时刻不是在从事生产,就是在从事研发"(Dutt, 2003:76);在阿吉翁—豪伊特模型(Aghion and Howitt model)(1998)中,失业是摩擦性的,全都只是源于社会生产结构的变化。

响的变量就肯定对需求不敏感。

马格林转而聚焦于资本—劳动关系在积累过程中的演变，提出了一个新马克思主义增长模型(1984)。在这个模型中，资本家和工人之间的力量对比不仅影响工资问题上的议价能力，而且影响生产本身的控制与管理。

不独阶级力量影响技术选择，技术也影响到工人(而非资本家)究竟可以在多大程度上控制工作过程，从而影响两个群体在工资谈判中的相对力量。正是基于这些原因，马克思主义和其他非新古典主义研究进路在进行经济分析时重在突出生产过程，尤其是重在突出社会生产关系(Marglin,1984:68)。

同样，外生的、标准的固定工资，连同储蓄职能一道，决定了增长率，并因此也决定了利润率。和凯恩斯模型一样，在这里，实际增长率等于人口增长率是出于假设。但是，当 g 高于 n，因而劳动需求高于现有供给时，情况又会如何呢？马格林提到了三种增加劳动供给的手段：后备军、资本向劳动力丰富的地区输出、外来移民(Marglin,1984:65)。马格林只触及技术进步在创造过剩人口中扮演的角色(Marglin,1984:66)，而完全忽视了后备军如何影响当前雇佣劳动人口的劳动供给问题。此外，马格林还认为，"劳动监督和劳动纪律，而不是新的能源来源……才是工厂制度出现的关键"(Marglin,1984:106. 另见Marglin,1974)。

瑟尔沃也许是把劳动供给弹性的概念以及工人数量与劳动时间数量之间的离断后果推到极致的作者。我们已经看到他如何强调劳动供给的当前增长率和自然增长率之间的差距的影响。但"实际上"，瑟尔沃继续说道，"(经济趋向于它的那个各生产要素得到充分使用的)边界会随实际增长率不断变动"(Thirlwall,2002:85-6)。他认为，增加劳动供给的手段，不只有单纯地简单增加劳动时间，还包括以提高经济活动人口参与雇佣劳动的比率的形式求助于后备军，以及引进国外劳动力。但是，对于后备军对现有劳动供给的影响，他甚至提都没提；对带来工资相应增加的劳动时间和劳动强度的增加所造成的剥削率的提高，他也一句没提。更一般地说，对瑟尔沃而言，劳动供给的弹性并不改变工资和劳动单位之间的既定关系。按照后凯恩斯主义原理，这种关系只会随着新的工资谈判发生改变。与此类似，利润率也只随垄断程度的变化而变化。瑟尔沃从来没有把劳动供给的弹性看作活劳动相对于工人数量(或人口增长率)的弹性以及相对于工资的弹性，因而这种弹性改变的是必要劳动和剩余劳动之间的关系。

第三部分

资本的流通

7

经济思想史上的资本循环公式

在资本总公式 $M-C-M'$ 中,资本的价值增殖过程,始于流通($M-C$),终于流通($C'-M'$)。剩余价值的创造就这样发生在这两个流通行为之间的生产领域。因此,资本总公式是由两种完全不同的过程构成的。这两种过程分别是由活劳动来生产剩余价值的过程和价值的客观形式的流通过程。马克思明确承认作为一种活动的劳动与价值的客观形式(劳动正是以这种形式流通的,也是以这种形式来使其生产的价值得以实现的)之间的对立,从而把从一种价值形式向另一种价值形式转变的连续性确立为价值增殖过程的绝对要求(1)。这种连续性也因其最大限度的安全性和流动性而成为国家政策的目标(2)。因此,价值增殖过程不能还原为货币资本的循环,也不能还原为生产资本的循环,甚至不能还原为商品资本的循环(再生产图式)。它有赖于三个循环的统一。根据马克思的观点,资本呈现出的任何一种形式都不能声称自己是资本的卓越代表,甚至连货币也不能这么说。只有当它代表价值的绝对形式时,货币才不得不被赋予特许代表资本的权利。因此,孤立地去看货币资本的循环,实际上表现了重商主义的思想,即把贵金属看作资本的唯一形式(3)。生产资本的循环是古典学派和新古典主义理论的基础,但在这种循环中,货币只是作为交换手段发挥保证生产过程得以不断重复的作用,价值增殖过程并没有得到更充分的呈现(4)。仔细阅读凯恩斯的货币与利息理论可以发现,其流动性偏好理论的局限和歧义恰恰产自他试图在生产资本公式所设定的框架内真的把货币整合进经济分析(5)。

7.1 活劳动与作为过程的资本

在单纯的商品流通 $C-M-C(G-W-G)$ 中,商品转化为货币,货币再转化为商品,就这样通过把私人劳动产品转化为社会劳动,保证了社会的新陈代谢。在资本主义流通形式 $M-C\cdots P\cdots C'-M'(G-W\cdots P\cdots W'-G')$ 中,一方面,M 只有通过一系列的转换才能增殖:首先是用 M 来交换获得 C,然后是生产过程 P,最后是 C'(包含剩余劳动)转化为 M'。另一方面,只有中介性的生产场合才构成价值增殖过程,通过在生产过程中激活劳动力来实现价值的增值。此外,只有商品的流通与交换,才能使包含在劳动产品 C' 中的价值和剩余价值得以实现自身,并把货币资本转化为数量更多的货币。换句话说,通过活劳动实现价值增殖,要以劳动对象化为商品和货币形式进入流通为前提与依靠。因此,增殖过程表现为生产过程和流通过程的统一(Marx,1997:105)。

但是,在流通只涉及客观价值形式这个范围内,流通时间就是资本为了通过商品的销售来实现自身而停止增殖的时间。因此,资本的总公式($M-C-M'$)本身就包含了最大限度地缩短资本流通时间的需要。

从流通时间同生产过程的关系可以看出,某一时期生产的价值总额或资本的全部价值增殖,不是单纯取决于资本在生产过程中创造的新价值,或取决于在生产过程中实现的剩余时间,而是取决于这种剩余时间(剩余价值)乘以资本的生产过程在一定期间所重复的次数(Marx,1986:468)。

每一种社会生产方式实际上都要求生产过程具有连续性并进行周期性更新,以作为其再生产的条件。但是,只有资本主义生产方式才让这个要求成为自身目的,并成为发达资本主义国家对外政策的基础。强调生产过程的连续性,是马克思在政治经济学领域的伟大发现之一。连续性要求直接来自活劳动同对象化在价值形式中的劳动之间的对立:

当资本仍然保持成品形式的时候,它是不能作为资本活动的,所以是被否定的资本。资本的价值增殖过程相应地受到了阻碍,资本的处在过程中的价值被否定了。因此,这种情况表现为资本的损失,表现为资本价值的相对损失,因为资本的价值恰恰是在价值增殖的过程中形成的。换句话说,资本的这种损失只不过是它的时间的白白浪费,如果不出现停滞,在这段时间里资本本来可以通过同活劳动的交换去占有剩余劳动时间,即占有他人的劳动(Marx,1986:469—70)。

在马克思之前,政治经济学只是从资本价值的不同组成部分的流通方式的角度来研究资本的流通。

根据斯密及其后继者的理论,生产资本分为固定资本和流动资本:前者包括生产部门中保持物质上固定不变的各组成部分,会逐步转移价值;后者则由在一定的生产时期内发生物质上的变化并被完全耗费的各成分组成。由于政治经济学把生产过程中的劳动力看成与支付给它的工资一模一样,或者更确切地说,把它看成与工人所消费的生活资料一模一样,因而很自然地便把可变资本当作流动资本的一部分,最后到李嘉图那里,可变资本则成了流动资本的全部。把活劳动和劳动工资相混淆,导致不变资本和可变资本之间的差别缩小为固定资本和流动资本之间的差别:

如果像斯密那样,不是把投在劳动力上的价值,而是把投在工人的生活资料上的价值,规定为生产资本的流动组成部分,那就不可能理解可变资本和不变资本的区别,因而也就不可能理解资本主义生产过程本身。这部分资本是和投在产品物质形成要素上的不变资本相对立的可变资本这一定义,被掩埋在这样一个定义之下:投在劳动力上的那部分资本就周转来说属于生产资本的流动部分。这种掩埋由于不是把劳动力,而是把工人的生活资料列为生产资本的要素而最终完成(Marx,1997:216)。

此外,它还导致经济学家将从事工作的劳动力等同为流动资本。然而

投在工资上的资本的现实物质,是劳动本身,是发挥作用的、创造价值的劳动力,是活的劳动。资本家用死的、对象化的劳动来和它交换,把它并入他的资本,只有这样,他手中的价值才转化为一个自行增殖的价值。但是,资本家并不出卖这种自行增殖的力(Marx,1997:223)。

因此,尽管政治经济学把固定资本和流动资本相对立,但它从来没有陈述过活劳动在其间创造新价值的生产资本和由商品与货币构成的流通资本之间的对立。但在马克思看来,固定资本和流动资本首先涉及的是作为生产过程和流通过程统一体的资本的形式规定,其后才涉及生产资本的形式。

资本作为通过一切阶段的主体,作为流通和生产的运动着的统一,作为流

通和生产的处在过程中的统一,它是流动资本;资本作为束缚在每个这样阶段上的它自身,作为具有自身差别的资本,是固定起来的资本、被束缚的资本。作为流动着的资本,它把自身固定起来,而作为固定起来的资本,它在流动。因此,流动资本和固定资本的区别,首先表现为资本的形式规定,即要看资本是表现为过程的统一体,还是表现为过程的特定环节(Marx,1987a:9—10)。

这种规定导致两者之间的本质区别。过程的连续性要求资本以货币、生产和商品三种形式永久存在,将重点放在创造价值的劳动的活的性质上,而不是放在价值的诸客观形式上,让马克思在分析资本的生产过程时将其看作从一种形式向另一种形式转变的连续过程。由于连续性是资本主义生产的特征,因而连续性也是"三个循环的统一"。这样产业资本就必须以三种形式同时存在,以保证增殖过程的连续性。但是,只有明确认识到价值增殖依靠的是生产领域消耗的活劳动,才能做到把生产资本的循环理解为从一种形式到另一种形式的连续转变过程:"因此,产业资本的连续进行的现实循环,不仅是流通过程和生产过程的统一,而且是它的所有三个循环的统一。"(Marx,1997:108)

再者,增殖过程作为生产过程和流通过程的统一同时表明,价值的各种实现形式,即生产(P)、商品(C)和货币(M),对作为过程的资本具有随遇性,尽管它们为作为过程的资本所必需,因为整个过程就是从一种价值形式向另一种价值形式不断变化的过程。

从一个要素转变为另一个要素表现为特殊的过程,但是这些过程中的每一个过程都是向另一个过程的转变。这样,资本就表现为处于过程中的价值,这个价值在每一个要素上都是资本①(Marx,1986:460)。

在古典学派那里,生产资本的公式就是漂亮的资本图式,在重商主义者那里,货币就是社会财富的唯一代表。马克思把资本看作一个不断地从一种价值形式向另一种价值形式转变的价值增殖过程,这样便不仅将自己同古典学派决裂开来,也实现了自身同重商主义者的决裂。

7.2 商品资本的循环与资本主义生产关系的再生产

商品资本公式 $C'-M'-C\cdots P\cdots C'$ 乍一看满足了资本增殖过程所需条件

---

① 这段话中出现的"要素"一词,作者引用的英文版本为"moment"。——译者

的连续性和一直持续下去的再生产的要求。

从现实角度来看,增殖过程中的连续性要求涉及信用制度和国家两个方面。第一,信用让生产资本不必等着商品销售然后再来重复生产过程,因此,流通时间的缩短不仅触发了交通和通信的发展,也触发了资本"借以人为地缩短流通时间的那些形式(一切信用形式)"(Marx,1986:466)。因此,信用制度既消除了生产资本流动性的障碍,同样又使这种流动性变得越加必要,以致金融资本似乎在迫使生产资本最大限度地缩短其流通时间。第二,增殖过程中的连续性决定了国家对境内外的基本关切:在资本建立起自己的生产方式或者发展起贸易的各个地方,为价值从一种形式自由、流畅地转变为另一种形式创造条件。即使价值产生于作为一种活的活动的劳动,相对剩余价值这种方法对资本来说还是不够,资本还需要有让生产过程得以展开而尽可能不中断的环境,这便意味着把流动性发挥到最大限度,缩短流通过程。

过程的稳定连续性,即价值毫无阻碍地和顺畅地由一种形式转变为另一种形式,或者说,由过程的一个阶段转变为另一个阶段,对于以资本为基础的生产来说,同以往一切生产形式下的情形相比,是在完全不同的程度上表现为基本条件(Marx,1986:459)。

魁奈通过《经济表》(*Tableau Économique*)将经济思想转化为真正的政治经济学,并非巧合;再生产图式成为卢森堡分析帝国主义的基础,同样也不是巧合。事实上,资本主义生产正是在流通领域找到了其连续性所必需的结构和其再生产的社会先决条件。因为

> 在分配是产品的分配之前,它是(1)生产工具的分配,(2)社会成员在各类生产之间的分配(个人从属于一定的生产关系)——这是同一关系的进一步规定。这种分配包含在生产过程本身中并且决定生产的结构,产品的分配显然只是这种分配的结果(Marx,1986:33—4)。

资本主义生产的成果不仅是剩余价值,还有资本本身。在生产过程开始时,工人面对的是属于资本家的生产资料;在生产过程结束时,工人面对的是自己生产出来的作为资本家财产的产品。于是,这个过程的更新,就用资本再生产了资本主义生产关系,即工人同客观劳动条件相分离。

因为在他进入过程以前,他自己的劳动就同他相异化而为资本家所占有,并进入资本中,所以在过程中这种劳动不断对象化在为他人所有的产品中。因为生产过程同时就是资本家消费劳动力的过程,所以工人的产品不仅不断地转

化为商品，而且也转化为资本，转化为吮吸创造价值的力的价值，转化为购买人身的生活资料，转化为使用生产者的生产资料(Marx,1996:570)。

只要这一过程不断重复自身，资本家和工人就不再是在劳动力市场上碰巧相遇，因为"工人必须不断地用自己的活劳动买回自己本身的产品的一部分"(Marx,1994:465)。

过程本身必定把工人不断地当做自己劳动力的卖者投回商品市场，并把工人自己的产品不断地转化为资本家的购买手段。实际上，工人在把自己出卖给资本家以前就已经属于资本了。工人在经济上的隶属地位，是通过他的卖身行为的周期更新、雇主的更换和劳动的市场价格的变动来实现的，同时又被这些事实所掩盖(Marx,1996:577)。

但资本不只再生产资本，它还和新增劳动力一起生产新增资本。资本主义生产还再生产它赖以存在的社会关系，并在不断扩大的规模上再生产这些社会关系。商品资本的循环已经包含这些社会规定，预示了马克思阐述的简单再生产和扩大再生产图式。即使这一循环只与个人资本有关，资本也体现了自己的社会性质，因为一方面商品表现为包含剩余价值的商品，并因而表现为外在于公式的资本主义生产本身的存在；另一方面，这一公式表明，C 意味着商品在市场上的存在，以便使其再生产的不同阶段得以实现："这些商品由作为先导的流通过程引入循环，转化为生产资本，然后 $W'(C')$ 作为生产资本执行职能的结果，再成为循环的结束形式。"(Marx,1997:102)因此，商品资本循环的所有这些特征，"都表明这个循环已经超出它作为一个单纯单个资本的孤立循环的范围"(Marx,1997:104)。

然而，即使商品资本的循环使资本主义生产所特有的各种社会规定得以展现，但货币只能作为流通手段发挥次要作用，这就限制了对积累过程的分析。在《资本积累论》(*The Accumulation of Capital*,1913)中，卢森堡便自问积累的内部具体机制究竟是什么：

为了保证积累在事实上能够进行，生产在事实上能够扩大，还需要另外一个条件，即对商品的有效需求必须也在增长。在马克思的图式中，这种不断增长的需求构成了规模不断扩大的再生产的基础。但这种不断增长的需求是从哪里来的呢？(Luxemburg,1913:104)

答案和问题本身都来自激发她思考的资本公式所设定的先决条件，即商品资本的循环。在再生产图式——这些图式阐明了一个完全由资本家和雇佣工人组成的社会——的基础上,卢森堡恰当地提出了这样一个问题:既然积累建立在资本家抑制自己消费利润的基础上,那么,扩大再生产的过程是由哪个生产部类发起的呢?换句话说,为什么这两个部类的资本家在缺乏预期的商品有效需求的情况下决定积累资本?一方面,生产消费品的部类没有理由去生产更多的产品,因为生产生产资料的部类其消费已经在简单再生产的基础上得到满足;另一方面,生产生产资料的部类对积累最终用于生产更多消费品的生产资料的兴趣更小:

因此,第Ⅰ部类和第Ⅱ部类的剩余产品必须有人购买——谁来购买呢?根据上面的演示,仅仅为了实现这两个部类的剩余价值,在第Ⅰ部类和第Ⅱ部类之外还得有一个有效需求,这样才能使剩余产品变成现金(Luxemburg,1913:110)。

她由此得出结论,在资本主义生产体系之外,还必须有其他需求来源。由于这些需求来源肯定不具有资本主义性质,因此,两个部类之外的需求涉及的是消费品。事实上,卢森堡的一般性思考以及她对这个问题的解决,前提都是假定消费是需求的主体和目的(Luxemburg,1913:104—5)。

这是因为在这些图式所设定的框架内,货币的作用实际上被缩减到只剩下作为购买手段的职能。更一般地说,卢森堡为寻找用于积累的货币的各种可能的来源而再度考察的所有解决方案,都没有将货币看作资本,而是将其看作购买商品的手段,即实现剩余价值的手段。下面的摘录很好地说明了货币作为为自身服务的价值的次要作用:"因此,剩余价值必须脱去它作为剩余产品的形态,然后才能重新获得以积累为目的的形态。"(Luxemburg,1913:110)卢森堡把货币锁定在两个再生产过程之间,积累的发动机即作为价值的绝对形式的货币被她忽视了,这样她便把资本的积累过程转换成使用价值的一种荒谬的积累。卢森堡与同样依赖这一资本公式的古典学派之间最大的不同,是她从不把消费看作资本主义生产的目的。但他们的共同之处在于,货币一直取决于使用价值的流通,因为尽管资本家有致富的动力,但消费才是再生产的最终缘由。

当卢森堡问"货币从哪里来?"时,问题的核心点不是在作为贮藏物品和流通手段的货币的真正来源上,而是在于货币表现的是一种有支付能力的需求,因为资本家无意预支实现剩余价值所必需的货币。"货币从哪里来不算是积累的问题,积累的问题在于对资本化的剩余价值生产出来的额外物品的需求来自哪里"(Luxemburg,1913:109—10)。但卢森堡忘了,货币不仅是剩余价值实现的形式(Luxemburg,1913:104),也是生产过程和再生产过程本身的起点。毫无疑问,非资本主义地区和非资本主义生产方式是资本积累动力的必要条件。更何况,一旦社会完全由资本家和雇佣工人组成,资本主义生产方式就会到达极限。罗莎·卢森堡对马克思主义政治经济学的主要贡献是用再生产图式来分析全球范围内资本积累的真实条件。但无论是被资本完全主导的社会的实际极限,还是外部需求的存在,都不能解释积累过程本身,积累过程的主题和目的都是作为价值的绝对形式的货币本身。

7.3 货币资本的循环与重商主义眼里的国家财富

货币资本循环 $M-C\cdots P\cdots C'-M'$ 清楚地表明,资本主义生产只是预付的货币资本增殖的一种手段:

因此,货币资本的循环,是产业资本循环的最片面,从而最明显和最典型的表现形式,产业资本的目的和动机——价值增殖,赚钱和积累——表现得最为醒目(为贵卖而买)(Marx,1997:66)。

然而,作为一种思想图式,货币资本循环集中体现了重商主义学说的要旨,因为一则货币是资本过程的开始和结束,二则更重要的是,生产介入了货币流通的两个阶段。早期货币主义的其他潮流"坚持交换价值的坚实的、可以捉摸的和闪闪发光的形式,坚持它同一切特殊商品对立的一般商品的形式"(Marx,1986:390)[①],这就是重商主义与早期货币主义其他思潮的区别。

所谓货币主义,不过是 $G-W-G'(M-C-M')$ 这个没有概念的形式的表现,不过是这样一个运动的表现,这个运动仅仅在流通中进行,因此只能这样来说明这两个行为(1)$G-W(M-C)$,(2)$W-G'(C-M')$:C 在第二个行为中是高于它的价值出售的,因此,从流通中取出的货币多于在购买时投入流通的货币。但是,把 $G-W\cdots P\cdots W'-G'(M-C\cdots P\cdots C'-M')$ 肯定为唯一的形式,它就成了更为发展的重商主义体系的基础,因为在重商主义体系那里,不仅商品流通,而且商品生产,也表现为必要的要素(Marx,1997:68)。

由于出口商把更贵的商品卖给了外国,而货币又被用来购买生产资料和劳动力,以增加国民在世界市场上既不消费也不售卖的那种社会财富,所以回到

---

① 此处文献出处或许存在笔误,这句话应该出自 Marx,1987b。中文版见《马克思恩格斯全集(第31卷)》,人民出版社1998年版,第553页。——译者

国库的货币不会增多。

这个学派的共同目标是扩大出口,这样就可以在国内市场——在他们看来,国内市场缺乏弹性,而且多少都是有限的——销量的基础上再增加额外的销售量。这种贸易平衡(在没有外国投资的情况下)必须具备一个条件,那就是贵金属的大量涌入。但他们看重的主要是商品的额外市场而不是金属,因为金属只是手段(Dobb,1947:202)。

拜雅各布·维纳(Jacob Viner)的研究——他的研究紧随斯密——所赐,重商主义将贵金属视为社会财富的绝对、唯一形式,已广为人知。不过,维纳也承认,重商主义者在混淆货币和财富的同时也赋予了就业在经济中比黄金和白银更高的地位(Viner,1975:51)。例如,柴尔德(Child)、达芬南(Davenant)、巴蓬(Barbon)和诺斯(North)等就认为,就业水平比贸易平衡作为国民财富的指标更加可靠(Magnusson,1994:167)。维纳甚至指出,就业是重商主义者长期关注的问题。因此,马林斯(Malynes,1601)、加里(Cary,1705)和洛(Law,1705)认为,贵金属的进口通过提高价格创造了就业机会(Magnusson,1994:125)。此外,马格努森注意到,巴蓬声称"出口贵金属实际上对国家有利,如果它们留在国内,运送这些贵金属花费无几,这些贵金属也提供不了多少工作,但如果将它们出口,至少得支付运输费用"(Magnusson,1994:125—6)。"正是创造就业这种想法以及这种想法对重商主义的重要性,让大家看到,重商主义极其看重将生产本身视为目的"(Magnusson,1994:130)。因此,有人鼓励出口包含大量新增劳动的产品。根据巴蓬的说法,这一政策的合理性在于,出口收益的衡量标准是英国的就业水平,而进口收益的衡量标准则是制造业今后达到的就业水平。因此,"进口生丝比进口金银更有利可图,因为制造生丝雇用的人手比铸造金银雇用的人手多"(Viner,1975:52—3)。但维纳声称这些当务之急受制于对贸易顺差的追求,这种说法是完全错误的。情况恰好相反,是后者离不开前者。然而,根据他的这种理解,就业水平本身倒真不是目的,而是扩大生产的动机和标志(Viner,1975:56)。

一般来说,重商主义者很少把货币和货币所能购买的东西混为一谈。所以达芬南称:

黄金和白银确实是贸易的尺度,但在所有国家,贸易的源泉、原物,都是该国的天然产品或人工产品,也就是说,是这片土地的产品或者该国的劳动和工业生产出来的产品(Davenant,1699:12)。

在他们看来，货币的积累除了证明收入高于支出外，证明不了其他任何问题。例如，在货币积累与国家利益之间的关系问题上，马格努森就指出，国家利益到底是不是同贸易顺差相关，是不是同本国工业和国外收入一道创造的国民收入的增长相关，其实很难知道（Magnusson，1994：157）。因此，贸易顺差只是一国国内工业发展的有形标志。比如，乔赛亚·吉（Josiah Gee）1729年坚称："正是通过受雇于制造业的穷人的劳动，然后将产品出口到其他国家"，英格兰和荷兰这些国家实现了繁荣（Magnusson，1994：157）。重商主义特有的货币拜物教之所以区别于货币贮藏者那种天真的货币拜物教，是因为重商主义者很少关注货币在交换领域之外履行的职能（贮藏、摆阔等）（Heckscher，1994：209—16）。这一事实让赫克歇尔确信，货币在重商主义理论中并没有扮演任何特有的角色（Heckscher，1994：260）。① 换句话说，只有当货币使货币资本完整循环的连续和扩大所需的流通得以实现时，它才是最好的财富形式。重商主义不再是一种新的条件下获取和巩固国家权力的国家学说，因为国家权力只有养护、帮助工业发展，自身才能由此得到提升（Viner，1975：112 and Viner，1948）。

然而，货币资本公式的欺骗性的质恰恰是重商主义思想局限性的标识。因为即使重商主义在货币的性质和作用上没有多少幻想，但它的信条仍然是"贱买贵卖"。尽管它承认生产在创造社会财富中的作用，但由于其领域仅限于商品流通领域，以致"他们从这个基本领域的观点来判断资产阶级生产的整个错综复杂的过程，混淆了货币和资本"（Marx，1987b：390）。重商主义之所以混淆了货币和资本，并不是因它的货币拜物教所致，而是因为货币的增长也许仅仅被归结为商业性运作。

通过贸易进行剥削是如此重要，以至于在一些重商主义著作中，我们发现一种倾向，即把对外贸易获得的收益看作剩余的唯一形式，并因而将它看作积累的唯一来源，也是国家收入的唯一来源（这一点很像重农学派强调租金是唯一的纯收益）（Dobb，1947：209）。

这样，货币资本循环在用货币付讫的贸易收支中找到了合乎自己需要的公式（Marx，1988：352n）。但是，只有生产过程成为增殖过程的场合，M 才能够以更高的量 M' 的形式回来。而且，货币资本的完整循环实际上是以资本主义生

---

① 赫克歇尔（Heckscher）提到，1530年，上议院为了应对贵金属匮乏的问题，提议发行皮制货币，以筹措对法战争经费。但此提议立即遭到反对，反对的理由是，万一法国俘虏了国王，并索要赎金，国家将会陷入窘境。

产为前提的。① A 以更高的量周期性返回,实际上要以 P 一直更新下去为前提。

因此,资本主义生产过程是早已作为前提存在的,如果这不是在新投入的产业资本的第一个货币资本循环内,那么,就是在这个循环以外。资本主义生产过程的经常存在要以不断更新的 $P \cdots P$ 循环为前提(Marx,1997:69)。

但是,一旦把货币资本循环中生产的更新看作既定的,货币的运动就只是介于两个生产过程之间的一个过渡阶段,在这个过程中,货币本身只是作为资本商品的价值尺度和交换手段,履行服务于资本商品流通的职能。

7.4 政治经济学中生产资本的循环

"真正的富足……不仅是可以完全享受生活上的需求,甚至也包括完全享受一切奢侈用品和所有能令感官愉悦的东西"(Boisguilbert,1707:32),布阿吉尔贝尔的这一宣告,打破了重商主义的偏见,引入了政治经济学的一些基本理念,直至认为交换价值的生产是使用价值生产的自然形式(Marx,1987b:295)。事实上,只要承认这样一个事实就已经足够,即生产充当了货币流通的两个阶段的中介,货币则通过重复它自己的增长周期,转而充当了新商品的流通中介。商品的流通理论上可以在没有货币的情况下发生(Boisguilbert,1707:18—19),而货币则需要商品持续不断的生产才能实现自身的流通和增长。因此,资本的循环似乎是从生产开始,又以生产结束的:$P \cdots C' - M' - C \cdots P$。在货币资本循环中,生产介入流通的两个阶段之间,其唯一目的是使货币的价值增值。但正如政治经济学在反驳重商主义时所指出的那样,国民财富不是用货币计算的,而是以使用价值(生产资料和生活资料)的规模和种类计算的(Smith,1776:438;Ricardo,1821:365)。商品流通的目的不是充实国库,而是为公民提供食粮。再者,如果不用这些货币来扩大国家的生产能力,不用这些货币在不同社会阶层之间分配社会消费资金,不用这些货币来增加商业信贷的供应以便用自己的盈余从国外换取稀有的、更加昂贵的产品,那么这些货币该怎么处置呢?由于生产是资本过程的开始和结束,交换价值便只出现在交换中。

所以,货币必然追求货物,而货物却并不总是追求货币,甚至无须追求货

---

① 另一方面,纯粹的货币资本公式 $M-C-M'$ 只要求各种生产方式下生产出来的商品贱买贵卖。

币。购买货物的人常常会自己使用或消费，并不总想再把货物出售；但售卖货物的人总是打算再次购买货物。前者购买货物，往往完成了他的全部任务，而后者售卖货物，顶多只能完成他的任务的一半。人们所以渴望货币，不是为了货币本身，而是为了他们用货币所能购买的货物(Smith,1776:439)。①

生产资本的循环颠倒了商品和货币之间的关系。以前商品流通受制于货币的增长；现在，生产资本的扩大再生产要求不停地增加货币量。

马克思说，生产资本的循环"是古典政治经济学用来考察产业资本循环过程的形式"(Marx,1997:92)，因为它认为流通仅仅是一种以生产或个人消费为目的的交换 $C'—A'—C'$，所以把货币置于生产之下。萨伊定律中传递出的一切幻想，其最深刻的灵感源泉全都来自这种循环形式。因为在这个循环中，货币只是介于两个生产过程之间，并保证生产的商品的流通和分配。商品的供给表现为纯粹的使用价值的供给，以交换其他使用价值。因此，在这个公式中，资本主义生产的主题和目的都消失了。

商品转化为货币形式，只是为了由货币形式再转化为商品形式；因此，资本的货币形式，作为货币资本的存在，在这种运动中，只是一个转瞬即逝的因素(Marx,1997:78)。

尽管如此，生产资本的循环还包括资本主义生产方式特有的流通行为，即用出售劳动者自己生产的商品所获得的货币来重新购买劳动力。

因此，$M—C(G—W)$ 行为，就它是 $M—L(G—A)$ 行为来说，已经不仅是用使用形式的商品代替货币形式的商品，而且包含其他一些与一般商品流通本身无关的因素(Marx,1997:77)。

生产者直接用劳动交换货币这种交换形式"是货币经济的标志"(Marx,1997:35)。实际上，凯恩斯就是因为认识到这种独特性，才提出了资本总公式，从而打破了整个经济学传统。

马克思曾对合作型经济和企业家型经济之间的区别有过一番极富洞见的观察。他指出，经济学家们似乎常常认为，在现实世界中，生产的性质并不是 $C—M—C'$，即用商品(或气力)换取货币，以获得另一种商品(或气力)。从私人消费的角度看，可能是这样。但这不是做买卖的态度。买卖的情形是 $M—C—M'$，即为了获得更多的货币而将货币出手去购买商品(或气力)(Keynes,

---

① 中译文源自(英)亚当·斯密著：《国民财富的性质和原因的研究》(下卷)，郭大力、王亚南译，商务印书馆2017年版，第13—14页，根据原引文略有改动。——译者

1979:81)。

因此，有必要在新古典学派理论基本原理的基础上构建一种将货币同资本主义生产关系切实联系起来的货币理论。

由于生产资本的循环包含简单流通，所以"很容易像庸俗经济学那样把资本主义的生产过程看作单纯的商品生产，看作用于某种消费的使用价值的生产"(Marx，1997:75)。正如庞巴维克所言，"与用来直接满足生活所需的消费品相比，所有生产品都有一个共同特点，那就是它们只是用来间接满足生活的需要"(Böhm-Bawerk，1959:168-9)。在这个框架下，资本的货币形式只是暂时的，只是作为一种交换手段出现。

7.5 凯恩斯的货币与利息理论及其对生产资本循环的依赖

货币生产型经济理论(theory of the monetary production economy)主张货币是资本主义生产的目的，因而要求把货币理解为经济行为体为自身所寻求的财富的绝对形式。这是凯恩斯的理论抱负，也是他在[西方]主流经济学内部力行革命的目标。然而，由于凯恩斯和他所称的古典学派之间的区别同货币需求的动机有关，这两种经济思想潮流在基本概念上的区别必然涉及货币价格的性质，即利率。在古典学派中，货币的从属地位直接表现为利率只表示生产资本的物质回报。我们在第4章已经看到，尽管有人试图建立一个关于偏好当前消费或放弃当前消费的实证利息理论，但只有当前商品在技术上超过未来商品，才能证明庞巴维克的正利率说是合理的。对当前消费的偏好只能用来解释社会为何不将其全部资源统统用于资本品的生产，因为资本品在技术上更占优势，并且在未来可以生产出更多、更丰富的物品供人们消费。然而，创立一种以节欲为基础假设的利息理论(节欲利息论，abstinence theory of interest)，无论在理论上多么纷繁复杂，如下这一点都清晰明了，那就是：在这一理论背景下，资本品的生产意味着社会选择提取一部分今天可用的财富，以图今后获得更多财富。这种说法正是凯恩斯在《就业、利息与货币通论》中断然不予认可的。如果社会把所有可用的资源(生产资料和劳动力)都使用上了，那么这种说法也许没错。但是，当部分可用资源处于闲置状态时，怎么认定利息是对货币持有者放弃消费的补偿呢？根据凯恩斯的观点，货币持有者从不用于消费的货币身上获得收入,是因为他/她恰恰试图持有以一般的、抽象的形式存在的财富。这正是古典学派所无法想象的。从他们的观点出发,将货币转换成直接消费品或生产资本总是更好的选择。他们笃信萨伊定律,原因直接来自如下信念,即货币不是为自身存在的,它只是履行资本所产生的使用价值的流通手段的职能。

正是货币作为价值贮藏的职能,将凯恩斯的理论同古典学派理论区别开来,因为持有货币是替代债务所有权和耐用资本资产所有权的一个重要选择(Dillard,1948:200)。

但是储蓄者寻求的并不是这样的资本品,而是"其未来收益"(Keynes,1973:212),凯恩斯说。因此,利率只能代表放弃流动财富的代价。凯恩斯补充道,否则只要真正的资源仍未得到利用,它就会接近于零。古典学派理论将其对利率的界定建立在一个非常特殊的情况——资源的充分利用——上。凯恩斯认为,总的利率理论必然意味着对利率作出货币解释,因为"在[货币型经济]中,看不到通往充分就业的长期趋势"(Hession,1984:272)。

根据古典学派理论,虽然利率是节欲的主观价格,但它客观上代表了使储蓄数量与投资需求二者趋于均衡的价格。换句话说,储蓄数量实际上决定了利率。例如,如果投资需求下降,利率就会相应下降,直至储蓄供给调整到同这下降的投资需求相等为止;反之则相反,如果投资需求上升,利率就会相应上升,直至储蓄供给调整到同这上升的投资需求相等为止。反过来,如果储蓄偏好上升,利率就会下降,直至投资需求调整到同这过量的储蓄相等为止。但在资源得到充分利用的情况下,储蓄数量是给定的,必然等于投资。而一旦充分就业的假设出现疑问,一切便完全颠倒过来。在这种情况下,便是利率决定储蓄水平,因为储蓄取决于收入,而收入则取决于投资水平,投资水平又取决于利率。凯恩斯承认,某一利率可以对应于储蓄中的某一增长幅度,反之亦然。但他否认储蓄在利率面前具有弹性。实际上,利率提高必然会导致储蓄减少,因为利率提高会抑制投资,从而导致收入减少。为适应投资减少的状况,储蓄也只会减少。因此,事实并不是像古典学派所认为的那样,利率反映并让自己均等于利润率和资本的边际效率,而是后者调整到利率标准(Keynes,1973:223)。因此,根据凯恩斯的观点,只要利率依旧未知,储蓄的数量就必定是不确定的。

投资对利率变化所做出的反应,以及既定收入中拿来用于储蓄的数量对利率变化所做出的反应,均不能为利率理论提供材料支撑。但是,这两者可以用来告诉我们:(从其他来源得以决定)利率定在某一水平,则收入将处在什么水平；要不就是，如果收入维持在某一水平（例如，与充分就业相对应的水平），则利率将定在什么水平(Keynes,1973:181)。

但是，如果达到充分就业所需的利率是已知的，凯恩斯问道，"为什么产出量和就业量同货币利率的关系要比两者同小麦利率或房屋利率的关系更密切呢?"(Keynes,1973:225)[①]为什么决定就业水平的恰恰是货币利率，而不是资本品的回报率？这个问题可以归结为：是什么让货币优于所有其他耐用品？

设利率是对放弃流动性的报酬而不是对放弃消费的报酬，那是因为货币履行了一项为古典学派所忽略的职能，即帮助其持有者抵御各种与不确定的现代世界有关的风险：社会状况的不确定、有效需求的不确定，以及由此而来的资本回报的不确定和利率与资产价格发展变化的不确定。古典学派假定了一个完整的市场体系，即所有市场全都实现了均衡，市场主体无所不知。从它的观点出发，为货币本身去持有货币便显得十分愚蠢，因为正如新古典主义模型跨期偏好模型（费雪）或世代交叠模型（阿莱、萨缪尔森）所显示的那样，如果不将货币转换为消费品的话，则持有能产生收益的债务总是更好的选择(Weil,2008)。

凯恩斯给出了三种对作为流动性商品的货币的偏好动机：交易动机、谨慎动机和投机动机。那么，又是什么让货币流动起来的呢？我们总不能只是回答说，因为货币是一般等价物，所以货币是流动的吧。货币的利率无法用货币作为价值尺度和流通手段的职能来解释，因为古典学派从未能够通过将货币还原为这些中性职能做到理解利息的具体货币性质。如果说货币的流动性是通过货币作为贮藏手段的职能显示出来的话，那么，货币作为耐用品的各种特性一定会揭示其流动性比其他耐用品更高的秘密。而且，这些特性反过来又可以解释人们为何选中这款耐用品来实现货币的各项经典职能。根据凯恩斯的说法，

如果货币只是价值标准，那么很明显，货币利率未必是造成上述困难的原因。我们不可能仅仅通过颁令宣布不再把黄金或英镑作为价值标准，而改用小麦或房屋代替它们，来解决我们的困难（虽然有人如此想）。因为，现在看来，只要仍然存在一种资产，其自身利率很难随着产量的增加而下降，同样的困难还

[①] 迪拉德(Dillard)准确地注意到，利率取决于可用来满足投机动机的货币数量，后者则取决于可用来满足交易动机的货币数量，而交易动机的需求又取决于收入，因而利率本身最终取决于收入(Dillard,1948:199n)。但是，一旦任何水平的投资都有收益，货币政策就会借由利率对投资进而对收入产生影响，凯恩斯就是这么建议的。但无论如何，迪拉德的反对意见表明，在凯恩斯力图实现货币和经济关系之间的连接这一理论抱负同激发他把利率作为只取决于制度与心理因素的一个变量这一货币政策背后的实际目的之间存在着更深层次的矛盾。

会随之而来。例如,在一个已经实行不兑现的纸币本位制的国家,黄金可能仍是具有这种性质的资产(Keynes,1973:237)。

因此,虽然流动性代表了一种社会职能,但它源于货币作为一种耐用品的"自然"属性,正是这种属性决定了货币在个人与个人之间的经济关系中所扮演的角色。

根据凯恩斯的观点,从某种意义上说,所有资本品均拥有和货币相同的属性,即能够产生一个用自身来衡量的特定利率。于是便有用谷物来衡量的谷物利率,用房屋来衡量的房屋利率,如此等等(Keynes,1973:222—3)。在庞巴维克和费雪那里,正利率之所以为正,部分来自耐用品的物质生产力,部分来自其稀缺性。但凯恩斯称,迂回过程并不总是比更直接的过程更有效:"确实,有些长期的或迂回的生产过程,在物质上是有效率的;但有些短期的生产过程也是如此。"(Keynes,1973:214)由于凯恩斯试图为基于新古典边际主义的有效需求理论奠定基础,因而在他眼里,正利率只有稀缺性才能解释,不管给定耐用品的生产率如何,情况都是这样。"如果资本变得不那么稀缺,收益超过原成本之数就会减少,而资本的生产性并未降低——至少在物质的意义上是这样"(Keynes,1973:213)。只是效率本身并不能决定企业家对资源配置的选择。如果未来很长一段时间内预期有效需求足够强劲,用缓慢、低效的方法可能会更加有利可图。在这种情况下,供应价格会高于生产成本。根据反馈,那些通常效率更低而时间又短的生产过程,应该将其保持在足够稀缺的水平上,"以便使它们在物质上的效率抵过其产品提前交付带来的不利之处"(Keynes,1973:214)。在凯恩斯看来,人们忽视了一个事实,即资本品属于可再生产物品,不像土地这样的自然物品,它的供应是不受限制的。在这些情况下,生产出来的某种耐用品超过一定数量,便不能产生利润,无论它多么富有生产性。"此等资产的边际效率开始时至少等于利率,随着其数量的增加,边际效率……便趋于下降"(Keynes,1973:228)。在有一点上凯恩斯同意庞巴维克的看法,即生产的方法速度越慢,就越稀缺。因此,这些方法使增殖部分得以增加,因为当前消费的时间偏好和等着未来消费的时间偏好之间已有公断。但庞巴维克错误地认为,稀缺性来自如下这一事实,即人们更偏好消费商品而不是出借钱款。根据凯恩斯的观点,稀缺性之所以存在,是因为货币具有安全性更高、流动性更强等特性,因而人们更偏好持有货币而不是资本品。因此,由于资本要同货币竞争,同利率竞争,这就决定了资本是稀缺的。如果利率下降至零,此时决定资源配置如何选择的因素便只有物质回报水平。因此，在凯恩斯的价值理论中，有两个不同的层面不断交织在一起，必须牢记在心：一个是真正的物质回报理论，其基础是把劳动当作唯一的生产要素(Keynes,1973:213)；另一个是价值回报的货币理论或称稀缺价值理论。凯恩斯经济学体系中的所有困难，全都源自他把这些凑不到一块的因素交织在一起。

资本产生回报，就是因为它是稀缺的，因此，只要其稀缺性产生的回报下降，资本回报就会下降。而资本之所以处于稀缺状态，只是因为货币利率能给财富持有人带来更高的回报。在新古典主义资本理论中，价值不能完全依靠稀缺性，原因部分在于利率无法让生产资源永远处在闲置状态。例如，在维克塞尔那里，如果货币利率高于自然利率，就会导致通货紧缩，这将减少对银行信贷的需求，并最终引发利率下降到自然利率水平(Wicksell,1978b:195－200)。个中原因是，货币供应量影响了价格水平，但对产出量没有影响，产出量仍然完全由各种实际因素决定(Garegnani,1983:45)。因此，根据凯恩斯的观点，利率表现为对社会财富的一种垄断，使生产资本处在人为的稀缺状态。因此，正是利率的具体货币性质解释了为何利率不一定等于资本的边际效率，以及为何资源没有得到充分利用。

但无论是物质回报还是稀缺性，都不能单独决定不同耐用品的利率。利率还取决于耐用品的维护成本及其流动性，这两者决定了持有它的安全性。

由此，在一段时间内，持有一资产所可预期取得的总回报等于该资产的收益减去它的保管费，再加上它的流动性升值，即等于 $q-c+l$。这就是说，$q-c+l$ 是任何一商品的本身利率，其中，q、c 和 l 皆以该商品自身为衡量标准(Keynes,1973:226)。

但是，尽管货币的收益为零，但货币的保管费微不足道，而流动性升值极其可观。"货币和所有(或大多数)其他资产的实质区别在于，货币的流动性升值远远超过其保管费，而其他资产的保管费则远远超过它们的流动性升值"(Keynes,1973:227)。只要一种商品的流动性升值使其利率保持在较高水平，任何投资如果其边际效率不能至少达到这一用货币表示的利率，都将不予考虑。

因此，到了某个时点，除非利率同步下降，否则生产这些产品就不再有利可图。当所有资产的边际效率均小于利率时，资本资产的进一步生产就会停止(Keynes,1973:228)。

如果一方面存在大量闲置货币而另一方面又存在大量未加利用的资本品，

那是因为：由于流动性升值超过了生产资本投资的预期回报，货币利率仍然高于耐用品的利率或者两者处在同等水平。

但为什么流动性升值竟如此之高，以至于能够将投资维持在低于充分就业的水平上？在凯恩斯那里，货币具有三大特征，正是这三大特征，使其成为一种流动性极强的物品。首先，与普通耐用品不同，它的生产弹性几乎为零，这意味着货币需求增加不一定会导致货币生产增加，也许金本位制度下生产贵金属的国家除外。"故当货币利率提高时，一切有生产弹性的商品，其产量皆受妨碍，而货币的产量却不能因之增加（依据假定，货币毫无生产弹性）"（Keynes，1973：234—5）。其次，它的替换弹性等于零，因此，其交换价值上涨不会促使人们用另一种物品来替代它，这一点不像大多数生产要素那样。在现实中，货币是唯一一类这样的商品：需求随自身价值的上升而上升，随自身价值的下降而下降。最后，用货币规定的工资极其稳定，足以限制工资的货币价值发生突然改变。但凯恩斯紧接着立即降低了第三个原因的重要性，指出货币工资的黏性来自货币的前两个特征（Keynes，1973：233）。因此，货币是流动的，因为它是一种不能无限再生的商品，其价值的变化对其需求的影响很小。不过，关于货币的第一个特征，凯恩斯清楚地认识到，在法定货币体系下货币当局可以增加货币的数量。然而，

> 超过某点以后，货币从流动性中获得的收益虽然会随着货币数量的增加而下降，但其下降的程度，远远比不上其他种类资产的数量同等增加时其收益率下降的程度（Keynes，1973：233）。

但凯恩斯刚刚还断言，货币是流动的，因为它的替换弹性为零。因此，仅仅是替换弹性几乎等于零，就可以对货币的流动性作出解释。但是，如果货币不是一般等价物，即不是购买商品的一般手段或交换价值的绝对形式，那么为什么货币价值的上升不会导致人们逃离货币而用其他商品来替换它呢？凯恩斯试图将货币的流动性建立在与货币本身的角色紧密相关的货币特征上。另外，凯恩斯还进一步提出：

> 虽然如此，考察一下下面这个问题还是很有意思：我们所知道的那些使货币利率成为唯一重要利率的特征，在多大程度上与货币通常被用作债务与工资的衡量标准密切相关（Keynes，1973：236）。

稍早之前，在断言如果工资用货币之外的另一种商品来表达，工资就会失去黏性时，他在一个注释中以小麦为例，减弱了自己的语气："若工资（及契约）

用麦子规定,则麦子可能也会有货币的流动性升值。"(Keynes,1973:233n)

凯恩斯此前断言,由于货币的流动性,名义工资是稳定的。现在他则宣称:

> 契约系用货币标准加以规定,而货币工资通常又相当稳定,这一事实毫无疑问在使货币具有如此之高的流动性升值方面发挥了极大作用。如果持有的资产同将来到期的债务用的是同一套标准,而且将来的生活费用用这套标准来计算,也相对稳定,用这套标准来持有资产,其便利性显而易见(Keynes,1973:236—7)。

一方面,工资是黏性的,因为它们是以货币这种最具有流动性的商品来表达的;另一方面,流动性本身似乎又依赖于这样一个事实,即货币是衡量和交换商品,特别是衡量和交换劳动力的单位。工资之所以是黏性的,是因为它们是用某种流动性商品来表达的;而这种商品之所以是流动性的,是因为工资是用它来表达的。凯恩斯感觉到,这个矛盾正在沿着自己的思考发生爆裂,于是退而承认:"由是我们看到,结合在一起使得货币利率成为唯一重要利率的这种种特征,还以累积方式相互影响。"(Keynes,1973:238)事实上,货币的所有属性可以概括为:货币具有比任何其他耐用品更高的流动性,因为它是交换价值的一般形式与绝对形式,即在任何时间、任何地点同所有其他货物进行交换的货物。

这三个特征中,只有第一个出自货币作为一种独立于其货币角色的耐用品,其他两个直接源自作为一般等价物的货币,而不是其本身作为耐用品的属性。再者,要降低货币的流动性升值,只有唯一一条途径,即减轻第一个特征的程度,也就是增加货币的数量。因为要影响另外两个特征,归根结底得废除货币,然后废除货币生产型经济本身。根据凯恩斯的看法,废除金本位制是实行充分就业政策的首要条件(Keynes,1925)。因为既想要货币(由于货币的稀缺性,其利率难以下降)又想要足量的生产来吸纳现有的劳动力供给,实际上等于是要天上的月亮:

> 当人们意图得到的东西(即货币)是不能被生产出来的东西,而对它的需求又不容易抑制时,人们便不可能受到雇用。唯一的补救之道是,设法让公众相信月亮是由新鲜奶酪做的,然后建立一个由国家控制的新鲜奶酪加工厂(即中央银行)(Keynes,1973:235)。[①]

[①] "月亮是由新鲜奶酪做的"可能出自弗朗索瓦·拉伯雷,也可能原已有之,后因拉伯雷而广泛流行开来。当人们说"你能让我相信月亮是由新鲜奶酪做的"时,就是说对方的话荒谬绝伦。凯恩斯此处用典"设法让公众相信月亮是由新鲜奶酪做的",意思是要设法让公众相信,纸币也是货币。——译者

稳步而坚定的公开市场政策,会逐步增加货币的供应,到一定的时候可以削弱人们对流动性的偏好,从而将利率降低到人们心理上可以接受的程度。与此同时,货币持有者将把货币用于投资资本品,因为后者的回报率高于利率。这样,对劳动力的需求会随着对商品的需求一道增加,而这反过来又会提高资本的边际效率。渐渐地,货币王被拉下宝座,最终成为流通的仆人。$C'-M'-C'$循环将取代公式$M-C-M'$。围绕货币生产型经济运动的货币资本循环将让位于生产资本循环——这是企业家精神的真正意旨,因为凯恩斯坚信,"雇用人工的唯一理由是对消费充满期待"(Keynes,1973:211)。有人也许会反对说,货币的那些制度性因素和心理性因素就像内置弹簧一样,将货币当局的权力限制在只能左右超出给定限度的利率(Keynes,1973:218)。但一方面,在采取货币政策之后紧接着采取财政政策,便有可能切实克服这些僵化的因素;另一方面,这些因素只是现实中存在的对某种经济(在这种经济中,抽象的、流动的财富不再为自身所需要)之法理上的可能性的异议,并不一定合法。更何况,根据凯恩斯的说法,人们有充分的理由相信,一旦经济行为体"在李嘉图世界里安稳如山",作为货币中心地位的形成之基础的心理动机就会消失。

凯恩斯大大改变了主流经济学。在主流经济学中,货币只是商品的等价物,他则将货币理解为价值的绝对形式,并由此将其理解为贮藏的优先对象。此外,凯恩斯还陈述了货币利率和资本边际效率在性质上的区别,从而加入了斯密、李嘉图、穆勒和马克思的行列——在他们看来,利率是从生产资本利润率中分割出来的。至此,凯恩斯重新引入了位于资本积累过程中心的金融资本和产业资本之间的矛盾,而这一矛盾在新古典主义的分析中已经完全见不到了。然而,凯恩斯在他的经济思想中使用货币资本公式,只是因为不确定性是货币需求的原动力。在他那里,人们之所以设法为货币赚取货币,只是因为货币可以帮助经济行为体抵御各种与不确定的世界有关的风险。[①] 也许不管货币供应量究竟有多少,现代经济特有的不确定性都会使货币得以保持其价值贮藏职能。通过将不确定性引入经济分析,凯恩斯可以宣称,自己真正把货币整合进了现代经济关系的结构。他不是把货币界定为连接现在和未来的纽带吗(Keynes,1973:294)?看来的确如此。另外,随着信用体系和法定货币制度日益由中央政府控制,减少不确定性越来越成为可能。在凯恩斯看来,有一项货

[①] 当然,投机动机决定了人们以流动形式持有财富的愿望,但就投机动机对货币的需求而论,货币持有者追求的是货币的预期收益,而不是货币本身。

币政策只要巧妙推动，确实可以激发人们对未来的信心，因为它可以通过逐步降低利率来激发蒸蒸日上的经济活动。按照公式 $P \cdots P'$，降低利率会逐步把货币转变为纯粹的流通手段，让货币在完全以消费为己任的生产过程中发挥中介作用。

凯恩斯由此建议采取如下这项政策：废除用货币作为应对不确定性的手段，将货币的作用还原到作为价值尺度和交换手段的中性职能。但是，不确定性难道不是来自将私人劳动社会化（私人劳动的产品被作为商品用于交换）的货币吗？事实上，不确定性恰恰来自这样一个事实：单单是货币本身就让私人的个别劳动具备了社会性。凯恩斯将流动性偏好建立在不确定性的基础上，但事实证明，正因为货币是唯一具有流动性的耐用品，商品世界才确实是不确定的。

以交换价值为基础的劳动的前提恰好是：不论是单个人的劳动还是他的产品，都不直接具有一般性；他的产品只有通过对象的中介作用，通过与它不同的货币，才能获得这种形式（Marx,1986:109）。

在所有要转换成货币的商品都包括剩余劳动即无酬劳动的情况下，这种中介的不确定性就更加突出。

8

危机理论中的不变资本问题
（2008年危机中死劳动的分量）

马克思主义危机理论同非马克思主义危机理论之间最直接的区别在于，前者既把不变资本作为解释利润率下降（资本有机构成上升）的一个要素，也把它作为生产过剩危机（资本过度积累）的潜在根源纳入考虑。但马克思也坚持认为，不变资本不但是资本的组成部分，而且是资本再生产的一个要素，是总产品的一部分。由于政治经济学没有认识到劳动的特殊的活的性质，因而一直不能正确地考察资本不断再生产的方式，它从来没有把不变资本看成总产品的一个独立组成部分，充其量只是把固定资本折旧看作毛利润的一部分(1)。在这一认识框架内，危机于是几乎一成不变地被视为不同类型收入之间产出分配不平衡的结果(2)。同在非马克思主义危机理论一方的众停滞理论正确地以生产能力过剩从而也以不变资本为其分析依据，但在这类理论的分析中，不变资本从流通领域消失了，因此由过度积累造成的危机必然披上消费不足危机的外衣(3)。

马蒂克把资本有机构成上升和由此引起的利润率下降置于危机分析的核心，因而在理解流通领域内过度积累的各种表现时更顺畅，这无疑是他的优点。但是，由于他只关注积累对剩余价值的生产的影响，这样便缺失了危机爆发的具体条件，由是资本的过度积累似乎与资本商品的过度生产并不相符。从这个意义上说，马蒂克的分析得出了停滞论的某些结论(4)。

对马克思来说，资本有机构成上升和利润率下降（最近的统计数据证实，在当前这场危机爆发前的那段时间，就存在这种情况），只是危机可能发生的形式条件,并不能用来解释危机本身。同样的道理也适用于有限的社会消费能力——这是资本主义生产的一般条件。停滞论和马蒂克都忽略了这样一个事实,即不变资本也是总产品的一个组成部分,生产力的提高(对前者而言意味着生产提高,对后者而言意味着资本有机构成上升)会直接影响现有资本的价值。就增殖过程是生产过程和流通过程的统一而言,资本主义生产方式的基本矛盾不是生产和消费之间的矛盾,也不是资本有机构成上升和现有剩余价值之间的矛盾,而是活劳动生产力的绝对发展,同这种绝对发展的目的——现有不变资本中对象化的劳动的保存和增殖——之间的矛盾。正是这种矛盾,导致资本的过度积累,并迫使过剩资本四处寻找最疯狂的手段来实现增殖而"不履行任何生产功能,即不创造剩余价值"(Marx,1997:375)(5)。

8.1 不变资本的再生产和总产品的构成:从斯密到斯拉法

第 4 章对资本和劳动之间关系的分析,强调了活劳动范畴对《资本论》中那些基本范畴的形成所起的作用:可变资本与不变资本相对立,工资作为劳动力的价值与实际活劳动相区别。但我们也通过强调活劳动的双重性质,讨论了劳动怎样再生产用在劳动过程中的不变资本的价值。一方面,劳动"作为抽象的社会劳动,即劳动时间",为价值追加新价值;但另一方面,它又在充分使用生产资料的劳动过程中,"作为活的现实劳动"(Marx,1988:79)使这些生产资料的价值得到保存。工人通过自己的作为具体活动的劳动,使这些生产资料起死回生,就这样将生产资料的价值凝结在劳动产品中传递下去。

因此,加入劳动过程的价值得到保存,只不过是由于活劳动的性质,由于活劳动在表现出来时所具有的本性。那些死的对象(预先存在的价值存在于它们的使用价值中)……作为价值得到保存,是由于它们作为使用价值进入劳动过程(Marx,1988:75)。

在马克思那里,对生产商品的活劳动的双重性质的认识,并不是简单地让资本—劳动关系去神秘化——在这种关系中,资本似乎拥有一种同它与活劳动的接触无关的自我保存的能力。它对分析总产品和价值资本的流通有着直接意义。

尽管工作日确实被分为两个部分:一部分用于工资的再生产,另一部分用于剩余价值的生产,但劳动产品还包括劳动者所消耗的不变资本的价值。

甚至在简单再生产的基础上,不仅有工资(可变资本)和剩余价值的生产,而且有新的不变资本价值的直接生产;虽然工作日只是由两部分组成:一部分由工人用来补偿可变资本,事实上就是为他的劳动力的购买生产一个等价物,而另一部分由工人用来生产剩余价值(利润、地租等)(Marx,1997:367)。

然而,正如我们前面看到的那样,由于政治经济学没有明确把死劳动和活劳动的对立概念化,并把劳动本身归为工人的消费品,所以它只是根据资本的各不同组成部分的流通方式将这些部分区分为固定资本和流动资本。由于固定资本似乎会自行再生产自身,这便导致经济学家不把被消耗的生产资料的价值视为总产品的一个独特的组成部分。魁奈此前已经把这部分价值归为农业利润的一部分,但斯密刻意把生产资料的价值排除在国民产值之外。

亚当·斯密的第一个错误,是把年产品价值和年价值产品等同起来。后者只是过去一年劳动的产品;前者除此以外,还包含在生产年产品时消费掉的、然而是前一年生产的、一部分甚至是前几年生产的一切价值要素——生产资料,它们的价值只是再现而已。就它们的价值来说,它们既不是过去一年间耗费的劳动生产的,也不是它再生产的。亚当·斯密把这两种不同的东西混淆起来,从而巧妙地赶走了年产品中的不变价值部分。这种混淆本身建立在他的基本观点的另一个错误上:他没有区分劳动本身的二重性,这就是,劳动作为劳动力的耗费创造价值,而作为具体的有用的劳动创造使用物品(使用价值)(Marx,1997:375)。

就这样,通过审察不变资本,经济学家把总产品与经济行为体收入的总和联系起来,并且以为总产品的价值就是那些作为结果的收入的总和。在分析斯密的价值论时,马克思不无遗憾地注意到《国富论》(*The Wealth of Nations*)中斯密有两种对立的交换价值观。在第一种交换价值观下,商品的价值取决于生产商品所必要的劳动量,且分为工资、利润和地租三个部分。在第二种交换价值观下,工资、利润和地租本身就被视为商品的价值源泉(Marx,1988:399—401)。即便第一种交换价值观贯穿斯密的论证始终,第二种交换价值观最终还是主导了他的分析,以至其所有信徒都将商品的价值等同于劳动、资本和土地三者收入的总和。斯密想弄明白是否有必要将商品价值的第四部分也包括在内——这部分的商品价值对应的是保存耗费的固定资本和流动资本的费用,并通过将这一部分折合进工资、利润和地租三者(在斯密那里,商品的价值就划分为这三部分)的总额来解决这个问题。当然,对于消费品的价值中与已经用掉的那一部分不变资本相对应的价值,这种解决方法是有效的,因为产品的这一部分是用来交换生产资料部类的资本家和工人收入的。但生产资料部类不变资本的价值不是这样,这部分价值"不仅由于它借以存在的实物形式,而且也由于它的资本职能,绝对不可能成为任何形成收入的价值组成部分"(Marx,1997:364)。但在社会资本的再生产过程中,资本积累越多,用来交换资本的资本的量就越大。因为

随着劳动的生产资料的效能、规模和价值的增长,从而随着由劳动生产力的发展而造成的积累的增长,劳动在不断更新的形式中把不断膨胀的资本的价值保存下来并使之永久化(Marx,1996:602)。

因此,活劳动的具体性质的重要性随着资本有机构成的增加而大大增加。实际上,活劳动在资本构成中的比例下降得越低,生产工具的充分、连续使用就越成为企业增殖过程中的关键。但经济周期中出现的这种价值方面的日益变化也会对处在活动中的资本的价值产生影响。

事实上,正是劳动产品的这个第四部分问题尤为推动了马克思去创建他的再生产图式(Marx,1988:414)。马克思关注的主要问题是:是否有可能把所有现存的不变资本还原为以前的工资和利润?他发现,困难不在于理解产品资本的流通如何在不同的经济行为体之间分配新增劳动。难点在于理解这部分不能还原为任何收入的资本——在生产过程中消耗的不变资本——的流通方式和再生产方式。

从再生产图式中可以清楚地看出,资本价值中有很大一部分没有对应任何收入。且看下面这个例子:

第Ⅰ部类(生产资料):$4\,000c + 1\,000v + 1\,000s = 6\,000$

第Ⅱ部类(消费资料):$2\,000c + 500v + 500s = 3\,000$

第Ⅰ部类的 $4\,000c$ 实际上只是转移到产品的价值中去了,它们并不用来交换收入。另一方面,第Ⅱ部类的 $2\,000c$ 代表了第Ⅰ部类经济行为体的收入,第Ⅱ部类的资本家同他们交换同等价值的消费品。但对资本家而言,这种交换实际上只是重新用于提高初始资本(Marx,1997:397—401)。价值进入总产品的不变资本不代表个体资本家的任何收入,生产生产资料的部类的不变资本也不代表任何收入:它本身只是在该部类内进行资本交换。

然而,一直到今天,人们还是把消费掉的不变资本的价值同资本利润混淆在一起。这一价值要素在政治经济学中从来没有找到某个确定的地位,因为在

古典学派中,劳动只被看作生产价值的抽象劳动;而在新古典主义中,资本又被看作和劳动、土地一样,是一种自我再生产的要素。此外,整个要素生产力理论依靠的是笼罩在对不变资本再生产作出的基于古典价值论的解释身上的那种神秘性。既然资本通过同活劳动的接触再生产自己,除了生产新商品的劳动外,不需要任何其他劳动,那它似乎就与劳动和土地没有什么不同——劳动依靠自身的活动来再生产自我更新的条件,土地则凭借自身的自然新陈代谢来再生产自己的肥力。

在经济学的历史上,斯密在这一点上的遗产无一不是偶然留下的。这是要素生产力理论实现自身逻辑一致性的必要条件。根据该理论,效用铸就了要素的价值,而要素给其所有者带来的收入又证明了效用的正当性。如果不变资本的价值明确出现在最终产品(门格尔会说初级商品)的价值中,整个效用价值理论就会崩塌,因为这样一来,就会有一部分价值不能换算为任何一项特定的收入。但是,一旦把"工资、利润和地租当作产品的交换价值或全部价格的组成部分"(Marx,1988:408),就不可能清楚地识别总产品中相当于耗费掉的不变资本的价值的那一部分。因此,虽然新古典学派资本理论承认固定资本的折旧是价值的一部分,但只是将其作为毛利润的一个组成部分纳入其中。杰文斯则把利润"折合为企业负责人工资、抵御风险的保险和利息",对其完全弃之不顾(Jevons,1965:270)。瓦尔拉斯对资本收入的定义如下:

假定 P 为资本品的价格。p 为该资本品的总收入,即包括折旧费和保险费在内的该资本品的服务的价格……扣除这两项费用后总收入所剩余额……就是净收入(Walras,1926:268)。

庞巴维克则写道:

耐久物品的所有者总是能够得到当时的现在效用的全部(较高的)价值,而这就是这种物品的"总收益",即"总利息"。[但]总利息和耗损数量之间总有一个差额,这个差额就形成他的纯利润或纯利息(Böhm-Bawerk,1889:345)。[1]

不管怎样,凯恩斯指责马歇尔和庇古忽视了企业供给价格中的这一价值组成部分,是恰当的,理由非常充分(Keynes,1973:72)。但是,凯恩斯所说的固定资本的"使用者成本"实际上同职能性固定资本在实物上或技术上的过时基本无关,而是涉及企业家为现在而不是将来使用他的资本要承担多大的牺牲,利

---

[1] 中译文源自(奥)庞巴维克著:《资本实证论》,陈瑞译,商务印书馆2009年版,第356页,根据原引文略有改动。——译者

率就取决于此。凯恩斯对古典学派的责难之处，不是后者忽视了资本再生产的其中一个具体维度，而是它忽视了将使用者成本计入供给价格所涉及的额外收入的来源。因此，凯恩斯明确将使用者成本同企业家的利润联系在一起(Keynes,1973:71)。

最后，斯拉法通过把机器在生产过程中折旧后剩下的价值作为该过程的联合产品的方式来处理固定资本的价值与折旧的问题。然而，折旧的价值本身是作为利润的一个组成部分入账的，如与每年用于固定资本资产利息和折旧的费用相对应的年费用公式所示：

$$P_{m0} \frac{r(1+r)^n}{(1+r)^n-1}$$

其中，p_{m0}＝机器的价格，r 为一般利润率，n 为机器的寿命(Sraffa,1960:80)。

8.2 作为收入分配失衡理论的各种通常的危机理论

马克思的解释者试图把马克思的危机理论同当前对危机的解释对立起来，将两者划分成两种对立的进路：消费不足理论和利润挤压理论。第一种理论解释说，周期性爆发的危机是因为有效需求相对于当前供给不足，或是由于劳动阶级的购买力太低(Sismondi,1980:65)，或是由于剩余价值在不同层次的受益人群之间分配不均(Malthus,1836:412—13)。"利润挤压理论"从另一个角度解释了危机的起源，即资本积累导致工资过度上涨，进而利润率下降，最终引发危机。斯密是最早提出这一观点的经济学家之一：

他们的竞争提高了劳动的工资，降低了资本的利润。但是，竞争两端使用资本所能取得的利润以这种方式降低了，为使用资本而付出的代价，即利率，也必然随之降低(Smith,1776:353)。

尽管在研究危机的直接原因时，这两种研究进路完全相反（第一种进路是用利润率的上升来解释危机，第二种进路则是用利润率的下降来解释危机），但在这两种进路中，危机都是生产和分配之间的矛盾的产物，即商品的生产状况和流通状况之间的矛盾的产物(Weeks,1981:9;Wright,1999:124)。这一共同之处又源自把不变资本排除在资本构成之外，忽视了这一资本要素在积累过程中的增长。尽管马克思认为这一资本要素的再生产是"再生产的重要因素"(Marx,1996:602)，但对劳动过程和价值创造过程的这种带有缺陷的分析，导致如 D. 哈维这样的[西方]马克思主义者写下了这样的话:"我们可以把不变资本看作替代消耗掉的生产资料所对应的价值而耗费的劳动力",因此它并没有"作为一个重要的范畴进入分配理论"(Harvey,2006:45)。由是,马克思的危机理论就必须同其他所有研究进路区别开来,因为它将流通过程中出现的紧张、停滞乃至危机归结为不变资本的发展。然而,即使在马克思主义内部,消费不足论者和过度积累论者之间也存在意见对立,尤其是自 2008 年危机爆发以来,就更是如此(Kliman,2009;Husson,2010)。如果我们注意到主张消费不足论的马克思主义者将需求不足解释为正是由于资本过度积累所致,情况就更加复杂。因此,有一种观点认为,过度积累会由于剩余价值过剩而引起周期性危机,也会因生产能力过剩而引起长期停滞的趋势。一切仿佛就是这样:不变资本的过剩作为停滞的起因并没有在流通领域表现出来,而在流通领域,危机则表现为消费品的暴跌。在"过度积累"一词的背后,隐藏着马克思的危机理论同各种停滞理论之间的一个深刻区别,它关系到不变资本在积累过程中的作用及其在引发过度积累危机中的作用。

8.3　不变资本在停滞理论中的矛盾地位

斯威齐

第二次世界大战后,美国作为世界第一大国,其经济结构与英国一个世纪前造就其辉煌荣光的经济结构极其不同。大公司在国内外市场上的操纵力、国家在有效社会需求和更广泛的经济与社会调控方面发挥的日益增强的作用,深刻改变了资本主义生产规律对经济行为体施加影响的形式。这些原因解释了为什么马克思主义的积累与危机理论的更新,没有哪个地方可以找到一个比在美国更丰富的源泉。在这样一种环境里,垄断企业在价格战中充当了治安官的角色,周期性的商品生产过剩被长期的生产能力过剩所取代,马克思主义经济学家不得不创立一种危机理论,因为同那些动摇了 19 世纪英国自由竞争资本主义的危机即停滞相比,这些危机在形式上要藏匿得深得多,暗中危害的程度要大得多。当资本有机构成长期保持不变,商品以高于生产价格的价格出售时,该如何捍卫传统马克思主义?P. M. 斯威齐给出的回答是,资本主义生产的持续增长面临着来自两个方面的限制:一是与商品供给相比较,工人的购买力有限;二是资本家为了积累而减少消费的倾向。因此,斯威齐认为,除了利润率下降的长期趋势外,还有第二种情况:"资本主义有一种内在的固有趋势,即消费品生产能力的扩大快于消费品需求的增长。"(Sweezy,1946:180)这种失调的趋势以两种方式呈现出来:其一,消费品的产量日益增加,以至市场初显供过于求的迹象。一旦按照正常的价格,供给超过需求,生产就会削减,订单就会取消,信用链条就会在数不胜数之处发生断裂,从而引发危机。因此,在这种情况下,利润率的下降并非因为资本有机构成上升,而是由于消费品生产的增长率高于社会上消费量的增长率。因此,在斯威齐看来,危机既可能发生在生产资料部类,也可能发生在消费资料部类,但不管发生在哪个部类,原因都在于消费资料相对于有支付能力的需求而言出现过剩。其二,生产资源没有用于生产,反过来证明了生产过剩,如果这些生产资源被用于生产,就会引起商品供过于求。生产过剩并不表现在对消费品的需求相对疲软,而是表现在生产的节奏和规模相对于现有的生产资料的疲软。由于消费不足的趋势是资本主义生产的特征,而且只有生产资源处在部分闲置状态才能阻止这种趋势,因而斯威齐认为,"停滞是资本主义生产一直趋向的常态"(Sweezy,1946:217.另见 Baran and Sweezy,1966:240)。因此,从斯威齐的分析中,可以得出如下结论:在资本主义垄断阶段,这种生产方式永远处于潜在的危机状态,这种危机状态是资本主义垄断阶段的突出标志。

斯威齐的灵感来自马克思的思考。马克思强调,工人有限的购买力只是呈现了资本主义生产目标(即现有资本价值的保存与增殖)和达到这一目标的手段(即生产力的绝对发展,而不会考虑现存资本的价值,也不会考虑作为这种发展之基础的各种对立的生产关系)两者之间关系的矛盾性质。但这种矛盾并不意味着,在当代条件下有限的大众消费是危机的终极原因。首先,大众消费能力的提高与这种生产方式的性质是矛盾的。这种生产方式恰恰必然倾向于限制工人的消费,因为它只能以牺牲一般利润率为代价才能取得进展,而一般利润率恰恰又是资本主义的真正发动机。但是,即使利润率随着消费的增加而上升,总的趋势依然是尽可能限制对剩余价值的消费。因此,正如我们将具体看到的那样,无论发生在哪个部类,危机总是来自增殖工具的过度生产,即资本的过度生产。对于这一点,斯威齐似乎也给予了承认,但他错在将这种趋势的后果仅仅限定在消费品生产的过剩上,并由此把危机归因于有效需求不足,因为这种生产方式天然倾向于扩大生产,突破现有社会需求所造成的限制。

事实上,斯威齐的论证所基于的假设要么同他之前的说法相矛盾,要么纯粹就是武断之论。第一,他在书中认为,消费增长率和生产资料增长率之间的比例下降在极大程度上来自 c/v 的上升,但就在同一部著作的前几页处,他就对这种看法提出了几点怀疑(Sweezy,1946:181)。第二,消费品增长率和生产资料增长率之间关系的稳定是以一定数量的生产资料和一定数量的净产品之间存在某种技术关系为前提的(Sweezy,1946:182)。只有在这个基础上,才能把资本的生产过剩等同为消费品的生产过剩,这场危机才能被看作实现危机。这些前后矛盾的论证和一时心血来潮做出的假设,真实地呈现了斯威齐在讨论不变资本在积累和危机中的地位时所面临的尴尬。因为在垄断资本时代,不变资本既不会经由其在资本有机构成中的比例上升而拖累利润率,也不会经由价格下跌引起的贬值而拖累利润率,它只是扮演了推动企业过多生产商品或搁置生产能力的生产力的角色。斯威齐认识到,不变资本在积累过程中发挥了作用,在持续不断的、超过了有支付能力的需求的过剩生产的趋势中也发挥了作用,但他把不变资本排除在资本的价值关系之外,这便恢复了古典学派的消费不足论(underconsumptionism)。根据这种理论,利润率下降和经济危机乃由不同经济行为体之间收入分配不均所致。

施泰因德尔

在 J. 施泰因德尔(J. Steindl)——其停滞模型直接来自卡莱茨基的启发——看来,斯威齐还是太过拘泥于马克思主义理论原则(Steindl,1976:241—3)。在垄断资本主义阶段,企业通过暂时闲置的生产能力来操纵价格和限制竞争,因而这些原则都不再有效。第一,所谓投资和消费之间长期不平衡,在资本主义晚期并未得到验证。利润率固然下降了,但资本家的储蓄并没有相应增加,而工资占收入的比例则基本保持不变。第二,工资,特别是在经济周期的顶部达到最高水平时,不会影响大公司的利润率,因为商品的价格是由这些公司制定的。施泰因德尔用由资本主义竞争而来的定律——利润率随对生产资料的需求和资本家的消费而定——代替了工资率和利润率之间的反比关系定律。不过,随着不变资本增长率的上升,工资在净收入中所占的份额必然下降(Steindl,1976:235)。所以,此处的问题是,如何理解不以资本有机构成上升或工资在净收入中所占份额增加为先决条件的利润率下降。

话说回来,在竞争不受限制的工业部门,一切都将沿着古典路径向前发展。

为奋力扩大市场份额、做大经济规模,费尽心思采取的各项措施会促进积累,促进技术进步,从而促进资本劳动比的增长。由此带来的生产能力的提高便会形成压力,要求不断提高销售量,这样就会逼迫资本家降低价格,从而降低利润率,并最终导致剥削率下降。

但在资本大量积聚的垄断时代,大公司可以通过控制资本构成来推迟这一对未来具有重大影响的命运的到来。没有这种控制,资本—净产值比率就会上升(Norton, 1988: 205)。但投资供给下降会带来利润率下降。然而,尽管利润率很低,但毛利率依然很高,因为用于不变资本再生产的价值份额越来越大,这是成熟资本主义所特有的。正如布利奈(Bleaney)所言:

垄断的增长……可以导致利润率增加,并因而降低产能利用率,因为同等数量的资本支出分摊在更少的产出单位上,这将对投资产生不利影响,从而导致增长率下降(Bleaney, 1976: 244)。

在施泰因德尔这里,利润率的确是在下降,尽管毛利率很高而利润率又貌似很低,但这种下降只是潜在的。施泰因德尔在这里发展了斯威齐此前提出的看法,即停滞实际上显示了资本主义生产方式的永恒危机,因为潜在的低利润率同疲软的增长并存,实际上意味着价值生产的条件与价值实现的条件大相径庭。正如马克思所言:

从资本的角度来看生产过剩是不是可能的和必然的,这个问题的整个争论焦点在于:资本在生产中的价值增殖过程是否直接决定资本在流通中的价值实现;资本在生产过程中实现的价值增殖是否就是资本的现实的价值增殖(Marx, 1986: 337—8)。

对停滞现象进行的政治经济学分析,其独到之处在于揭示了如下真相:通过无限期推迟流通中价值实现的到来,来维持其在生产中的增殖过程。在斯威齐看来,停滞表现了发达资本主义无力加速资本积累的危机状态;在施泰因德尔那里,停滞则体现在利润率上。在斯威齐看来,停滞是由生产增长率与社会消费增长率之间不成比例造成的;在施泰因德尔那里,停滞的原因则更加具体,它出自生产中的价值增殖条件和流通中的价值实现条件之间的差异。毫无疑问,这是同一趋向的两种不同表现。但施泰因德尔的论证指向了利润率,同斯威齐的论证相比,其优点在于它表现了发达资本主义的一大特征,即只有大公司才能通过高销售量获得大量利润来弥补利润率的下降。

吉尔曼

J.吉尔曼(J. Gillman)告诉我们,只要对传统的利润率公式稍作修正,就会发现,在发达的资本主义中,利润率的下降不但像施泰因德尔说的那样是潜在的,而且是切切实实的。

在吉尔曼那里,资本主义生产方式通常也会导致生产潜力同整个社会的消费之间出现比例失调。他还认为,利润率不仅会因资本有机构成的提高而下降,即使剥削率高于资本有机构成的提高,利润率也会下降,因为剩余价值率的提高降低了工人的消费能力,这样就会限制社会对消费品的需求,降低消费品的价格,最终减少社会对投资品的需求,从而降低生产这些产品的部门的利润率。因此,在资本主义自由竞争时代,价格的下降、由这种下降导致的销售成本的增加(这一点我们后面再谈)以及资本有机构成的提高,降低了利润率。

但是,随着各种垄断以及价格与市场控制的出现,资本有机构成不再随着生产的发展而提高。按照吉尔曼的看法,相反,这种发展的特点是资本为生产资料的积累生产了过多的剩余价值。施泰因德尔只是用生产剩余价值和实现剩余价值之间的差异来描述停滞经济的稳定条件。但根据吉尔曼的说法,仅仅通过减少生产和提高利润率来抑制资本增长率和消费增长率之间的不平衡并防止萧条是不够的。在长期生产能力过剩的情况下,资本必须通过提高非生产性支出(销售与广告费用、行政成本)以及吉尔曼所谓的"虚假形式的积累"来抵消疲软的积累率和工人有限的购买力(Gillman, 1957: 130-2)。这些形式要么是人为增加工人的购买力(特别是通过消费信贷),要么是通过让股票市场暴涨来拉动奢侈消费。在这些形式当中,增加公共债务和政府支出最强劲有力,正是这种形式赋予了垄断资本主义特定的构造。然而,同样的原因也使生产出来的剩余价值的实现引起了利润率的实际下降。根据吉尔曼的说法,利润率的下降会受到如下三个方面的抑制:新的需求结构走向重非生产性消费,轻生产性投资;用以创造价值的劳动力增长减速;非生产性支出增加。

话说回来,尽管这些非生产性支出使生产节奏能够继续同现有生产力保持一致,从而延缓限制社会消费能力的生产方式的衰退,但这些支出可以从生产的剩余价值中扣除,这样就降低了净利润率,从而限制了资本的增长率。

因此,非生产性支出在刺激剩余价值的实现的同时,也减少了剩余价值的生产。正是在这种相互矛盾的双重角色上,吉尔曼把两类不同的事物混淆在一起。一方面,这些支出涉及的是企业为增加销路预付的款项,即广告和销售支出。不用说,这些支出是公司固定成本的一部分,应看作某类追加的不变资本。当然,这些支出与商品的实现有关,因此构成为流通费用,但就其当前的消费形式而言,这些支出是为使用价值的生产服务的,这样便增加了使用价值的生产成本。由于这类支出是追加的预付资本,因而吉尔曼的算式 $(s-u)/c$ (Gillman, 1957:89)中,分子部分减去的这个 u,应该去掉,加到分母上去,变成 $s/(c+u)$,由此来对利润做出修正。这部分支出属于固定资本。另一方面,当这些支出由国家来承担(例如军事开支)时,它们便为公司提供了新的销路,从而刺激了生产和积累。诚然,这些支出的资金来源是对社会所得征收的税入,因此部分资金来自已经实现了的剩余价值。但国家为一些商品提供新的销售渠道,对整个国民经济造成了乘数效应,从而将经济活动维持在可持续的水平上。① 按照吉尔曼的说法,我们正是在这里看到了资本主义的危机。资本主义经济走向对消费品生产和军备生产的持续依赖形成了一种自我矛盾,它加快了资本的历史使命的终结。这就是吉尔曼想要展示的画卷。他不是想让大家看到利润率眼下正在下降,而是想让人们看到资本通过越来越向计划经济转变、向社会消费转移,还保持着高利润率。因此,在他最后一部公开出版的凯恩斯主义著作《危机中的繁荣》(*Prosperity in Crisis*,1965)中,吉尔曼呼吁建立一个真正的社会国家(social state),以取代建立在军备和浪费基础上的经济国家。吉尔曼这么写道:

> 在努力增进社会服务以减少无法用于投资的剩余价值的同时,他们必须采取行动,从产生剩余价值的源头上减少剩余价值。这类行动要着眼于减少利润进项,具体做法包括增加实际工资、在不减少报酬的情况下缩短每周工作时间以及从征收消费税转为征收储蓄税(Gillman,1965:232)。

8.4 马蒂克,或资本商品没有过度生产的情况下资本的过度积累

在斯威齐、施泰因德尔和吉尔曼那里,停滞的趋势是由商品的生产状况和

---

① 见 M. 基德隆(M. Kidron,1970)和 E. 曼德尔(E. Mandel,1972)之间在这个问题上的对立意见。基德隆在军备经济中看到了稳定经济的强力杠杆;但曼德尔反对说,军备经济要靠提高税收,这样一来,它就降低了工人阶级的生活水平,因此不能作为消费不足的解决方案(Mandel,1972:225—6)。另外,在吉尔曼看来,军备解决方案意味着晚期资本主义走向终结,并为社会配备了一种消费经济。

实现状况之间的内在矛盾造成的。这种矛盾源于资本增长率和消费增长率之间的不一致。马蒂克(Mattick,1971 and 1974)的原创性在于,依靠垄断资本主义的状况来反对前辈的消费不足论,并回归到马克思的基本积累规律。根据他的观点,资本主义生产长期造成的主要不平衡不是生产和社会消费之间的不平衡,而是积累的资本同现有的剩余价值之间的不平衡(Mattick,1974:99)。利润率下降不是因为就生产能力来说积累的节奏太慢,而是因为积累引起了资本有机构成的上升,乃至生产出来的剩余价值不足以弥补由资本有机构成上升造成的这种下降,从而抑制了积累的节奏。这当然会妨碍生产,阻碍商品的流通,并导致危机。但马蒂克认为,有必要在生产规律和市场上发生的现象之间做出区分。不平衡和消费不足不会导致利润率的下降和危机;相反,利润率下降会影响需求,从而引发商品的实现危机。

斯威齐和吉尔曼认为,危机爆发的原因是资本生产的商品过多,超出了社会的消费能力。马蒂克正确地指出,危机无论发生在哪个部类,总是由资本的生产过剩,即增殖手段的生产过剩引起的(Mattick,1971:95)。马蒂克同意消费不足论者的观点,认为危机总是以实现危机的形式出现,但在他看来,有限的社会[消费]力掩盖了过低的积累率,后者是由剩余价值相对于职能资本价值不足造成的。

当积累停止生产继续这一过程所必需的剩余价值时,剩余价值积累的实现在某一点就停下来了,然后一下子就突然变得很明显:没有积累,一部分剩余价值就无法实现,因为需求做不到将隐藏在商品中的剩余价值全都转化为利润(Mattick,1974:107)。

如果对投资品的需求步伐足够大,消费能力的限制就不会成为积累的障碍,而只会表现为资本积累的一个条件。因此,尽管马蒂克强烈反对消费不足论(Mattick,1959:31),但在停滞的长期趋势上,他同消费不足论者的意见是一致的:

资本主义的繁荣依赖于积累的不断加速,而这又依赖于剩余价值量的膨胀。资本不可能停滞不前而不引发危机。每一种均衡状态,也就是说,每一种生产没有超过消费的状况,都是一种危机状态或停滞状态(Mattick,1974:108)。

然而,对他来说,解决危机的办法不是增加非生产性支出,而是增加"剩余价值,只要不导致系统崩溃就行"(Mattick,1974:108)。此外,资本的过度积累显露出的更多是消费品的供给不足,而不是需求不足。

马蒂克指出,在经济周期的顶峰阶段,由于实现了充分就业,利润也处在高点,因而对消费品的需求也达到了顶峰。但是,只要资本生产和积累生产资料,供给就不能满足这一不断扩大的需求(Mattick, 1974:107)。① 然而,过度积累恰恰表现在积累速度加快所刺激的生产品的生产同增长速度较慢的消费品的生产之间差距不断拉大。因此,过度积累不会导致消费品的过度生产;相反,这样会导致满足社会需要的消费品不足:

> 然而,积累速度的日益减缓,表明不断变化的价值关系(导致利润率不断下降)已不允许维持现有的消费水平。也就是说,资本有机构成已经达到可以利用的剩余价值不足以保证不断增长的消费和积累的程度(Mattick, 1974:107)。

马蒂克的分析是凯恩斯主义和马克思主义的奇异融合。一方面,马蒂克扭转了消费不足论者的看法:危机的根源不是消费品需求不足,而是投资品需求不足,这种不足间接显示了社会消费对实现剩余价值的限制。凯恩斯用弱消费倾向来解释这些限制,马蒂克则用剩余价值相对于资本有机构成的总体不足来解释。但另一方面,马蒂克声称,由积累带来的消费品生产跟不上消费者不断增长的需求。为了克服危机,也许有必要增加消费品的供给,但剩余价值相对于资本有机构成的薄弱排除了这一解决办法,由是便有了停滞的趋势。与消费不足论者相比,马蒂克的优点是将资本有机构成与其对利润率的压力以及由此产生的对积累的压力重新置于危机的核心。但他的分析过于集中在剩余价值生产的一般条件上,以至于很难看出仅凭这些条件如何能引发生产过剩危机。如果危机的终极原因是剩余价值不足,那么所能想到的就只是积累水平的下降,以及从长远来看这种生产方式的衰落,对此马蒂克似乎做出了暗示:

> 在市场领域,积累率的下跌意味着新投资的下跌及其对整个生产的影响。为市场扩张开辟道路的同一过程,现在却逆转了方向,差不多攻占了社会生产的所有分支部门(Mattick, 1974:107)。

马蒂克把他的整个分析建立在资本有机构成同现存剩余价值之间的矛盾之上,只是简单地阐述了危机的形式可能性(formal possibility)。此外,由于对他来说,剩余价值不足是危机的终极原因,因而这种可能性只有商品销售暴跌时才会变为现实。所以在马蒂克那里,资本的过度积累并不意味着资本的绝对过剩必然发生。对于这一悖论,马蒂克通过对不变资本的地位的分析作出了解

---

① 另见 H. 格罗斯曼。他写道:
在劳动人口过剩的情况下,投资机会的缺乏以及房地产和股票市场上的投机横行,并不是因为生产了太多的剩余价值,而是因为相对于积累的大量资本而言,可以获得的剩余价值少得可怜(Grossman, 1929:online)。

释。一方面，不变资本对企业的盈利能力具有重要影响，因为它是有活劳动作比较时出现的；但另一方面，在总产品的构成中，不变资本完全不见了，马蒂克暗中将其折合成工资和利润。如果他考虑到总产品中不变资本的价值，他就会看到生产过剩会导致现有资本价值的贬值，这样他就会发现从危机的形式因（formal cause）通向危机爆发的客观实际条件。

到现在为止，我们已经讨论了各种不同的停滞论观点，同时认为国家理所当然会在积累过程中发挥影响。接下来我们必须对公共支出在混合经济演进过程中的作用和意义进行评估。马蒂克真正有别于"停滞论者"的地方，就在此处。

对消费不足论者来说，公共支出增加并繁衍了剩余价值的出路，甚至在浪费型消费和战争经济中改造了资本主义生产。因此，吉尔曼在他的那部研究不断下降的利润率的论著中做了这样的收尾：

当资本主义投资必须日益适应消费的扩大时，当投资再也不能从资本积累本身找到存在的理由时，资本主义就结束了它的"历史使命"，其作为一种社会生产体系，一定会停止生长（Gillman, 1957: 156）。

马蒂克认为，资本主义的终结一旦发生，必然会引发危机、战争和更广泛的社会动荡。更何况，国家干预松开了资本主义生产的缰绳，让各种约束软弱无力。使资本主义陷入萧条的，并不是剩余价值相对于积累速度过剩，恰恰相反，是生产出来的剩余价值满足不了积累的需要，从而减缓了积累的步伐。从总体上来看，公共支出和浪费性消费通常都不会为社会资本的增殖过程增加哪怕是一丁点剩余价值。正如马克思在解释马尔萨斯时说的那样："[马尔萨斯主义者说]产业资本家应当把他的一部分产品让给只从事消费的阶级……好让这些阶级再拿产业资本家让给他们的东西在吃亏的条件下和产业资本家进行交换。"（Marx, 1989b: 217—18）国家为购进一部分公司净产值所支出的资金，是通过发行主权债务的方式从一部分工资和社会剩余价值那里筹集的。因此，自混合经济形成以来，国家、军工和金融之间的有机联系得到不断加强。马蒂克认识到，在成熟资本主义时代，财政货币政策刺激了增长，为资本的再生产提供了便利的社会条件。然而，国家支出并没有消除积累增长与剩余价值之间的矛盾。此外，一旦经济复苏，国家支出就会产生挤出效应，从而妨碍积累（Mattick, 1974: 143—6），因此，现在是解除管制、国有公司私有化和实行货币约束的时候了。

向消费经济的过渡将不只是资本主义生产史的终结。吉尔曼认为，它还意味着军备开支的不断增加，这样，一种永久性的战争经济将由此确立。马蒂克对吉尔曼视而不见资本主义的内在运作这一本质性的层面提出了更加严厉的批评。没错,像吉尔曼的模型一样,马蒂克的模型也会推导出停滞这个结论。但马蒂克的模型有一个优点,就是无论分配形式如何,都可以从生产关系的角度来分析资本主义。一方面,马蒂克相信,资本主义具有不断复发的能力来重建其再生产所需的条件。因此,他批评吉尔曼忽视了美国资本主义通过资本输出和帝国主义战争等手段延迟自身极限到来的能力。正基于此,他呼吁从世界层面对积累进行分析(Mattick,1959:48)。但另一方面,美国资本主义无限扩张的可能性只是一个纯粹的理论假设。实际是否真会出现这种情况,取决于随着世界市场的扩大和越来越多的生产部门、人口和地区的一体化,以及这种扩张在多大程度上引起相应的资本主义生产关系的扩张。就此而言,马蒂克把全部注意力专门放在生产关系上,使他的分析摆脱了分配关系决定论。马蒂克正确地指出,危机从来不是纯粹的经济危机。即使每一次危机都使积累过程得以恢复到比以前更大的规模,但危机的周期性及其解决"只能结合整个社会发展来理解"(Mattick,1974:111)。他对资本主义历史发展的预期就来自这样一个事实:在他看来,积累规律的运转本身并不像格罗斯曼(Grossmann)所认为的那样,会导致资本主义生产关系的废止,而只是规定了这套系统在其每个发展阶段能够再生产自己或是崩溃的条件。

8.5 马克思的危机理论和当前危机的原因

在标准理论中,利润率下降要么是由于有效需求不足,要么是由于工资增加,但对马克思来说,利润率下降仅仅是劳动生产力进步的表现,这在资本主义制度下意味着资本有机构成的提高。因此,利润率的下降源于资本有机构成处在其中出现上升的那些关系,而非源于工资和利润两者之间的关系。劳动生产力的进步意味着"由于更多地使用机器和一般固定资本,同数工人在同一时间内可以把更多的原料和辅助材料转化为产品,也就是说,可以用较少的劳动把它们转化为产品"(Marx,1998:210)。因此,"一般利润率日益下降的趋势,只是劳动的社会生产力的日益发展在资本主义生产方式下所特有的表现"(Marx,1998:211)。在第 6 章中,我们注意到了由于资本主义生产方式通过引进提高剩余价值率的生产方法来刺激这一发展,同时减少生产过程中的活劳动数量而引发的这个矛盾。这一矛盾正是马蒂克在声称危机是由于剩余价值不足并不断恶化直至危机爆发时所指的那个矛盾。

在同一章里,我们将固定资本存量同工资和支出的总和联系在一起,作为对美国资本有机构成的大致估计。如果我们把范围缩小一点,就可以看到,从2000年开始,资本构成中这一比率急剧上升(见图8—1)。这种上升同在中国很早以前就观察到的趋势一致。在中国,资本有机构成自20世纪90年代以来从未停止上升,2002年以后更是上升惊人(见图8—2)。

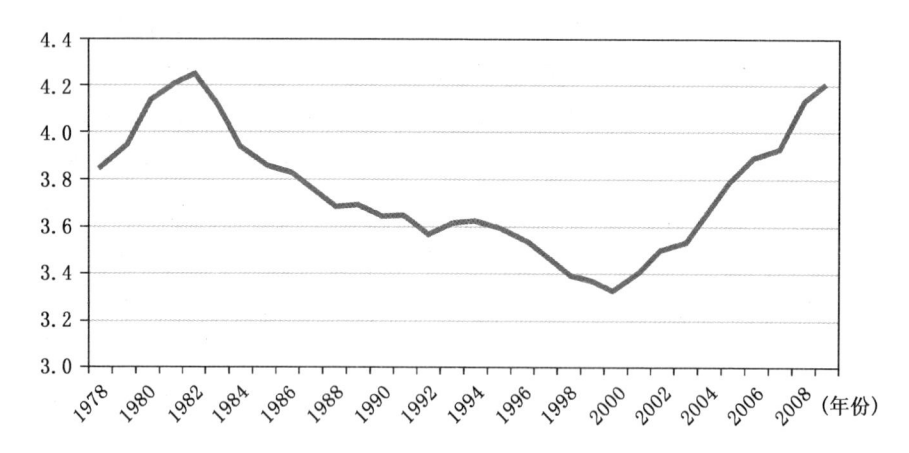

资料来源:BEA(固定资本存量/工资和报酬)。

图8—1 美国资本的有机构成

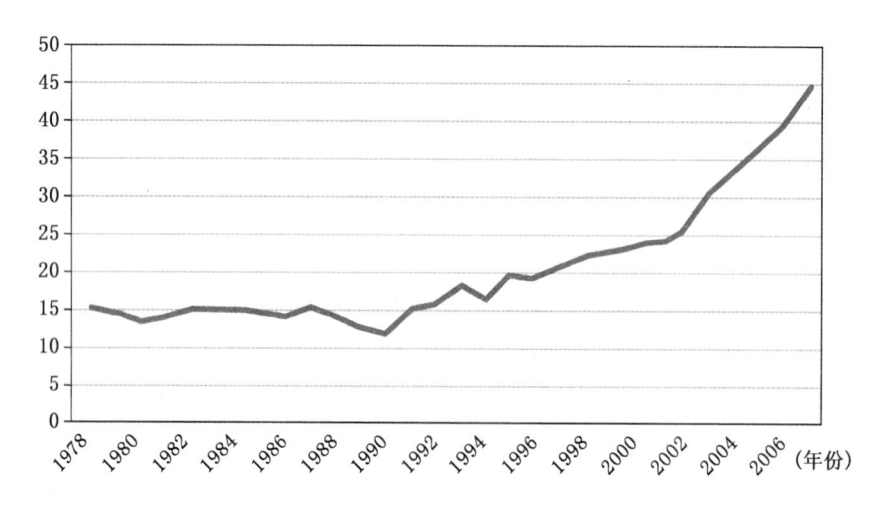

资料来源:中国统计年鉴,Gaulard,2009。

图8—2 中国资本的有机构成

此外，在美国，利润率（按企业未分配给员工的利润净增值同以历史成本计价的固定资产的比率计算）从1978—2007年呈现下降趋势（Kliman，2011：75—78）。① 在中国，虽然利润率（按GDP减去工资和各项支出再除以固定资本存量所得的比率计算）在1978年以后有所上升，但从1998年开始下降，直至2007年（见图8—3）。

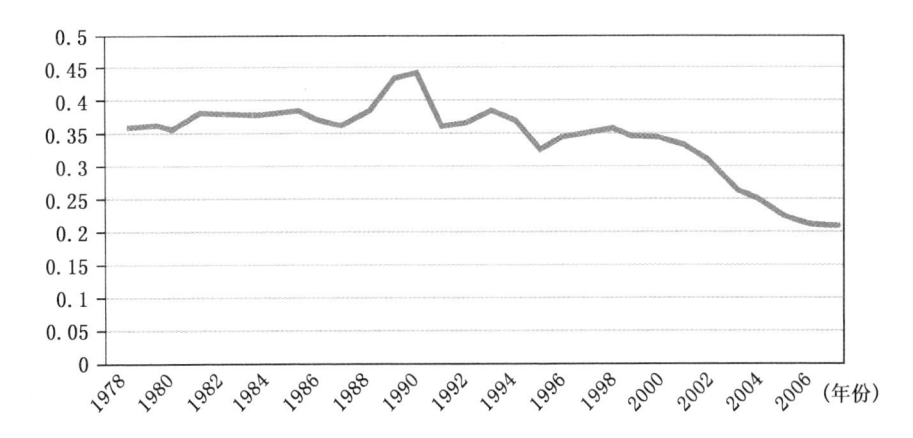

资料来源：中国统计年鉴（GDP－工资/固定资本存量＋工资）；Gaulard，2009。

图8—3 中国的利润率

这两个世界经济大国的上述趋势清楚地表明，利润率的下降对2008年危机和当前的经济衰退具有重要影响。马蒂克坚持用资本有机构成和剩余价值之间的矛盾来解释危机现象是错误的，这就要求我们不仅要考虑资本彼此间的相互作用，还要把它们放在生产过程和流通过程的统一中加以察看。因为，正如马克思所指出的那样，"与不变资本价值量的这种增加——虽然它只是大致地表现出在实物上构成不变资本的各种使用价值的实际数量的增加——相适应的，是产品的日益便宜"（Marx，1998：210）。

倘若马蒂克考察了资本价值特别是不变资本价值的实现条件，生产力和所有制关系之间这对资本主义生产的基本矛盾便将呈现出这样的具体表现形式：资本倾向于发展生产力而同时又不虑及现存的价值资本，尽管它的目的是保持这一价值并实现这一价值增殖。积累过程不会导致剩余价值同资本有机构成

---

① 克里曼有理有据地评论道，"如果我采用了马克思的折旧概念，而不是美国政府的折旧概念"，利润率"会下降得更多"（Kliman，2011：12）。

相比机械递减从而带来利润率下降。既然积累的唯一目的是保持现有资本的价值并使其增殖，积累便是通过同时阻碍它的方法来进行的：

现有资本的周期贬值，这个为资本主义生产方式所固有的、阻碍利润率下降并通过新资本的形成来加速资本价值的积累的手段，会扰乱资本流通过程和再生产过程借以进行的现有关系，从而引起生产过程的突然停滞和危机(Marx, 1998:248)。

但是积累越扩张，资本构成中不变资本就越增长，这种干扰因素的影响也就越重大。①

这样，原材料的稀缺便与生产新的固定资本的指数式能力形成鲜明对比，构成为经济波动和危机的一个来源。这个来源如今正变得越发不可忽略(Perelman, 1987)。的确，

资本主义生产越发达，因而由机器等组成的不变资本部分突然增加和持续增加的手段越多，积累越快（特别是在繁荣时期），机器和其他固定资本的相对生产过剩也就越严重，植物性原料和动物性原料的相对生产不足也就越频繁，上面所说的这些原料价格上涨的现象以及随后产生的反作用也就越显著。因此，由再生产过程的一个主要要素的这种剧烈的价格波动引起的激变，也就越频繁(Marx, 1998:120)。

更一般地说，资本有机构成的上升——这同资本积累密切相关——意味着绝大多数生产者从他们所生产的产品中得到的份额日益减少(Marx, 1989b:148)，因为正如我们所见，包含在产品中的现有原材料和机器的价值，既不代表资本家的收入，也不代表工人的收入。

由是，相对剩余价值的生产刺激了用来减少资本可变部分的生产方法的发展，也刺激了通过降低商品的价值即通过折旧现有资本价值让老的生产方法贬值的做法。在马克思看来，危机中表现出来的矛盾，不是社会生产与社会消费之间的矛盾，甚至不是资本的有机构成与现有的剩余价值之间的矛盾，而是以"绝对发展生产力的趋势，而不管价值及其中包含的剩余价值如何"为一端、以"保存现有资本价值和最大限度地增殖资本价值"的需要为另一端的两者之间

---

① 见 A. 弗里曼(2009)。他就此写道：

在存量积累已经上升到60年代那样的高度时，技术创新几乎不可避免地会蚕食由生产力的提高带来的利润，以至于几乎完全抵消这些利润，尤其是当这些创新集中在作为生产资源积累起来的物品上时，更是如此(Freeman, 2009:15)。

因为现存不变资本的再生产对包含在资本商品中的价值的实现起着决定性作用。

的矛盾(Marx,1998:248)。

利润率的下降就是这种双重过程的结果。消费不足论者诚然强调生产领域价值增殖条件与流通领域价值实现条件之间的矛盾,但对他们来说,这种矛盾证明,与生产能力相比,消费品需求不足。然而,一方面,大众消费能力受限是这种生产方式的基础和必要条件(Schumpeter,1955:740);另一方面,为了能成为消费者,直接生产者"始终必须是剩余生产者,他们生产的东西必须超过自己的[有支付能力的]需要"(Marx,1989b:149)。

在资本主义生产方式下,社会生产发展的障碍不是消费能力不足,而是"资本自身"。在这种制度下,生产资料确实"不只是生产者社会的生活过程不断扩大的手段"(Marx,1998:249)。它们是实现资本本身增殖的手段。但这些手段是通过生产力的绝对发展生产出来的,而生产力的绝对发展又不断同这一目的产生矛盾,以至于从内部破坏资本的这对矛盾"同时也是它的这个历史任务和同它相适应的社会生产关系之间的经常的矛盾"(Marx,1998:249)。

但这种矛盾也是导致资本绝对生产过剩的原因。事实上,无论结果如何,这种矛盾都加快了积累过程。如果贬值降低了不变资本的价值,它就由此提高了利润率,从而刺激了后来的积累。如果出现的情况相反,生产力的提高导致创造出来的价值贬值,它就会推动资本家加强对劳动的剥削,推动资本家引入各种增加相对剩余价值的方法。无论哪种情况,生产过剩都会发生,不管这些资本是由消费品组成还是由投资品组成,都是这样。在这两种情况下,生产过剩都不是使用价值的生产过剩,而是客观存在的增殖手段的生产过剩,即用于生产剩余价值的大量价值的过剩。

为了发财而生产的东西过多了,或者说,不是预定用做收入加以消费,而是预定用来赚取货币(进行积累)的那部分产品太多了:这部分产品不是预定用来满足它的所有者的私人需要,而是预定用来为它的所有者创造抽象的社会财富即货币,创造更大的支配他人劳动的权力——资本,或者说,扩大这个权力(Marx,1989b:162—3)。

因此,一旦新生产出来的资本不能按当前的利润率实现增殖,生产过剩就开始了。马克思指出,新资本的利用所引起的利润率的下降实际上并不是因为资本构成中活劳动的减少,而是因为雇用了更多工人后工资的增加(Marx,1998:250)。然而,如果认为工资的增加或剥削率的下降是危机的根本原因,那就错了。如果在积累过程的顶峰,工资对利润率的影响竟如此之大,那是因为这一过程已经用尽了所有可以用来提高现有资本价值增殖的办法。在这最后阶段,资本有机构成已经达到最高水平,而相对剩余价值生产的方法也极度降低了劳动力再生产所需的劳动,以至于工人的消费品的价值的下降抵消不了工资的增加。这样,工资的增长既不能被劳动需求相对于不变资本的下降抵消,也不能被各种降低劳动力价值的方法抵消。

结果便是,生产过剩直接导致生产能力的利用率下降:

> 新资本家手中的 ΔC 部分,力图排挤旧资本来取得自己的地位,而且只要它使一部分旧资本闲置下来,强迫旧资本把旧位置让给它,使旧资本处于部分就业或完全失业的追加资本的地位,这就部分地获得了成功(Marx,1998:251)。

另外,进入积累过程的初创企业将采取极度冒险的途径来追求生产资本的增殖。这过剩的资本中有一部分确实会用于投资新的、有风险的生产方法,危机前夕风险资本投资的增加就表明了这一点(OECD,2009):

> 如果利润率下降,那么一方面,资本就紧张起来,个别资本家就用更好的方法等把他的单个商品的个别价值压低到它的社会平均价值以下,因而在市场价格已定时赚得额外利润;另一方面,就出现了欺诈,而普遍助长这种欺诈的是狂热地寻求新的生产方法、新的投资、新的冒险,以便保证取得某种不以一般平均水平为转移并且高于一般平均水平的额外利润(Marx,1998:257—8)。

但与此同时,另一部分过剩资本将在金融市场上奔流,以便参加危机即将爆发的前兆——盲目至极的疯狂投机活动。因此,金融市场上的投机浪潮总是在示意,生产领域出现了紧张状况,遇到了种种障碍,尽管莫塞莱(Moseley,2009)认为当前危机的根源完全在于金融领域。有一点需要补充的是,金融投机尤其涉及小额资本,即规模不足以转化为生产资本的资本,因为

> 所谓的资本过剩,实质上总是指利润率的下降不能由利润量的增加来抵消的那种资本——新形成的资本嫩芽总是这样——的过剩,或者是指那种自己不能独立行动而以信用形式交给大经营部门的指挥者去支配的资本的过剩(Marx,1998:249—50)。

因此,资本生产过剩必然引起资本的流动,推动其在金融市场上寻找新的增殖来源。于是股票价格在 2000 年随着互联网泡沫的破灭而暴跌后,美国这些股票的价格在 2003 年之后再次上升,直到达到甚至超过泡沫前的水平(见图8—4)。

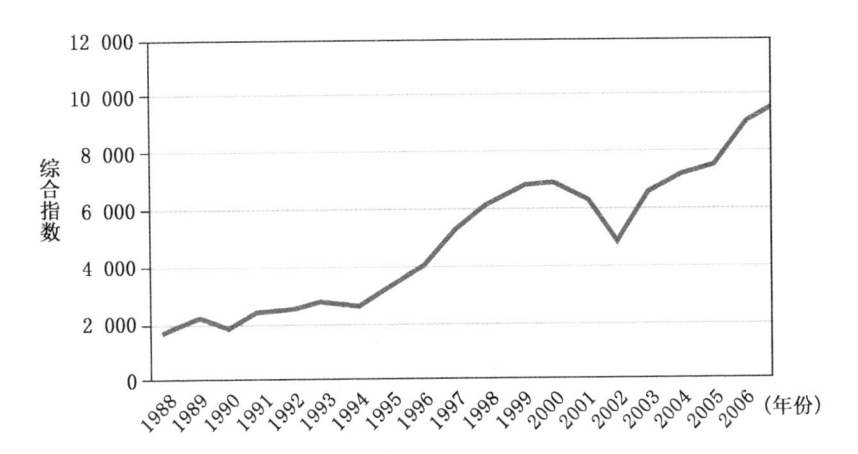

资料来源：Standand & Poor's.

图 8—4　纽约证券交易所股票价格指数

但是，金融危机之所以与生产过剩危机同时发生甚至先于后者发生，根本原因在于生产资本本身的积累过程，因为它在结构上依赖于信用体系和货币作为支付手段的职能。我们在第 3 章开头就强调了货币作为支付手段在资本主义生产方式的产生和发展过程中发挥的决定性作用。货币的这种职能同这一生产方式紧密相连，构成为社会资本再生产中货币流通的基本形式。

因此，如果说危机的发生是由于买和卖的彼此分离，那么，一旦货币发展成为支付手段，危机就会发展为货币危机，在这种情况下，只要出现了危机的第一种形式，危机的第二种形式就是不言而喻的事情(Marx,1989b:144—5)。

因此，资本主义生产的每一次危机，只要它是商品实现危机以及随之而来的作为流通手段的货币危机，就会同时表现为作为支付手段的货币的危机。自现代资本主义时代开始以来，所有资本再生产的危机都已被证明同时也是信用体系的危机。此外，由于信用货币既是金融流通的基础，又是资本流通的基本形式，因而金融体系出现的每一次偿付能力危机都不可避免地表现为整个经济体系的流动性危机。

参考文献